本书配套湖南省职业教育省级精品课程资源

传统文化与矫正教育

■ 罗旭 主编

中南大学出版社
www.csupress.com.cn
·长沙·

图书在版编目（CIP）数据

传统文化与矫正教育／罗旭主编. —长沙：中南
大学出版社，2023.7

ISBN 978-7-5487-5420-6

Ⅰ. ①传… Ⅱ. ①罗… Ⅲ. ①中华文化－作用－监督
改造－研究－中国 Ⅳ. ①D926.7

中国国家版本馆 CIP 数据核字（2023）第 110390 号

传统文化与矫正教育
CHUANTONG WENHUA YU JIAOZHENG JIAOYU

罗旭　主编

□出 版 人　吴湘华
□责任编辑　唐天赋
□责任印制　唐　曦
□出版发行　中南大学出版社
　　　　　　社址：长沙市麓山南路　　　　　邮编：410083
　　　　　　发行科电话：0731-88876770　　传真：0731-88710482
□印　　装　长沙印通印刷有限公司

□开　　本　787 mm×1092 mm　1/16　□印张 12.5　□字数 278 千字
□互联网+图书　二维码内容　视频 8 小时 8 分钟
□版　　次　2023 年 7 月第 1 版　　□印次 2023 年 7 月第 1 次印刷
□书　　号　ISBN 978-7-5487-5420-6
□定　　价　45.00 元

编委会

前 言

当前的中国已经进入百年来最为重视中华优秀传统文化的时代。习近平总书记在党的二十大报告中指出："中华优秀传统文化源远流长、博大精深，是中华文明的智慧结晶，其中蕴含的天下为公、民为邦本、为政以德、革故鼎新、任人唯贤、天人合一、自强不息、厚德载物、讲信修睦、亲仁善邻等，是中国人民在长期生产生活中积累的宇宙观、天下观、社会观、道德观的重要体现，同科学社会主义价值观主张具有高度契合性。"他进一步发出了"坚守中华文化立场，提炼展示中华文明的精神标识和文化精髓"的号召。对中华优秀传统文化而言，我们应当从坚定"文化自信"的理念认知，拓展到通过实践来实现"文化自强"。在这样宏大的历史背景下，进一步挖掘我们传统文化中的精华内容，激发全民族文化创新创造活力，增强实现中华民族伟大复兴的精神力量，就成为十分迫切的任务。

尽管矫正教育是目前刑法轻缓化及人性化的全球发展趋势，但对监管对象进行矫正教育并不是西方舶来品。我国的传统法律文化一直采取"礼法结合"的行刑社会化价值理念，形成了完整的"德礼为政教之本，刑罚为政教之用"的礼法关系格局，强调伦理化刑罚，重视社会效果，更注重对监管对象的感化。后来，在监狱服刑人员、强制隔离戒毒人员和社区矫正对象的矫正教育中我们移植和借鉴过西方法律制度的理论与方法，虽然收到了一定成效，但由于文化的差异性，这种矫正教育始终无法解决隐藏在监管对象内心的单向思维方式等一系列深层次问题。

2014年以来，湖南司法警官职业学院一直在公安与司法大类专业中开设"传统文化与矫正教育"课程，初衷是通过专题讲解等形式，引导学生进行目标单元的学习，带领学生梳理中国传统文化中的矫正内容、矫正理念和矫正价值等元素，在提高其政治素养的同时，培养他们运用中华优秀传统文化开展矫正教育的职业能力。在课程建设过程中，教

学团队经过大量的基础调研，特别是走访监狱、戒毒场所和社区，发现行业开展传统文化矫正教育工作虽已倡导多年但难以取得显著成效的原因有二：一是缺乏矫正教育的专业队伍；二是传统文化矫正教育的内容开发缺乏系统性和全面性。大多数的矫正教育工作停留在以学习《三字经》、背诵《弟子规》等形式对监管人员开展"孝悌忠信""礼义廉耻"等道德方面的矫正教育。而实践中，往往因为矫正对象思维方式扭曲、教育内容单一、教育路径缺失等原因而无法呈现出理想的矫正效果。事实上，优秀传统文化对于矫正对象的影响不仅限于对他们道德价值观的重塑，而且还包括对他们思维认知观的提升以及个人修养方法论的传授。而后两部分内容正是目前亟待从优秀传统文化中深度挖掘的瑰宝。

因此，我们决定编写专门的教材解决这些问题。本教材试图呈现出以下特点：一方面，根据监管工作实际，对移植、借鉴西方法律制度带来的弊端进行反思，对可借鉴用于矫正教育的中华优秀传统文化内容进行全面梳理和更为广泛深入地挖掘，从道德价值观、思辨认知观、修身正心观三个方面建立教学内容体系；另一方面，从更为广泛的阅读群体角度编写教材，除了对未来想要从事矫正教育的学生们传授知识、提供跨领域知识融通的角度外，也给正在监狱戒毒场所、社区矫正机构等监管部门从事具体工作的同志提供实操素材和案例，帮助他们从大矫正的理念视角探索创新传统文化教育矫正的方式方法，优化教育矫正的方案，切实提高他们从事传统文化教育矫治工作的能力。

本书由罗旭担任主编，郑琼、徐藩担任副主编，王志丹、彭鑫乐、黄萍萍、羊淑青、樊丽娟等老师参与了编写工作。具体撰写分工如下（以单元项目为序）：项目一：罗旭、徐藩；项目二：郑琼、王志丹、罗旭；项目三：彭鑫乐、罗旭；项目四：徐藩、黄萍萍、樊丽娟；项目五：罗旭、羊淑青、徐藩。

在本书的编写过程中，湖南省女子监狱、湖南省白马垅强制隔离戒毒所等单位和有关同志，为我们前期调研提出了宝贵的意见和建议，并提供了丰富的实务资料。同时，本书的编写参考了其他的教材、学术著作和网络媒体资讯，吸收和借鉴了广大学者专家和一线工作者的研究成果，对此，谨向他们致以衷心的感谢。本书紧密结合监所单位矫正教育的实际情况，充分吸收了监所基层实务工作实践的新经验和职业教育教学改革的新成果，但限于编写者的理论水平和监所工作实践经验的不足，书中出现疏漏甚至错误在所难免，敬请读者谅解和指正。

谨以此序向扎根奋斗在监狱戒毒一线的人民警察和社区矫正工作者，向长期深耕于中国监狱学、戒毒学、社区矫正学学科建设的同仁们，表达由衷的敬意！

编者

2023 年 4 月于长沙

目 录

项目一　中华优秀传统文化与矫正教育的关系‥‥‥‥‥‥‥‥‥‥‥‥‥‥‥‥‥ 1

任务一　认知中华优秀传统文化的基本内容与主要特点　/ 3

　　一、中华优秀传统文化的基本内容　/ 4

　　二、中华优秀传统文化的主要特点　/ 7

任务二　明确中华优秀传统文化矫正教育的价值　/ 10

　　一、中华优秀传统文化矫正教育是教育的一种特殊类型　/ 11

　　二、中华优秀传统文化矫正教育符合"以改造人为宗旨"的目标　/ 13

　　三、中华优秀传统文化矫正教育的关键　/ 15

任务三　掌握中华优秀传统文化矫正教育的基本原则　/ 19

　　一、以人为本，因人施矫　/ 19

　　二、因时制宜，综合施矫　/ 21

　　三、融入社会，重点矫正　/ 23

实训项目一　观摩监狱开展中华优秀传统文化矫正教育活动　/ 27

项目二　用中华优秀传统文化矫正监管对象的道德品质‥‥‥‥‥‥‥‥‥‥ 29

任务四　用"仁"思想矫正监管对象的道德品质　/ 31

　　一、亲亲为大　/ 32

二、为仁由己　/ 34

三、推己及人　/ 37

任务五　用"义"思想矫正监管对象的道德品质　/ 40

一、义者宜也　/ 41

二、君子喻义　/ 43

三、舍生取义　/ 46

任务六　用"礼"思想矫正监管对象的道德品质　/ 49

一、不学礼，无以立　/ 50

二、文质彬彬　/ 52

三、克己复礼　/ 55

任务七　用"智"思想矫正监管对象的道德品质　/ 59

一、智者不惑　/ 60

二、大智若愚　/ 63

三、智不轻怨　/ 65

任务八　用"信"思想矫正监管对象的道德品质　/ 69

一、一诺千金　/ 70

二、信近于义　/ 72

三、巧诈不如拙诚　/ 75

任务九　用"孝"思想矫正监管对象的道德品质　/ 79

一、百善孝为先　/ 80

二、孝思不匮　/ 83

三、家国一体　/ 85

实训项目二　监管机构重阳节主题教育方案设计　/ 91

项目三　用中华优秀传统文化矫正监管对象的思维方式 ························ 93

任务十　用"中庸之道"思想矫正监管对象的思维方式　/ 95

一、过犹不及　/ 95

二、至诚尽性　／98

三、权变时中　／100

任务十一　用"以和为贵"思想矫正监管对象的思维方式　／105

一、不欲勿施　／106

二、犯而不校　／108

三、和而不同　／110

任务十二　用"随遇而安"思想矫正监管对象的思维方式　／113

一、顺应天道　／114

二、宠辱不惊　／118

三、逍遥而游　／121

实训项目三　用中华优秀传统文化调解处理监管对象的人际关系矛盾　／128

项目四　用中华优秀传统文化矫正监管对象的心性修为　……………………131

任务十三　用"知行合一"思想矫正监管对象的心性修为　／133

一、自知之明　／134

二、穷当益坚　／136

三、久久为功　／139

任务十四　用"慎独"思想矫正监管对象的心性修为　／143

一、不欺暗室　／144

二、三省吾身　／147

三、反求诸己　／149

任务十五　用"明心见性"思想矫正监管对象的心性修为　／154

一、安之若素　／155

二、蝉蜕龙变　／157

三、止于至善　／160

实训项目四　监管对象心性修为专项矫正方案设计　／165

项目五　中华优秀传统文化矫正教育的基本策略与具体方法 ·························· 169

　　任务十六　中华优秀传统文化矫正教育的基本策略　/ 171

　　　　一、课堂教育与实践教育相结合　/ 171

　　　　二、全方位实施与结构性设计相结合　/ 172

　　　　三、针对性与系统性相结合　/ 174

　　　　四、方法手段创新与教育内容翻新相结合　/ 174

　　任务十七　中华优秀传统文化矫正教育的具体方法　/ 178

　　　　一、中华优秀传统文化矫正教育常用的教法　/ 178

　　　　二、中华优秀传统文化矫正教育课堂教学的教法　/ 179

　　实训项目五　运用课堂讨论法对监管对象开展中华优秀传统文化教育　/ 186

参考文献 ·· 188

项目一

中华优秀传统文化
与矫正教育的关系

　　中华优秀传统文化源远流长，博大精深，经过五千年的历史积淀，已经形成了系统而完整的文化体系。它蕴含着丰富的关于如何做人、怎样做事的道理。

　　一个人缺乏优秀传统文化修养，就不能正确对待自然、对待社会、对待他人、对待自己，就极有可能走上违法犯罪道路。中华优秀传统文化与监管对象矫正教育之间，有着共同点、交汇处和结合部。矫正教育的目标，就在于通过各种教育手段和方法，改造监管对象的道德思想，重塑他们的道德观念，使其成为守法守规的公民。"如何做人、怎样做事"是我们对监管对象进行矫正教育的主要任务，说到底就是帮助他们解决在道德品质、思维方式、心性修为等方面存在的问题。如果监管机构能有的放矢地对他们灌输一些中华优秀传统文化中的思想意识和行为观点，化解他们的暴戾之气、冷漠之心和享乐之欲，他们的人格缺陷就有可能在监管机构得到一定程度的修复，悲剧就有可能不再发生。因此，运用中华优秀传统文化教育监管对象如何做人、怎样做事、怎样改邪归正、怎样重新做人，是完全可能、可行的。在掌握中华优秀传统文化基本内容体系和主要特点的基础上，还要理解监管对象矫正教育因人施矫、综合矫正以及面向社会重点矫正的基本原则，并用以指导矫正教育工作。

学习目标

1. 认知目标：掌握中华优秀传统文化的基本内容、主要特点，了解对监管对象进行中华优秀传统文化教育的基本框架、难点和关键，明确对监管对象进行中华优秀传统文化教育的意义，为后续项目学习打下良好的基础；感受中华优秀传统文化的丰富多彩，提高自身对中华优秀传统文化的认同度；理解监管对象矫正教育因人施矫、综合矫正以及面向社会重点矫正的基本原则，指导监管对象矫正教育工作。

2. 技能目标：能分析监管对象的人格缺陷，具备针对不同问题选取中华优秀传统文化对监管对象进行矫正教育的能力。

3. 情感目标：培养文化创新意识，增强对中华优秀传统文化的自信心、弘扬中华优秀传统文化的责任感和运用中华优秀传统文化对监管对象进行矫正教育的使命感。

重点提示

本项目的重点是掌握中华优秀传统文化的基本内容、主要特点，明了对监管对象进行中华优秀传统文化教育的意义；难点是在分析监管对象人格缺陷的基础上，形成针对性选取中华优秀传统文化相关内容进行矫正教育的自觉。中华优秀传统文化渗透是监管对象矫正教育的媒介之一，运用中华优秀传统文化对监管对象在道德品质、思维方式、心性修为等方面存在的问题进行矫正教育是一个复杂、系统而艰巨的过程。中华优秀传统文化渗透要在监管对象矫正教育中行之有效，关键在于这种矫正教育的主、客体(管教人员和监管对象)双方必须都具有向善的愿望和行为。在运用中华优秀传统文化进行矫正教育时应以因人施矫、综合矫正以及面向社会重点矫正的基本原则为指导思想。

任务一

云麓课堂

认知中华优秀传统文化的基本内容与主要特点

学习目的

1. 熟悉中华优秀传统文化的基本内容。
2. 掌握中华优秀传统文化的主要特点。

知识要点

人类文化发展史表明，文化承担着文以载道、以文化人、思想育人、传承文明的历史使命，是指引人类社会发展前进方向的心灵明灯，能够凝聚起推动社会进步的巨大精神力量。文化是浸润一个民族的特有基因，是一个民族区别于另一个民族最为独特的标识，是人类在社会历史进程中对自身所创造的物质财富和精神财富的总称。

中华优秀传统文化，是中华文明成果根本的创造力，是中华民族历史上各种优秀道德传承、文化思想、精神观念形态的总体，主要包括哲学宗教、道德思想、行为规范、文学艺术、礼仪风俗、科技教育、医药武术、器物建筑等内容。它经历了有巢氏、燧人氏、伏羲氏、神农氏（炎帝）、轩辕氏（黄帝）、尧、舜、禹等时代，到夏朝建立，发展至今。在五千年的发展历程中，中华民族积淀了博大精深、源远流长、丰富多彩的民族文化，造就了中华民族特有的信仰追求、价值取向、道德品质、文明准则、审美情趣和思维方式，熔铸了中华民族的性格、气节、品格和气魄，构成了中华民族的脊梁、血脉和灵魂，形成了具有中华民族独特标识的文化基因。这种文化基因已经渗透到中华民族的生活方式、风俗习惯、社会制度、思维意识、价值理念等社会各个层面，为中华民族的繁衍昌盛提供了丰富的精神养料，成为我国屹立于世界文化之林的坚实根基。

习近平总书记在党的二十大报告中指出："中华优秀传统文化源远流长、博大精深，是中华文明的智慧结晶，其中蕴含的天下为公、民为邦本、为政以德、革故鼎新、任人

唯贤、天人合一、自强不息、厚德载物、讲信修睦、亲仁善邻等，是中国人民在长期生产生活中积累的宇宙观、天下观、社会观、道德观的重要体现，同科学社会主义价值观具有高度契合性。"中华优秀传统文化是中华民族的先人在改造自然、发展自己的过程中所创造的物质财富和精神财富，体现了他们对人生、对社会、对自然的认识及感悟。其中所蕴含的仁义礼智信、忠勇孝悌廉等思想道德观念已经成为深入人心的道德准则，比如"天下兴亡，匹夫有责"的爱国理念，以和为贵、和而不同的处世哲学等中华优秀传统文化思想已经成为维系民族的精神纽带，其蕴含的思想观念、人文精神、道德规范，不仅是我们中国人思想和精神的内核，对解决人类问题也有重要价值。所以，充分挖掘、学习、利用、弘扬中华优秀传统文化的积极价值，具有非常重要的时代意义。

一、中华优秀传统文化的基本内容

广义的传统文化是文明演化而汇集成的一种反映民族特质和风貌的一切物质和精神文明成果，是各民族历史上各种思想文化、观念形态的总体表现。狭义的传统文化指体现民族特点和特色的一切观念意识形态成果，包括文学艺术、伦理道德、宗教信仰、哲学思潮、风俗习惯等，它是人类精神文明的一个组成部分，专注于精神创造活动及其成果。

本书研究的是狭义上的中华优秀传统文化，主要包括中华民族的心理特征、文化传统、精神风貌、价值取向等。具体内容包括以下方面：

(一)崇德向善的道德价值观

崇德向善的道德价值观是中华传统文化的一大特质，主要来源于儒家。儒家经典《大学》开篇便说："大学之道，在明明德，在亲民，在止于至善。"明确提出学习的首要目标，在于开发内心的"明德"，即发掘纯净的内心与道德精神，进而推己及人，去影响民众，让人们日新其德，并不断追求"至善"的人生境界。"明明德""亲民""止于至善"就是《大学》提出个人修为的总目标。儒家的道德观非常丰富，从总体来看，主要包含"仁、义、礼、智、信"，是由董仲舒提出的"五常"，即五种普遍的、恒常的道德。五常，是由孟子的"四端"（"恻隐之心，仁之端也；羞恶之心，义之端也；辞让之心，礼之端也；是非之心，智之端也。"（《孟子·公孙丑上》））发展而来的。四端，即由人天生的四种善性发展而来的四种道德，是儒家崇德向善特质的集中表现。孟子还提出"仁者爱人"（《孟子·离娄下》），要求人们把对家庭的亲情、血缘之爱推广和扩展为对朋友的友爱、对全社会的博爱。儒家主张以德行来教化人性，以礼制来约束行为。孔子认为君子要"博学于文，约之以礼"（《论语》），就是要通过广泛地学习而明礼，进而用礼来约束和规范自己的思想和行为；提出"非礼勿视，非礼勿听，非礼勿言，非礼勿动"（《论语》），教育人们克服非分欲望，牢记道德规范、法律规范，增强道德意志力。中华民族极为重视孝的观念，认为孝是人们做人、立身以及处世的基本要求。"孝"作为一个伦理观念被正式提出是在西周，当时的统治者主张敬天、孝祖、敬德、保民，重视尊老敬贤的教化。孔子从人性出发，以家庭为单位，紧紧围绕"善事父母"这一核心内涵，将孝作为仁之本，为传统孝道的合理性找到了人性的根基。孔子还将孝道分为养亲、敬亲、尊亲三个层次，同时他明确反对愚孝，提出"几谏"的原则。孟子对此进行继承发展，他在《孟子·告子下》中认为"尧舜之道，孝悌而已矣"，因此将孝悌确定为德性的最高表现，使孝悌成了父子、君臣、夫妇、长幼、朋友这"五伦"的核心，使孝道进一步政治化。传统孝道不仅要求子女立身，更要立德、立言、立功。《中庸》提出"夫孝者善继人之志，善述人之事者也"，意思是孝者就是善于继承先人的志向，善于传述先人事迹的人。可见，保持家风淳朴，维护家道兴旺，光宗耀祖，是传统孝道对子女在家庭伦理范围内的最高要求。崇德向善的道德观家喻户晓，深入人心，已经发展为一种根深蒂固的优秀传统文化，无论过去、现在还是将来，都具有普遍的社会意义。

（二）对立统一的思辨认知观

在人类文明的进程中，中华文明之所以延续得如此绵长，在很大程度上得益于中国人思考问题的方式和解决问题的路径，得益于我们这个民族独特的、整体性的方法论和辩证法原则。中国古人把天地理解成为一个大的整体或者系统，万物各安其位，和谐共生，这种非常完美的状态内部蕴含了一种完美的秩序。如何建立一种不相互排斥、非此即彼，而是完美融合、和谐共生的秩序？在中华优秀传统文化的思维深处，总有两个对立统一的因素彼此关联，它们共存共生、相辅相成，彼此之间相互作用，在一个整体的结构中显示自身的意义和价值。《中庸》说："中也者，天下之大本也；和也者，天下之大道也。致中和，天地位焉，万物育焉。"意思是说，"中"是天下万物运行的根本；"和"是天下人达到"中"的境界的途径或者大道，能够达到"中和"的境界，天地间运行的秩序就建立起来了，万物就能够在这种自然秩序中生生不息。这就是"中庸之道"。中庸之道的根本目的就是构建一种天地万物都能够达到"天地位焉，万物育焉"的最好状态。比如在处理人际关系上，孔子提出"礼之用，和为贵"（《论语·学而》），主张借礼的作用来保持人与人之间的和谐关系；孟子提出"天时不如地利，地利不如人和"的思想，把"人和"置于天时地利之上，更集中表达了对人与人和谐关系的追求。孔子还提出："君子和而不同，小人同而不和。""和而不同"也就是保留自己的意见而不人云亦云，肯定多样性的统一，主张容纳不同的意见。可见，"以和为贵"不是不承认矛盾对立，而是认为应该解决矛盾而达到更高的统一，就是万物和谐、人理畅通，就是一种人人各安其分、事事遵理而行的美度。在如何面对外在不同环境的问题方面，孟子认为"得志，与民由之；不得志，独行其道"（《孟子·滕文公下》），意思是能实现理想时，就同人民一起走这条正道；不能实现理想时，就独自行走在这条正道上。无论人生所遇何种，皆有心安身安之道。"随遇而安"不是听天由命的无可奈何，而是积极适应外在世道和环境，有所作为的体现。

应以什么样的心态和德性应对和处置当前所处境遇的问题，"顺应天道""宠辱不惊""逍遥而游"都是中华优秀传统文化给予我们的选项。人生得志之时，生逢其时，就可以发达而兼善天下；不得志时，境遇不顺，乃可以独善其身而自得其所。

（三）内圣外王的修身正心观

西方科学注重对外在物质世界的探索，中华优秀传统文化则更讲究内外兼修。儒家认为，君子只有潜心于人格道德的修养磨炼，将道德实践内化于主体心理结构中，使得主体逐渐积累、凝聚出一种强大的精神力量，才谈得上为人的价值尊严，实现治国平天下的政治抱负。为了达到"三纲"（明明德、亲民、止于至善）的目标，《大学》提出了具体的修为方法，即"八目"（格物、致知、诚意、正心、修身、齐家、治国、平天下），强调修己是治人的前提，修己的目的是齐家、治国、平天下，说明治国平天下和个人道德修养的内在联系。"八目"实际上包括"内修"和"外治"两大方面：前面四级"格物、致知、诚意、正心"是"内修"；后面三级"齐家、治国、平天下"是"外治"。而其中间的"修身"一环，则是连接"内修"和"外治"两方面的枢纽，它与前面的"内修"项目连在一起，是"独善其身"；它与后面的"外治"项目连在一起，是"兼善天下"。通过修养自身德行，并加以推广，进而实现天下大治的伦理政治之道，是儒家思想的核心。中华优秀传统文化认为，人心受到愤激、恐惧、好乐、忧患等因素的影响会不得其正，因此对于一个人而言，最为重要的心性的修炼，其实就是不被自己的情绪和欲望所裹挟，这里的欲望既有好胜之心、求名之意，更有财货之利。所以，道家提出"重为轻根，静为躁君"（《道德经》），意思是说稳重是轻率的控制者，镇定是躁动的制服者。儒家提出"欲正其心者，先诚其意；欲正其心者，先诚其意"（《礼记·大学》），其中"正心"是说心要端正而不存邪念，"诚意"是指意必真诚而不自欺。《庄子·天下篇》最早提出"内圣外王"的概念："是故内圣外王之道，暗而不明，郁而不发，天下之人，各为其所欲焉，以自为方。"庄子说这段话的意思是，大家各自为政，让内圣外王之道受到压抑，难以振作，故而天下各流派随意分割学术，都把自己的学术观点当作正确的思想。"内圣外王"之说虽首见于《庄子》，数千年来却逐渐发展为儒家的基本命题，更是儒家人格理想和政治理想的集中体现。内圣，通过自身的道学修炼达到某种高尚境界；外王，把人的主体修养体现到其所在社会领域。"内圣外王"是儒家追求的最高境界，强调的是在既定的社会体制下的自身修行，并不对外部社会制度有所诉求，要求制度的建设与改善，即要求完善自己的精神层次，但不要求外部制度对肉身的保障。所以从这个层面来说，内圣外王与其说是政治层面的"称王之道"，不如说是君子如何做到个人"内外兼修"的至高境界。从本质上来说，"内圣外王"可以说是儒家对"如何培养人""培养什么样的人"的社会深入思考。一个人修身正心的状态决定其行为方式，儒家提出了"知行合一"的哲学理论，即认识事物的道理与实行其事密不可分；创造了"慎独"的修身方法，主张人们在独自活动无人监督的情况下，仍按照一定的道德规范行动；还主张不断追求以至善和卓越人格为核心要义的自我修养至高境界，上升到人性的层面来说就是大真、大爱、大诚、大智的体现，这就是"止于至善"。

二、中华优秀传统文化的主要特点

(一)崇尚统一，追求稳定

中华优秀传统文化在其历史发展的长河中，逐渐形成了一个以华夏文化为中心，同时汇集了国内各民族文化的统一体。这个统一体发挥了强有力的同化作用，在中国历史上的任何时刻，哪怕是在政治纷乱、国家分裂的情况下，中华优秀传统文化仍能够保持完整和统一。这一特征在世界任何民族的文化中都难以找到。随着秦朝的大统一，特别是汉代董仲舒对"大一统"观念的理论阐述，统一便逐渐转化为民族文化深层结构的社会心理，形成了我们民族的政治思维定式。以江山统一为乐，以社稷分裂为忧，是中华民族天经地义和永志不渝的政治价值取向。只有统一和稳定，才能创造开明的政治、繁荣的经济和文明的社会，国家才能强盛，百姓才能安居乐业。

(二)群体优先，伦理至上

中国古代十分强调群体优先原则，一直延续着"家族本位""家国一体"的传统。同时，人们的注意力始终集中在家庭和邦国内部人与人之间，如父子、长幼、上下、尊卑等人伦关系中，维护人伦关系的特点非常显著。中华优秀传统文化认为：是家，而不是个人构成了社会的本体。任何个人，都需要对家以上的群体承担服从甚至牺牲奉献等义务与责任；血缘关系不仅是一种基本的人伦关系，而且是其他一切社会关系的前提；个体的社会角色首先是家庭成员，然后才是社会公民。家庭的命运就是个人的命运，而家族是家庭的扩大，国家则是家族的延伸。中华民族的群体精神和伦理意识对保持家庭、社会和国家稳定起到了重要作用，也促进了个体对家国义务的履行，所谓"在家尽孝，在外尽忠"即是如此。

(三)尊老尚古，贵中尚和

在中国人的观念中，老者是智慧与经验的化身，所以要"尊老尚齿"、以孝为本。否则，"不听老人言，吃亏在眼前"。孔子说"信而好古"，就是说一切可能给生活带来不确定性和风险的东西都不要去想，也不要去说，更不要去做；孟子以"法先王"的方式推行其政治理想，总是在回顾历史中寻找社会理想；墨、法、道各派皆是如此。在中国传统思想中，和谐之美被看作是一种最高境界，要求人们做任何事都要把握好事物的度，既不要不够也不要过头，追求和气、和睦、和平、和谐。所以，中国人一贯追求群体和谐、社会和谐、天人和谐，认为"天时不如地利，地利不如人和"。只有贵中才能调和事物的

矛盾，才能尚和，才能使社会和谐。

（四）兼容并包，丰富多彩

中国人历来把"厚德载物"作为一种美德，主张"有容乃大"，认为只有做到包容、兼容，吸纳不同的意见、汇集不同的声音，在矛盾的对立统一中才能体现自身的价值。汉代以后，尽管儒家学说在中国传统思想中一直占据主导地位，但法家、墨家、道家、佛家等思想并没有因此中断或消失，仍然在中国人的脑海中占有一席之地，显示出多元一体、多元共存的格局。中国传统物质文化、行为文化中的不少内容其实就是来源于周边各少数民族或世界各地的文化，正是在这种不断吸纳和兼收中，中华优秀传统文化才得以不断丰富和发展起来。

任务考核

案例：黑龙江省女子监狱自2018年3月开展"行中华《弟子规》、学改造《三字经》"主题教育活动以来，相继开展了"传统文化大讲堂"、"古诗词朗诵比赛"、"趣味成语大会"、"狱园演讲台"、主题征文、演讲等形式多样的文化教育活动，全监狱掀起了学习、践行中华优秀传统文化的热潮。

2019年1月11日，作为本次主题教育活动的收官之作的"'传经典承德行·启航2019'服刑人员迎新年吟诵表演赛"在该狱多功能大厅内拉开帷幕。

此次活动不仅得到了监狱党委的高度重视，而且来自黑龙江大学继续教育学院的老师们也来到比赛现场，欣赏服刑人员的吟诵作品，同时为服刑人员带来了高教自考所用图书。随着民警与服刑人员的互动，伴着一曲正能量歌曲《孝和中国》，三监区的作品《孝和中国》，让人们仿佛回到了课堂上，耳边是民警教师们妙语连珠的讲解，他们用优秀的传统文化向服刑人员传递着智慧的光芒。整场吟诵比赛，每一部作品从内到外都是中华文明精神的结晶，体现着"大雅君子"风范。观众一次次的掌声，是对传统文化的敬仰，更是对民警和服刑人员的用心用情的创作、吟诵的鼓励与赞扬。

"改造《三字经》是我日后改造生涯中不可或缺的行为准则。在吟诵声中，我仿佛回到了那久远的年代，领略传统文化涤瑕荡秽的无穷魅力。"一监区服刑人员王迪诉说着自己的心声。

黑龙江省女子监狱党委副书记史耕辉介绍，通过学习经典，找到为学的原则、宗旨、目的以及意义，让罪犯学会分析经典，学会概括经典的精髓；罪犯熟练背诵经典，并能分享诵读后的感受，增强学习的自信心与兴趣；充分地让罪犯结合经典要义，对自己的言行及既往犯罪史进行分析反思，并持续领悟"己所不欲，勿施于人"的道理，特别是通过对孔子、孟子等圣贤人物性格的了解和领悟，促进罪犯学中华经典，习圣贤品格，入乎其内，出乎其外，渐行渐悟，养成"行有不得者，皆反求诸己"的思想习惯。

来源：《黑龙江省女子监狱文化改造方法不断创新》，法治日报，2019-04-17，内容有删改。

问题：
　　根据以上案例，请你谈谈对选取中华优秀传统文化内容对监管对象开展矫正教育工作的看法。

任务二

明确中华优秀传统文化
矫正教育的价值

云麓课堂

学习目的

1. 掌握监管对象在人格上的主要缺陷。
2. 理解中华优秀传统文化矫正教育的重要意义。
3. 帮助矫正教育监管对象形成积极的意愿。

知识要点

本书中的"监管机构"，特指监狱、强制隔离戒毒所和社区矫正机构；"管教人员"，特指监狱民警、戒毒民警和社区矫正工作人员；"监管对象"，特指监狱服刑人员、强制隔离戒毒人员和社区矫正对象。"矫正教育"，特指监管机构及其管教人员对监管对象开展的遵纪守法教育、形势政策教育、思想道德教育、心理健康教育、职业技能教育等活动。"中华优秀传统文化矫正教育"，特指监管机构及其管教人员运用中华优秀传统文化内容对监管对象开展道德品质、思维方式、心性修为等方面的教育活动。

《监狱法》第六十二条规定：监狱应当对罪犯进行法制、道德、形势、政策、前途等内容的思想教育。《戒毒条例》第二十九条规定：强制隔离戒毒场所应当配备设施设备及必要的管理人员，依法为强制隔离戒毒人员提供科学规范的戒毒治疗、心理治疗、身体康复训练和卫生、道德、法制教育，开展职业技能培训。《社区矫正法》第三十六条规定：社区矫正机构根据需要，对社区矫正对象进行法治、道德等教育，增强其法治观念，提高其道德素质和悔罪意识。可见，科学运用中华优秀传统文化中蕴含的思想观念、传统美德、道德规范和人文精神，教育引导监管对象学习领悟中华优秀传统文化精髓，懂义利、明是非、敬法度、尚道德、讲诚信，摒弃恶念，完善人格，最终顺利回归社会，具有法律法规依据。

　　法律法规的作用主要体现在明示作用、矫正作用和预防作用这三个方面，其中法律法规的矫正作用主要是通过法律法规的强制执行力来矫正那些偏离了法律轨道的错误思想和不法行为。监管机构及其管教人员在执法过程中，运用中华优秀传统文化中关于追求和习得道德价值、思辨认知和修身正心等方面的"君子"标准等内容，来祛除或弱化监狱服刑人员、强制隔离戒毒人员和社区矫正对象的危险人格，矫正其错误思想和不法行为，使其完成再社会化教育，最终成为恢复身心健康、重新回归社会的人，显然契合了法律法规矫正作用的需求。从这个角度来讲，对监管对象进行中华优秀传统文化矫正教育成为《监狱法》《戒毒条例》《社区矫正法》等法律法规的重要内容，这正是法律法规矫正作用的体现。

一、中华优秀传统文化矫正教育是教育的一种特殊类型

（一）监管对象的人格缺陷

　　人格，是指个体在对人、对事、对己等方面的社会适应中行为上的内部倾向性和心理特征，表现为能力、气质、性格、需要、动机、兴趣、理想、价值观和体质等方面的整合，具体包括个人认知能力的特征、行为动机的特征、情绪反应的特征、人际关系协调的程度、态度和信仰的体系、道德价值的特征等。一个人的人格是他独特的、相对稳定的内在状态，它决定你处理问题，管理情绪，制造快乐的能力。

　　要改造好监管对象，让他们接受中华优秀传统文化，认同中华优秀传统文化中的主流思想、道德伦理、价值观念、行为规范，就必须了解监管对象的人格特征，掌握他们的现实表现。

　　陈士涵在《人格改造论（增补本）》中提出，道德发育不良是罪犯普遍存在的人格缺陷，他们普遍缺乏道德义务感和良心自律能力。而良心的麻木不仁乃至天良丧尽，是最为深刻而可怕的人格缺陷。实际上，戒毒人员、社区矫正对象普遍在基本的人格缺陷上存在同样的特征。

　　一般而言，监管对象基本上都存在法律意识不强、价值观念扭曲、家庭与社会情感发育不良、缺乏社会责任感、家庭亲情较淡漠、人际交往障碍、言行举止失范等问题。他们大多不了解或不遵守社会道德规范，以自我为中心，自我实现、自我开放突出；需要泛化，以满足感官刺激为主；动机多样而又茫然，行为易受情绪情感左右，冒险和侥幸心理强烈，理智严重缺乏；乐群性强但又漠视组织，崇尚金钱与暴力；崇拜西方文化与生活方式，民族自豪感与自信心缺失等。

　　当然，不同类型的监管对象在人格特征的具体表现上会有所差异。以罪犯为例，财产犯通常具有罪责感不强、贪婪自私、贪图享受、好逸恶劳、消极怠工、意志薄弱、恶习难改、改造的功利意识严重等特点；暴力犯普遍具有法律意识淡薄、反社会心理强烈、

认知水平低下、情感与心理需求层次低下、冷酷自私、个人需求畸形、易冲动、危险性大等特点；邪教犯一般具有思想顽固、性格偏执、病态自尊、自我评价高等特点；未成年犯一般具有以自我为中心但身份意识差、缺乏罪责感、行为养成差、表现欲望强、自控能力差等特点；女性罪犯往往具有情感脆弱、罪责感强、心胸狭隘、敏感多疑、爱慕虚荣、思亲恋家、情感饥渴等特点；老病残犯大多具有敏感脆弱、情绪变化快、疑心较重、缺乏安全感、行为偏执、精神孤独、渴望被关注等特点。

(二)中华优秀传统文化矫正教育的目的是促进监管对象的再社会化

普通教育是指增进人们的知识和技能，影响人们的思想品德的活动，其目的是促进教育对象的社会化。而中华优秀传统文化矫正教育通过对监管对象进行思想、行为、心理方面的矫正来改变他们的认知，目的是促使学习与犯罪者或行为不良者重新回到正常状态，摆脱与犯罪或过失行为有密切相关的处境，即促进其再社会化。普通教育和中华优秀传统文化矫正教育都具有"增进人的知识、技能，影响人的思想品德"的特征，但中华优秀传统文化矫正教育又是教育的一种特殊类型，这种类型的特殊性取决于受教育对象的特殊性。因此，中华优秀传统文化矫正教育作为一种教育活动，其本质并没有发生根本的变化，普通教育的方法、策略同样适用于监管机构开展中华优秀传统文化矫正教育活动。这也就为中华优秀传统文化介入监管对象矫正教育活动确定了理论依据。

利用文化开展矫正教育，最早可追溯到西周时期的"嘉石之制"。《周礼·秋官司寇·大司寇》上载："以嘉石平罢民，凡万民之有罪过而未立于法而害于州里者，桎梏而坐诸嘉石，役诸司空。""嘉石"指的是有纹理的石头。嘉石之制类似于拘役刑，是限制或剥夺罪犯自由并强迫其从事短期劳役的一种轻刑，主要适用于罪行未达到劳役刑标准的轻犯罪人。将嘉石放置于外朝门的左侧，使犯罪者戴上狱具，坐于其上，究思这些纹理而受感动，产生自悔，改恶从善。让罪犯坐在有纹理的石头上思过，这是中国古人的一大发明，"纹理"应该不是简单的花纹，可能还刻有法规条例或者向善的图案之类，不然，怎么看着石头就能改过？至于是什么法规条例或图案，现在已经无法考究，但总而言之是一种带有文化色彩的东西。所谓"欲狱囚见之而悔悟也"，说明嘉石之制是一种以感化教育为主的惩戒措施。利用文化改造罪犯，令其幽闭思过、改恶从善，这是我们能考证到的第一例。监管对象矫正教育最主要的任务，就是改造监管对象的道德思想、重塑他们的道德观念，促进其良好行为的养成，将其改造成为守法公民。

中华优秀传统文化给我们提供了一种大思想大智慧，认为人的生命是有限的、短暂的，生死、贫富、夭寿并不是人追求的终极目标，而道德学问的提升、人生境界的升华才是人追求的终极目标。比如儒家经典《大学》开宗明义就提出"大学之道，在明明德，在亲民，在止于至善"，意思是指"大人之学"或者"君子之学"的宗旨在于弘扬光明正大的品性，并且推己及人，把这种品性运用到教育和引导人上去，最后达到最完善的道德境界。《道德经》提出"修德抱朴，唯道是从"，意思是让人顺应大道的规律，一以贯之，加强道德的修养。这些都主张人们道德自律、修身养性。

　　一个人缺失了优秀传统文化修养，必然不能正确对待自然、对待社会、对待他人、对待自己。监管对象走上违法犯罪道路也与之密切相关。而且，监管对象在接受改造的过程中，又呈现出一些与中华优秀传统文化修养密切相关的新特点。以罪犯为例，他们在服刑改造时，往往会表现出三个显著特点：一是改造动机普遍具有"功利性"，绝大多数罪犯在绝大多数时间里，是为了获得减刑和改善待遇而接受改造，真诚悔过自新的罪犯少之甚少；二是改造心理具有"内隐性"，即外在表现与内心想法多不一致，很容易影响民警对犯群评估的可信度和准确度；三是罪犯之间矛盾纠纷具有"爆发性"，人群集中、环境封闭容易使普通矛盾激化、升级，尤其是《刑法修正案（八）》实施以后，由于部分罪犯刑期增长、人数增多，这类问题更加突出和明显。

　　中华优秀传统文化的主流思想、道德伦理、价值观念、行为规范，能优化监管对象的人格。还是以罪犯为例，对于功利型的财产犯，儒家的"君子喻义""以义取利"等内容能引导他们树立正确的义利观；对于冲动型的暴力犯，"以和为贵""犯而不校"等内容能引导他们宽容大度、心态平和地面对日常纠纷和冲突；对于意气用事的好讲哥们义气的罪犯，"信近于义""慎独"能帮助罪犯谨慎交友，不盲从不义气；对于顽固偏执的邪教犯，"中庸之道""随遇而安"等内容能引导他们摆脱偏执极端的认知思维；对于未成年罪犯，"三省吾身""反求诸己"等内容能帮助他们时刻反省自己，增强自制能力。监管机构有的放矢地对监管对象灌输一些中华优秀传统文化中的思想意识和行为观点，帮助他们找到自己的精神家园和心灵港湾，化解他们的暴戾之气、冷漠之心和享乐之欲，他们的人格缺陷就有可能在监管机构得到一定程度的修复，悲剧就有可能不再发生。

　　由上可见，中华优秀传统文化与监管对象矫正教育之间，有着共同点、交汇处和结合部。中华优秀传统文化矫正教育是帮助监管对象由野蛮走向文明的过程，监管对象一旦从内心深处认识到自己的过错，升起忏悔改过之心，对生命和生活产生热爱和向往，懂得改造的首要任务是完善和提高自身道德品质，就自然容易产生正确的改造动机，继而从行动上改过，从而学会做人、做事，学会与人共处，就能够顺利回归社会，实现监管工作改造人、教育人的目的。显然，这是一个由外化要求到内化需要的过程。

　　运用中华优秀传统文化改造监管对象，首先要掌握每个监管对象的个性特征、家庭情况、主要社会关系、思想症结、心理变化等，然后根据他们的具体情况有针对性地选择中华优秀传统文化内容"对症下药"，才能得到"药到病除"的改造效果。

二、中华优秀传统文化矫正教育符合"以改造人为宗旨"的目标

　　人的思想意识、行为举止都在无意识中深受曾经习得的文化影响。研究表明，文化教育程度的高低，对违法犯罪有着直接的影响。中华优秀传统文化作为中华民族思想的宝贵结晶，蕴含着丰富的如何做人、怎样做事的道理。其中也有一些戒之以规的教育手

段，将其引入监管对象矫正教育工作中，力求改变监管对象的思想，帮助其树立正确的道德观，这填补了矫正教育工作一项空白，目的是提高监管对象改造的质量。比如，《监狱法》对运用中华优秀传统文化教育罪犯有刚性的规定，司法部在《教育改造罪犯纲要》和《监狱教育改造罪犯工作目标考评办法》中都对用中华优秀传统文化教育罪犯提出了明确的要求。目前全国各地监管机构已有的实践证明，用中华民族的传统美德和道德规范的教育来覆盖、替换监管对象的陋习是一种很好且行之有效的方法。中华优秀传统文化的熏陶和良好行为的规范养成，对于激发监管对象改过向善，让他们重新认识自己、认识社会，从而顺利融入社会大有裨益。

(一)运用中华优秀传统文化教育监管对象转变思想，知错悔过

反社会的意识结构以及错误的"三观"是监管对象走上违法犯罪道路的深层动因，中华优秀传统文化矫正教育是矫正监管对象错误意识结构的重要方式，能提高监管对象的主观认识水平，从根本上消解他们犯罪或者吸毒的心理动因，防止因认知缺陷和错误的"三观"而再次误入歧途。比如，将如何"做人"确立为监管对象矫正教育的目的，去掉"旧我"，成为"新我"，这个过程就是中华优秀传统文化中所说的"新民""改恶"和"觉悟"。中华优秀传统文化认为祸患罪恶来自人的"自私自利"和"过分的贪欲"，所以管教人员首先应教育监管对象转变思想，认识自己的罪恶，知错改过。如果监管对象连罪恶过错都不承认，"改过迁善"就不可能实现。

(二)运用中华优秀传统文化教育监管对象战胜"自我"，树立改造信心

监管对象大部分有过不良的生活经历或者原生家庭，会积累大量的悲观、厌世等不良情绪。特别是被监管以后，他们大多容易悔恨、痛苦或者自暴自弃。在面对改造时他们又往往内心消极甚至抵触，矫正效果很难得到保证。对监管对象进行中华优秀传统文化教育，能促使他们形成正确的人生观和价值观，逐渐走出消极情绪，对生活产生信心和期望，显著提高矫正效果。中华优秀传统文化认为君子的快乐来源于自己内在的信念与信心，所以要发现自己的本性，树立自信。监管机构的再社会化教育具有让每个监管对象重新选择价值观念、重塑和培养道德品质、重新做人的功能，但前提是要帮助监管对象树立好改造信心。有了坚定的改造信心，就有了明确的改造目标，这对于监管对象来说，是一件快乐的事。如何实现这个目标？中华优秀传统文化中"不惧""不妄""无我""无为"的思想对此都有具体的回答，所以在中华优秀传统文化中可以找到增强监管对象的改造信心的理论依据和实践路径。

(三)运用中华优秀传统文化教育监管对象明确善端，养成良好行为习惯

每个人内心终有柔软之处，监管机构要正确把握人类道德标准，用中华优秀传统文化中的"人之初，性本善"、"孝悌"为"善端"、"上善若水，水善利万物而不争"等思想启发、教化监管对象发现、弘扬自己的"善"和"爱"。因此，在教育监管对象时，要灌输"善"与"恶"的界限，培养他们每做一件好事都是"善行""积德"的意识，并引导他们时时处处注意自己的言行，进一步磨炼心性，逐步实现人格的转化、道德修养的完善和良好行为习惯的养成。

所以，中华优秀传统文化矫正教育就是为了将监管对象改造成为符合社会道德准则要求的人。

三、中华优秀传统文化矫正教育的关键

中华优秀传统文化源于生活，解决生活中的实际问题，理论和知识点并不生涩难懂，对教育对象的学历、文化层次要求也不高。运用中华优秀传统文化教育监管对象如何做人、怎样做事、怎样改邪归正、怎样重新做人，是完全可能、可行的。

既然我们将中华优秀传统文化教育定位为监管对象矫正教育的重要载体，那么，监管对象就应该是第一位的，也是最根本的。因此要特别注重秉承"以人为本"的原则，遵循教育的一般规律，以丰富监管对象的精神生活、提高监管对象的道德修养为出发点和落脚点，将中华优秀传统文化教育与知识性、趣味性巧妙地融为一体，结合监管机构的实际，整合出相对完整的教育模式。

(一)运用中华优秀传统文化开展矫正教育，不受监管对象文化程度低制约

我们随机对某省新收押的 207 名入监罪犯的文化程度进行调查：捕前文化程度为文盲、半文盲和小学的共 51 名，占比 24.6%；初中 122 名，占比 58.9%；高中以上 34 名，占比 16.5%。罪犯文化程度低，会不会制约他们对中华优秀传统文化的认识和理解呢？实际上，理解、运用中华优秀传统文化也未必需要更高的文化程度。

传统文化是指由历史传承下来的，具有一定特色的文化、思想、道德、风尚、习俗、艺术、心理、制度等。也就是说传统文化更多地表现为思想而非作品。思想可以口传心授，而作品是通过文字、艺术作品等表现思想的物质外壳。所以阅读、理解传统文化作品需要一定的文化程度，而学习传统文化除了阅读作品，还有很多种方式，比如口传心授、看电视、听广播、讨论、听讲座等等。因此，理解传统文化需要一定的文化程度和认识水平这一看法失之偏颇。

文化程度越高，越利于加深对传统文化的理解，但并不是没有文化就一点都不能理解传统文化。比如孔子的《论语·学而篇》："弟子入则孝，出则悌，谨而信，泛爱众，而亲仁，行有余力，则以学文。"从文字上看可能不太好懂，但是如果我们对监管对象说：你要孝敬父母，尊敬兄长，谨慎做事，讲究信誉，团结友爱，做到这些以后，如果还有剩余的精力，就用来学习文化知识。他们谁不理解？

国学大师钱穆在《国史新论》所讲的关于"丁龙讲座"的故事，也说明了这一点。丁龙

是清朝末年赴美的山东文盲华工。美国南北战争结束后，卡本迪将军退休独居纽约，他性格暴躁，好打骂人，凡用仆人，不久皆辞。丁龙也被先雇后辞。丁龙被辞后不久，卡本迪家遭火，时无仆人，丁龙不请自到。卡本迪问他何以复来，丁龙说："我们中国孔子教人忠恕之道，我想我应该来。"卡本迪以为丁龙是落魄他乡的读书人，结果丁龙回答道："我不识字。孔圣人的话乃历代口耳相传，是我父亲讲给我听的。"卡本迪以为丁龙没读过书，那么一定是受到他作为学者的父亲的教育。结果丁龙回答："我父亲也不识字不读书，是我祖父讲给他听的。我祖父也不识字不读书，是我曾祖父讲给他听的。再上面，我也不清楚了。总之我家都是不读书的种田汉出身。"卡本迪甚为震惊。此后，主仆二人犹如朋友相处。后来丁龙得病，自知不起，嘱咐卡本迪："我在美国只此一身，无一亲人，此前衣食之需得您照顾，十分满足度过一辈子。现我将不久于人世，所积薪水，愿还回主人。这些钱本来也是你的。"卡本迪大为感动，一直思考："中国社会怎么会出这样的人？"丁龙死后，1902年卡本迪将丁龙留下的历年薪水，再加上自己的积蓄，捐赠给自己的母校哥伦比亚大学，设立"丁龙讲座"，专供研习中国的传统文化使用。后来，哥伦比亚大学在"丁龙讲座"的基础上组建中文系，再发展为东亚系。但哥伦比亚大学始终保留着"丁龙讲座教授"的学术头衔，这一职位也是北美汉学界最受人重视的职位之一。据当时胡适说，在美国大学里为中国人设立讲座这是第一个，以一个文盲的名义设立讲座更是第一个。当时哥伦比亚大学副校长保罗这样写道："丁龙捐出来的是钱，但更重要的是贡献了他的视野和理想。我们这个机构存在的意义就是要在当今这个充满冲突与对抗的世界里，建立一种属于我们自己的理解和对话的方式。"

这个故事说明两个道理：一是接受中华优秀传统文化教育，不一定要有"一定的文化程度"；二是对于普通人群而言，中华优秀传统文化教育主要是运用而不是研究，让他们能够理解思想就足够了。

（二）中华优秀传统文化矫正教育的关键在于管教人员和监管对象都要向善

《说文解字》说："善，吉也。从誩，从羊。此与义美同意。"在中国文化体系中，羊是吉祥物，本身就有善、美的意思。就是说，"善"的本义是"良""好"，它与"义"和"美"是一个意思。

《增广贤文》中说："心存善念，必有善行；善念善行，天必佑之。"善念，指良好的念头；善行，指因善念而引发的良好行为；善果，指因过去的善念和善行所得的好结果。善因、善行和善果，作为一种因果关系，用在中华优秀传统文化矫正教育中，指中华优秀传统文化渗透要行之有效，关键在于这种矫正教育的主、客体（管教人员和监管对象）双方都必须具有向善愿望、向善的行为，这个过程才能够有效地完成，效果才会更佳。

《围炉夜话》中说："百善孝为先，论心不论迹，论迹寒门无孝子。"意思是指在所有善事里，孝敬父母第一，但这个主要看心，不是看表面行为，不是说给父母锦衣玉食就是孝顺，如果这样的话，那么贫寒人家就没有孝子了。比如罪犯，他被关押在监狱中，看上去老老实实、规规矩矩，但这些都只是表面现象，关键还是要看他是不是下决心认罪服法、改过自新。而认罪服法、改过自新就是他最大的"善念"。如果没有这个最大的善念，孝敬父母、爱护妻儿、关心朋友这些其他的善念就都是假的。当然，有了这个最大的善念，这还只是第一步，还要努力去实践这个最大的善念、坚持这个最大的善念，也就是不断去强化改造动机，最后去实现这个最大的善念，才可能真正做到孝敬父母、爱护妻儿、关心朋友。

《经藏》中说："自己是自己的救星，除自己别无救星。"意思是说佛从来就不是主宰者，不是万能者，也不是救世主。如果佛真是万能的，那么凭他的慈悲，为什么没早把他所有的弟子超升而要让他们苦苦修行呢？所以说，求佛实际上就是求他人，而求他人解决不了问题，因为主宰我们命运的人就是我们自己。

人们常说："初心不退，成佛有余。"意思是说：只要我们坚持自己的善念，努力践行，就一定会成功实现这个目标。我们都知道戒毒是个世界性难题。但再难，也有戒毒成功的人，关键是靠其无比坚定的戒毒动机，坚决不复吸第一口。对于吸毒人员来说，戒毒动机就是他们的改造动机。因此，戒毒人员一是要将"要我戒毒"变为"我要戒毒"，形成坚定的戒毒动机（最大的善念）；二是一旦确立了戒毒动机，就要坚持下去，不断去强化这个动机，始终贯彻、践行戒除毒瘾的善念（最大的善行），最后走向戒毒成功（最大的善果）。但我们近期随机调查了某强制隔离戒毒所收治的 200 名吸食合成毒品的戒毒人员，其戒毒动机总体呈现为：戒毒动机强的占 36%（其中信心足的占 15%，信心不足的占 21%）；戒毒动机一般的占 30%；无戒毒动机的占 34%。这是让我们很担心的问题。因为强制隔离戒毒只是其戒毒的外在压力，戒毒人员自己有强烈的戒毒动机、主动戒毒才是戒毒的内在动力。只有内外结合，才能达到更好的戒毒效果。

同样的道理，作为一名管教人员，我们可以问一下自己：现在对改造监管对象有没有善念？有哪些善念？你觉得哪个善念最重要？

我们做任何事情都有动机。动机分为内部和外部两种动机。一个人如果按照内部的动机去行动，自己就是自己的主人，就觉得很快乐、很幸福。但是，如果驱使一个人行动的是外部动机，那么他就会感受到压力和痛苦。所以，外部动机从某种意义上来说，其实就是外部压力。

在运用中华优秀传统文化开展监管对象矫正教育的活动中，如果管教人员没有向善而只有向恶的愿望，那么监管对象很可能被改造成为恶上加恶的坏人；如果监管对象没有向善而只有向恶的愿望，那么管教人员就是使尽浑身解数也不会金石为开。当然，不能说有了向善的愿望就能做好监管对象矫正教育工作，我们只能说向善的文化背景为监管对象矫正教育提供了可能。实事求是地说，要想真正完成系统的监管对象矫正教育工程，那还需要多种措施和方法的综合治理。

任务考核

"身体发肤，受之父母，不敢毁伤，孝之始也……"2019年9月17日上午，江苏省宜兴监狱教育矫治支队民警高文义正在给十七监区全体罪犯讲解监狱编制的《道德教育读本》第一章《孝悌之本》。

授课结束后，罪犯陈某某在作业本上写道："现在我深刻体会到在这里踏实改造，少让父母操心，争取早日回家，就是对父母最大的孝敬。"

"加强传统美德教育，有助于更好地引导罪犯正确认识社会道德生活的规律和原则，承担对家庭、他人、社会和国家应负的责任和应尽的义务，正确地选择自己的生活道路、规范自己的行为。"副监狱长潘永殿介绍说："我们在平时谈话教育和问卷调查时，发现很多罪犯正是因为缺失对中华传统美德的理解和践行，才走上犯罪道路。去年教改部门牵头组织民警讲师团成员，历经9个月时间，编写了《道德教育读本》，之后采用民警授课和罪犯自我阅读两种方式组织罪犯系统学习。"

"现在我们每天都组织罪犯学习《道德教育读本》，在就餐前和出收工队伍行进中，组织罪犯背诵，这有利于弘扬改造正气。"十六监区教导员杜新强介绍说。

9月6日，在四监区举办的中秋节亲情帮教活动中，罪犯董某向自己年迈的老母亲递上月饼并深深地鞠了一躬，向母亲忏悔曾经的无知鲁莽、汇报现在的改造心得。董母激动得老泪纵横，她说："我很高兴，儿子懂事了，这是监狱警官教育的结果。"

"家是温馨的港湾、情感的归宿，千千万万个小家都好，国家才能好。"四监区监区长高干说："服刑改造只是罪犯漫长人生中的一小段，回归家庭是他们最终的归宿。我们在中秋前夕举办监区开放日活动，邀请罪犯亲属进监帮教，就是想帮助罪犯修复家庭关系，为其顺利回归社会作好铺垫。"

来源：《江苏省宜兴监狱加强爱国主义教育激励罪犯积极改造》，司法部政府网，2019-10-15，内容有删改。

问题：

请根据以上案例，谈谈你对针对监管对象开展中华优秀传统文化教育的必要性和可行性的认识。

任务三

掌握中华优秀传统文化矫正教育的基本原则

云麓课堂

学习目的

1. 理解中华优秀传统文化矫正教育的基本原则。
2. 掌握在不同阶段开展中华优秀传统文化矫正教育的内容。

知识要点

文化如水，引入中华优秀传统文化对监管对象进行教育，具有规范、自律、熏陶、导向作用，能产生长久的、润物无声的潜移默化效果。中华优秀传统文化矫正教育不仅是推进文化改造、发挥文化改造教化功能的主要形式和载体，同时也是矫正教育领域增强文化自觉、坚定文化自信的表现，是践行中华优秀传统文化创造性转化和创新性发展的有力举措。在实际的矫正教育工作当中，要想潜移默化地改变监管对象的思想，帮助他们树立正确的人生观、价值观，增强他们的道德品质，改变他们的思维方式，提升他们的心性修为，对监管对象开展矫正教育是一项系统性、针对性的长久工程，需要注意把握好一些基本原则。

一、以人为本，因人施矫

（一）在目标设置上，要注意差异性

在中华优秀传统文化中，人们对于君子的要求很高。孔子说过，"君子有九思：视思明，听思聪，色思温，貌思恭，言思忠，事思敬，疑思问，忿思难，见得思义"。（《论语·季氏》）这一标准要求对于普通大众来说就很难达到，因此在矫正目标的制定

上如果将目标定得过高，以"君子""圣贤"的标准来改造对象，不仅不符合当前矫正教育工作的实际情况，同时也会激起监管对象畏难、抗拒的心理，使矫正工作难以深入人心，影响实际的矫正效果。根据监管对象的实际情况，坚持贯彻将监管对象改造成"守法公民"这一可追求、可实现的矫正目标，可激发他们的"向善""向上"之心，从而让他们在中华优秀传统文化教育中学有所得，学有所悟，将来回归社会，能遵纪守法，成为"守法公民"。此外，监管对象本身的个性特点、认知水平、违法犯罪原因等都各不相同，具有差异性，在制定教育目标时要有所侧重。虽然目前客观上无法做到"一把钥匙开一把锁"、对每个监管对象进行针对性的个别教育，但可以有所侧重地进行分类教育，对教育水平相当、成因相近的某一类监管对象制定具体的矫正方案，在一定程度上做到因人施矫。

（二）在内容选择上，要具有针对性

中华优秀传统文化是历史传承下来的庞大文化体系，它涵盖的范围非常广泛，既有国学经典等物质形式，也有口传心授的非物质文化传统；既包括儒、道、墨、法等主流思想传统，也包括民间传统的非主流文化思想。在中华优秀传统文化矫正教育中需要联系矫正实际，以改造监管对象为出发点和落脚点，根据监管对象的特点，进行内容的选择。要去除糟粕取其精华，选择匹配现代教育体系和具有时代价值的中华优秀传统文化内容。让监管对象学习中华优秀传统文化，就应当选择有助于培养真善美道德品质和适应当代社会要求的部分。比如，让监管对象学习"孝"文化，让他们认识到，虽然现在不能在父母身边尽孝，但是好好接受改造，洗心革面重新做人，家人才会放心和欣慰，他们才不会有太多的牵挂和担心，并且只有改造表现好了，才可以早日回家孝敬父母等，这也是践行孝道的一种方式。

（三）在矫正过程中，要激发主动性

中华优秀传统文化矫正教育工作要尽力避免采取生硬灌输和说教的方式让监管对象被动接受，应采取各种方式激发监管对象的主动性，让他们进行自我教育、自我激励并入心入脑。自我教育主要是引导监管对象通过多种有效的自我教育方法、路径，让他们自主学习、自我反思、自我改造。相对于传统的常规教育中的强制性特点来说，自助教育更有受教育者的自觉性、主动性和渗透性。管教人员在监督引导时弱化讲授角色，多举办一些演讲、辩论、情景剧表演等活动，让监管对象们发挥自己的主观能动性，互助启发，在不断参与中去理解、去感悟中华优秀传统文化的内容和精髓，运用所学践行"知行合一"，从而实现再社会化。

二、因时制宜，综合施矫

(一)中华优秀传统文化矫正教育应当贯穿于整个改造过程

监管对象进入监管机构之后，随着其心境、认识等不同，会经历多个阶段，对他们进行的中华优秀传统文化矫正教育应当贯穿于各个时期，循序渐进，逐步进行。

第一个阶段为进入监管机构的文化教育阶段。这一阶段矫正教育的核心理念是"心中有规则"。要针对监管对象进入监管机构时期的行为特征，注重和强调规范文化意识，在重视宣讲规则的同时，对他们进行"礼""法"的传统教育，强化其法律意识、规范意识。

第二个阶段为进入监管机构后的适应性阶段。这一阶段矫正教育的核心理念是"心中有集体，行动有目标"。要通过集中培训、集体学习、集中讨论，以及晓之以理、动之以情的个别教育和谈话形式，让监管对象形成集体文化意识，让他们在适应监管改造环境的同时，也对自己以前的个人行为进行反省。这一阶段可帮助监管对象从"仁""义""信"以及"慎独"等文化内容的学习中逐渐明白"推己及人""君子喻义"以及"反求诸己"的道理，对他们的思想观念、价值认知以及思维方式进行修正与重塑，让他们破除"小我""利己"思维，逐渐形成"我为人人，人人为我"的集体文化意识和"为仁由己"的品质。

第三个阶段是深化矫正阶段。这一阶段矫正教育的核心理念是让监管对象"心中有信念，人生有价值"。要突出文化育人的主题，促使监管对象思维方式的转变，从而把思想认识转变为观念、信念并培养他们自省修心、"三省吾身"的能力，这一阶段可组织他们深入学习"穷且益坚""舍生取义""自强不息"等中华优秀传统文化的内容，让监管对象从儒家的思想中吸收养分，在自省的基础上学会积极乐观，既不执迷不悟，也不自暴自弃，形成积极的心理状态和良好的人格素质，促使其产生积极向上的人格追求，形成健康向上的人生价值观。

第四个阶段是解除监管前的综合教育阶段。这一阶段矫正教育的核心理念是让监管对象"心中有希望，脚下有大道"，提高他们的职业技能素质，做好再社会化适应性准备。在这个阶段监管对象容易因为与社会脱节太久出现害怕融入社会或者茫然懵懂的心理，管教人员一方面可以通过儒家积极入世的思想积极鼓励他们，给他们传授职业技能、求职经验、经营技巧等内容；另一方面可以运用道家"无为顺应""道法自然"的理念宽慰他们，从价值观念、思维方式、心性修为等方面进行引导，减少他们的焦虑心理。

(二)中华优秀传统文化矫正教育应当覆盖监管对象的各个方面

中华优秀传统文化矫正教育的目的是帮助监管对象重塑三观，使之改过自新，更好地适应社会，因此中华优秀传统文化矫正教育会覆盖监管对象的方方面面。

就关系角度而言，中华优秀传统文化矫正教育内容既有个人与自己的关系、个人与他人的关系，还有个人与自然的关系。比如，在人与自然的关系上，讲究道法自然，天人合一；在人与社会的关系上，偏重集体主义利益；在人与他人的关系上，讲究"以和为贵""己所不欲勿施于人"；在人与自身的关系上讲究自律自省。就个人角度而言，中华优秀传统文化矫正教育内容既有观念认知上的、身体心理上的，还有客观行为上的，可以分为道德认知、心理思维、处世之道以及个人修身等几个方面。比如，在道德认知层面，可以通过传统文化教育让监管对象知孝悌、倡五伦、爱祖国、行大道，帮他们重塑道德观念；在心理思维层面，可以通过中华优秀传统文化教育帮他们消除在监管机构的身心压力和因此产生的消极情绪，让他们心有所寄、志有所托，以更积极的心态安心接受改造；在处事层面，可以通过中华优秀传统文化教育让他们转化思维方式，学会换位思考，形成良性互动的处事之道，不再因为一己之私而伤害他人；在个人修身层面，可以通过中华优秀传统文化教育引导他们反思自身错误所带来的后果，懂得先正己身才能明法的道理，通过"三省吾身"等修身方法达到"不贰过"的目标。

（三）中华优秀传统文化矫正教育应当采用多种教育方法

开展中华优秀传统文化矫正教育，既要注重营造庄重的仪式感，让监管对象理解中华优秀传统文化的仪式魅力，同时也要注意与监管改造相结合，注重文化的生活性，在潜移默化中推进监管对象对中华优秀传统文化的内在认同。注重仪式感的目的是增强影响力，使仪式成为监管机构文化特色。注重生活性的目的在于强调中华优秀传统文化教育融入监管改造，通过长期熏陶实现育人效果。

近年来各地监管机构对中华优秀传统文化教育在手段方法上进行了一些具有实用价值的探索，有的在内容上切准需求、精准滴灌，有的在方法上营造对话式的教学氛围，有的在评价上借鉴电脑游戏的方法，设计一个有故事、有通关、可以晋级的趣味评价机制，使每个监管对象在评价中不仅有自我激励，还能收获其他监管对象的激励，学习氛围在评价的激励和规范中就会有持续性的改善等，这些方法都取得了不错的效果。中华优秀传统文化矫正教育的形式可以多元化，比如：可以将中华优秀传统文化中的音乐，以及鸟啼、海浪、雨滴等功能音乐结合，对监管对象展开音乐心理治疗，进行情感共振与神经调节，以产生心理效应与强烈共鸣效果，在实用价值上提质增效；还可以在监管机构成立特色乐队，举办中华优秀传统文化音乐会、歌会活动；可以开展跳房子等传统游戏活动，使监管对象在游戏中体味中华优秀传统文化与星空文化的魅力；可以开展书法抄经典活动，使监管对象领略中华优秀传统文化的魅力等等。

三、融入社会，重点矫正

(一)中华优秀传统文化矫正教育需要衔接社会生存方向

监管对象最终都会回归社会，因此在进行中华优秀传统文化矫正教育的过程中始终要注意对监管对象的再社会化引导，让他们拥有良好积极的心态，在走出监管机构后能有生活就业出路，能适应社会需求，不与现实生活相脱离。这需要管教人员在进行中华优秀传统文化矫正教育时注重对监管对象融入社会的衔接帮扶工作，以监管对象融入社会主流群体、恢复正常社会生活为主要目标，最终让监管对象顺应社会正向轨迹，避免不能融入社会而出现再犯行为。

(二)中华优秀传统文化矫正教育需要引入社会文化资源

中华优秀传统文化矫正教育要做好监管机构内部教育与社会教育的衔接工作，需要社会力量的参与，开展多种形式整合文化资源以形成合力。比如，可以聘请社会知名人士为戒毒公益大使，建立健全多元化社会帮教常态机制；也可以邀请民间艺术家指导监管对象学习传统陶艺、刻瓷技能，锤炼工匠精神，为回归就业夯实文化自觉性；还可以引入社会职业教育或培训机构，推动中华优秀传统文化教育与职业教育融合，鼓励监管对象结合自己的人生理想和兴趣特长选择学习，掌握一技之长，为顺利融入社会做好过渡衔接。

(三)中华优秀传统文化矫正教育需要融入社会地域特点

中华优秀传统文化矫正教育要尊重、吸收地域文化中的合理养分，立足地域特色，切实将地域内的历史文化、名人名事、民俗风情等具有生命力的部分与进行的中华优秀传统文化矫正教育主题有机结合。一方水土养一方人，地域文化让监管对象能更好地接纳和吸收文化养分。比如，山东邹城是孟子的故乡，"孟母三迁"的典故妇孺皆知，当地监管机构充分挖掘孟母教子的文化资源，结合时代特点，创新性地提出"父母好好学习，子女天天向上"的新口号，从如何树立好的家风、如何开展家庭教育以更好地帮助监管对象回归社会等方面讲解知识，为矫正教育提供了强大的精神动力。再比如，湖湘文化中的屈原、贾谊、周敦颐、曾国藩等，都是学习、践行正统孔孟之道的名人，而湘人的刚烈、倔强的性格特质与儒家道德精神相结合，往往让他们体现为"血诚""重义"的品性。在进行监管对象的矫正教育过程中，管教人员可以多引用儒家的忠恕之道、"君子喻义"等内容进行教育，培养监管对象忍让谅解的宽恕之心，以及对义的正确认识，使其能更好地与人为善、融入社会。

任务考核

5月20日，建阳监狱隆重举行了以"启智立德 资政育人"为主题的传统文化教育暨朱子文化进狱园活动启动仪式。此次活动为期三年，分为三个阶段，分别以"以人怡人""以文塑人""以文化人"为主题，旨在打造书香狱园、和谐狱园、平安狱园。

监狱特聘福建省作家协会会员、南平市朱子文化研究所所长祝熹为此次活动的文化顾问，并现场颁发了聘书。启动仪式上，祝熹老师专门作了一场题为"朱子家训及当代意义"的讲座，为参加启动仪式的民警带来一次生动的传统文化精神之旅。

温有宏副监狱长在致辞中指出，中华优秀传统文化是中华民族语言习惯、文化传统、思想观念、情感认同的集中体现，凝聚着中华民族普遍认同和广泛接受的道德规范、思想品格和价值取向，具有极为丰富的思想内涵。而朱子文化是福建文化极其贵重的遗产，是福建文化对中华文化乃至世界文化的重要贡献。将优秀传统文化的内容导入对服刑人员教育中，运用中华优秀传统文化中蕴含的思想观念、传统美德、道德规范和人文精神，教育引导罪犯学习领悟中华优秀传统文化精髓，懂义利、明是非、敬法度、尚道德、讲诚信，具有非同寻常的意义。

按照既定的方案，建阳监狱在今后三年中，将充分发挥区位优势，借助考亭书院、朱子故里、理学圣地的文化影响力，以朱子文化为主要载体，通过适时组织民警讲师团成员到朱子文化遗址进行实地学习考察实践，邀请朱子文化研究领域的专家学者对讲师团进行授课培训，结合传统文化节点进行即时教育，以及在狱内成立朱子研学会等各种方式，不断打造和谐氛围，培养人文精神和提高综合素质，积极构建文明、健康、人文、规范的狱内文化体系，促使罪犯在日常改造中能够耳濡目染地感受到传统文化的熏陶，逐步引导他们在学习中逐步完善自我，摒弃恶念，重新树立正确的"三观"和辨别真善美，从而自觉规范服刑人员的言行，最终达到以人怡人、以文塑人、以文化人的目的。

来源：《启智立德 资政育人——建阳监狱启动传统文化教育暨朱子文化进狱园活动》，福建监狱网，2022-05-27，内容有删改。

问题：
请根据以上案例，谈谈你对中华优秀传统文化矫正教育的基本原则的认识。

项目小结

　　中华优秀传统文化给我们提供的是一种大思想大智慧，主张道德自律、修身养性，认为道德学问的提升、人生境界的升华才是人追求的终极目标，倡导在纷繁多变的世界中寻找一处属于自己的精神家园和心灵港湾。

　　本项目重点阐述了中华优秀传统文化的基本内容、主要特点，明确了对监管对象进行中华优秀传统文化教育的意义，提出在管教人员和监管对象双方都具有向善的愿望的前提下开展中华优秀传统文化教育才有意义，要求管教人员在分析监管对象的人格缺陷的基础上，有针对性地选取中华优秀传统文化的相关内容对其进行矫正教育。

　　在中华优秀传统文化矫正教育的方法上，要能做到雅俗共赏、喜闻乐见，发挥教育潜移默化的功能。管教人员只有具有宽广的文化视野、新颖的思想观点，讲解生动精辟，才能令监管对象场上震撼、场下思考，继而引起其言行、心态方面的些微改变；还应将中华优秀传统文化的大道理与监管对象对自身行为的反思结合起来，通过体验式、情景式、浸入式、践行性的中华优秀传统文化教育，让监管对象不仅学得深、悟得透，而且用得上、行得久，做到"入心入脑"、知行合一，使其懂义利、明是非、敬法度、尚道德、讲诚信，这样中华优秀传统文化矫正教育才具有重要现实意义。

拓展思考

　　1. 近代历史学家、思想家钱穆先生在《国史新论》中说："儒家教义，主要在教人如何为人。亦可说儒教乃是一种人道教，或说是一种人文教，只要是一人，都该受此教。不论男女老幼，不能自外。不论任何知识、任何职业，都该奉此教义为中心，向此教义为归宿。在其教义中，如孝、弟、忠、恕，如仁、义、礼、智，都是为人条件，应为人人所服膺而遵守。"请你谈谈对这句话的理解。

　　2. 监管对象矫正教育是一项系统工程，中华优秀传统文化教育只是其中的一部分。你认为要做好监管对象矫正教育工作，还需要哪些措施和方法的综合治理？

　　3. 高淳监狱紧扣阶段性工作要点，立足罪犯思想变化动态，超前预判、精细部署，坚持"四抓实"开展清明期间罪犯思想教育工作。一是抓实传统教育，

推进思想认同。高度重视罪犯传统观念塑造，结合清明节历史渊源，录制专题教育讲座，开展清明祭英烈主题教育。以此为引申，全方位开展传统思想教育，突出中国古代"重义""守信""孝亲"文化内涵。组织罪犯以小组讨论、书写心得、即兴演讲等多种方式，展示传统文化教育对自身思想产生的触动，全面推进罪犯对优秀古代思想文化的认同。二是抓实心灵净化，把牢净心塑魂方向。以传统节日为契机，结合罪犯成长经历，全面开展罪犯个人反省及思想观念重塑。罪犯深刻分析家中长辈在自己成长道路上给予的关怀和关爱，认清因个人一时迷途，受到法律惩戒，无法尽孝膝前对家庭造成的巨大伤害。监区民警采取"划片包干"的方式，全面落实"个别谈话"，引导罪犯说出心中懊悔愧疚，明确亲情归属依托，使罪犯彻底与旧日的不良行为决裂，努力踏出重生第一步。三是抓实内外联动，营造积极向上氛围。立足监狱社会效益，促使"清明"系列教育活动形成监内外闭环。依托省局"云信"平台，搭建亲情沟通桥梁，推进监内外信息交互，累计送达犯属短信50余封。组织罪犯书写家书，向家中汇报个人改造成绩，表达自身悔恨与歉意，让家人成为罪犯改造的"见证者"、悔过的"监督者"、誓言的"聆听者"，不断提升犯属矫治参与度、丰富罪犯改造仪式感，全面营造优良改造氛围。四是抓实远景规划，助力重启崭新人生。紧盯"再社会化"终极目标，以清明系列教育活动为抓手，扎实开展罪犯刑释后人生规划。指导罪犯明确"重生目标"，以无愧家庭与亲人为最终方向，订立行之有效的个人规划。立足短、中、长三个阶段，以回归、融入、重生为前行方向，努力摆脱旧日浑噩，有效实现个人价值。力争通过自身努力，承担应尽的家庭责任，报答逝去亲人对自身的抚养与关怀。

来源：《高淳监狱"四抓实"开展清明罪犯思想教育》，潇湘晨报，2021-04-06，内容有删改。

问题：

请根据高淳监狱的案例，谈谈你对中华优秀传统文化矫正教育内容选取、原则把握和意义价值方面的认识。

实训项目一

观摩监狱开展中华优秀传统文化矫正教育活动

一、实训目标

帮助学生了解中华优秀传统文化矫正教育的基本原则、主要方法、工作目标和基本特征。

二、实训要求

(一)明确训练目的。

(二)明确训练的具体内容。

(三)熟悉训练素材。

(四)按步骤、方法和要求进行训练。

三、实训准备

(一)前期准备。联系实训基地,和基地民警一起商定实训方案,提前准备学生需要的资料。

(二)训练素材。各学生结合本项目内容,自己设定一些问题,在实训当中向民警提问。

四、实训方法和步骤

学生在指导教师的组织和带领下,听从实训基地民警的引导和安排,进入实训基地进行实地参观并实训,具体方法和步骤如下:

(一)跟随民警参观实训基地,感受中华优秀传统文化矫正教育的整体氛围,了解中华优秀传统文化矫正教育的主要内容。

(二)深入一线监区,观摩或参加一次中华优秀传统文化教育活动。

(三)每名学生分别访谈一名民警和一名罪犯,了解中华优秀传统文化教育的工作目的、进展情况、取得的成效以及存在的问题。

(四)学生就准备的问题素材进行提问,民警讲解完后,学生自由发言谈论自己的想法和见解。

(五)学生返校后撰写心得体会。

五、实训评估

(一)学生总结实训情况,写出实训心得体会。

(二)指导教师进行讲评,并评定训练成绩。

项目二

用中华优秀传统文化
矫正监管对象的道德品质

项目导入

　　一切思想政治教育，都要从根本的道德问题入手，从最能体现人性的情感问题切入。道德教育触及的是人的心灵。中国具有以德治国的优良传统，教育感化历来讲究以德治教化为主，同时以法治辅之。人生观扭曲和道德沦丧是违法犯罪行为发生的主要因素，要使监管对象迷途知返，帮助其道德回归是必不可少的途径。教育改造监管对象最直接的切入点，就在于改造他们的道德思想，通过道德观念的重塑，促进其良好行为的养成。

　　中国的先哲们认为，人是有善端的，"人皆可以为尧舜"。但要成为尧舜还须通过后天的努力，其要则在于遵守"仁""义""礼""智""信""孝"等基本准则。其中，"仁"是集政治、伦理、道德于一体的主宰性观念，是人的根本之德；"义""礼""智""信""孝"是对"仁"的体悟与实践，是"仁"的具体表现形式。在监管对象矫正教育中，它们是经常用到而且是行之有效的道德品质教育内容和资源。监管机构综合运用课堂教育、视频教学、个别谈话、晨会、讲评及康复训练等教育手段，逐步教育监管对象加强道德修养，重塑人生价值观，增强守法意识，转变错误认知，引导合理需求，修复情感损伤，学习生活技能，掌握谋生技能，选择健康生活方式，可以帮助他们强化道德品质、重构价值体系、重建行为模式、修复家庭关系，恢复社会功能，成为守法公民。

学习目标

1. 知识目标：理解"仁""义""礼""智""信""孝"的内涵及其对监管对象矫正教育的意义。

2. 技能目标：掌握运用"仁""义""礼""智""信""孝"等中华优秀传统文化对监管对象道德品质进行矫正的原则与方法。

3. 情感目标：提高道德素养，规范道德行为，升华主体修为，形成健全人格，增强对中华优秀传统文化的认同感、参与感和获得感。

重点提示

本项目的重点是通过熟悉中国传统美德中"仁""义""礼""智""信""孝"的内涵，理解中国传统美德在监管对象矫正教育中的价值，增强对中华优秀传统文化的自信心、弘扬中华优秀传统文化的责任感和运用中华优秀传统文化对监管对象进行矫正教育的使命感。难点是如何融会贯通地运用"仁""义""礼""智""信""孝"等中华优秀传统文化对监管对象道德品质进行矫正。

任务四

云麓课堂

用"仁"思想
矫正监管对象的道德品质

学习目的

1. 掌握"仁"的内涵。
2. 理解"仁"对监管对象的道德品质进行矫正的重要意义。
3. 能运用"仁"的思想对监管对象的道德品质进行矫正教育。

知识要点

　　"仁"是儒家思想最核心、最根本的理念。"仁"在《论语》中共出现 109 次，有 58 章涉及，是《论语》中出现频率最高的一个字。《说文解字》对"仁"的解说是："仁，亲也，从人，从二。""仁"的本意是"亲和"，指人和人之间互相友善、亲爱。孔子在《论语·颜渊》中解释了"仁"的含义："樊迟问仁。子曰：'爱人。'"他认为"仁"是人最基本的品德，只有仁德的人，才能做到客观公正，喜欢真正的善人，憎恨真正的恶人；而不仁的人不会淡然地长久处于贫困或者安乐的生活境况中，他们会因为长久贫困而铤而走险、胡作非为，或者因为长期安乐而骄奢淫逸、腐化堕落，很难保持人的本心。仁德是修身的关键。如果一个人立志于培养自己的仁德，那他就不会做坏事；如果一个人去掉仁德，那他就不能成为君子，所以君子应该时时刻刻不违背仁德。孔子把"仁"作为最高的道德原则、道德标准、道德境界，认为人所具有的各种美德都属于仁，换一句话说，"仁"所涵盖的美德都是"仁"的外延。孔子以"仁"为核心，建立了一个道德规范的完整体系。

　　孟子对"仁"作了进一步阐述，他认为"仁"是人的本性，是人与禽兽的本质区别。孟子说："恻隐之心，仁之端也。"（《孟子·公孙丑上》）就是说恻隐之心

是一个人仁德的开始。孟子说："恻隐之心，人皆有之。"（《孟子·告子上》）他还说"无恻隐之心，非人也。"（《孟子·公孙丑上》）他把"仁"上升到人本性的高度。孟子还将"仁"由个人修养上升到治理国家层面，提出了"仁政"的概念，强调"以民为本""为政以德"，认为统治者要宽厚对待百姓，让百姓富足。

儒家用"仁"来处理伦理社会关系的思想，至今仍然具有进步意义。

一、亲亲为大

（一）"亲亲为大"是践行仁的出发点

儒家说："仁者人也，亲亲为大。"（《中庸》）意思是说仁爱就是人，要将爱亲人放在第一位。可见，"亲亲为大"指的是对家庭和亲人的态度。孔子教育学生："入则孝，出则弟，谨而信，泛爱众，而亲仁，行有余力，则以学文。"（《论语·学而》）强调年轻人在家要孝顺父母，在外要顺从兄长，行为时常谨慎、守信，博爱大众，亲近仁者，工作之余则可研习六艺之文。孔子在这里讲了三个层次：第一个层次是"入则孝，出则弟"；第二个层次是"谨而信，泛爱众，而亲仁"；第三个层次是"行有余力，则以学文"。这三个层次是不断递进的，孔子首先要求的，是对父母兄弟的血亲之爱，做到行孝悌。然后再发展到对天下苍生的仁爱，做到"谨、信、爱众、亲仁"，培养出良好的德行后，再通过学习文化知识进一步教化自己，达到更高层次的进步。

每一个人都不是孤零零生存在这个世界上，都有自己的家庭和亲人。尽管有的亲人之间的关系会因一点蝇头小利而不堪一击，但是绝大部分亲人之间的关系因为有血缘、亲情做纽带，是牢不可破的。因此，大难袭来的时刻，他们会挽起手臂，共同抵御突如其来的灾难。在儒家看来，"仁者爱人"应该从哪里开始做起呢？从爱护自己的亲人开始做起，从孝顺父母、恭敬长辈开始做起。儒家认为：爱人要由近及远，先是爱父母，其次是爱兄弟，再就是爱朋友。这种爱的基本原则，就是根据血缘关系的远近，决定爱的程度。

一个人仁厚不仁厚，首先要看其对父母子女、对家庭如何，这是一种中国思维方式。这个方式有很大的道理。一个对父母子女都不爱的人，世界上还有谁能换他的心？需要指出的是，儒家讲"亲亲为大"，只是主张从孝敬父母开始亲近、友爱他人，而并非主张只想着自己的亲人和小家而自私自利。

（二）教育监管对象爱家庭、爱父母、爱妻儿、爱自己

监管对象的家庭大多呈现不和睦、不健全状态。原生家庭的爱和安全感的缺乏，导致了监管对象没有能够形成对社会、对集体、对家庭的责任感和同情心。有的家庭溺爱严重，反而成为了一些监管对象冲动逆反、抱怨狭隘的借口，他们在被监管改造后不仅

不反思自身违法犯罪的根源，反而将责任推给家人。这些人往往在矫正教育过程中表现为情绪反差大、人际关系处理差、遇事不计后果，特别是在情绪和行为的自我规范方面约束能力差，在深挖自身违法犯罪根源上显得躁动不安、心思漂浮。此类人员与狱友之间的矛盾突发性概率最大，常因"争抢水龙头""某个人睡觉呼噜声太大吵到自己""某个人动了我的被子"等日常生活琐事，与狱友发生冲突，借与他人的冲突来发泄自己的情绪，并且容易记仇，存在蓄意报复的意识和动机表现，如"将狱友从上铺的床上直接拽到地板上""拿塑料桌凳砸人"等。

每逢佳节倍思亲，尤其在中秋、春节等传统节日期间，监管对象休息时间较长，又压抑在监管机构狭小生活空间里，容易无事生非。有的监管对象嫉妒心强，自己无人探望，看到别人在此期间较以往有更多的会见、拨打亲情电话、收发家信等活动，此时他们的心理往往比较脆弱，内心对于实现某种愿望的渴望感更加强烈，更容易受外界波动而产生刺激和影响。

1. 要做好监管对象家庭矛盾的排查化解工作

家庭矛盾主要指家庭成员之间因关系不协调而产生的对立现象，主要包括夫妻矛盾、婆媳矛盾、妯娌矛盾和子女矛盾等，其中最基本的是夫妻矛盾。虽然"清官难断家务事""家家有本难念的经"，由监管机构或社会帮教部门排查化解监管对象的家庭矛盾固然不可能面面俱到，但作为疏导者、沟通者、传递者，管教人员一是要通过信息员及时反映、监管对象主动汇报、定期写思想报告和查阅档案、个别谈话、电话监听、会见录音复听、平时观察等方式全力排查、梳理和发现其家庭矛盾或情感纠纷，帮助监管对象和家属间避免误会，如通过亲情拓展营活动等化解监管对象"被家庭抛弃和讨厌"的焦虑与害怕心理，增强家属帮助亲人矫正的信心与决心；通过个别教育谈话对监管对象进行责任教育，与其共同探讨其错误认识产生的原因和导致的后果，教育其多从自身找问题，不要怨天尤人，使其意识到家人在他身上付出了多少，他又为家庭承担了多少；通过家庭关系讲座课堂、个别走访等工作改善监管对象及家属表达"爱"的方式方法，从而促进沟通与交流，促进家庭关系修复，使亲情成为监管对象的矫正动力而非思想负担。尤其是对重点对象要开展个案危机干预工作，坚决防止监管对象因婚姻家庭矛盾或情感纠纷陷入极端情绪，进一步确保监管机构安全稳定。二是要组织监管对象学习《民法典》《妇女权益保障法》等法律知识，强调法律对婚姻情感等方面的约束，引导监管对象牢固树立法律意识，正确看待婚姻家庭和情感问题。

2. 要创新亲情帮教的方式方法

亲情是促进监管对象改造的重要因素。要在信件、电话、亲情会见等传统帮教手段基础上，创新开展各种亲情帮教活动，利用新媒体平台创设录制亲情小视频、远程连线以及"矫正成绩单""亲属留言板""每日一句话"等专栏形式，使监管对象得到家人心贴心

的鼓励交流。这些措施体现了法律宽严相济的精神，也凸显了监管机构的人文关怀。一方面有利于提升监管机构执法工作的透明度，加深社会公众，特别是监管对象亲属对监管机构教育改造工作的正确认识，拉近他们与监管机构的距离，取得他们的信任，以便使其更好地配合监管机构对监管对象进行帮教；另一方面有利于以亲情的力量感召监管对象遵守规章纪律，强化改造意识，将亲属的关心转化为改造动力，摒弃恶习，重新做人，为家庭营造美好的生活环境贡献自己的力量。特别对于个别不思改造、自暴自弃甚至对抗改造的监管对象以及当某些亲情观念较强的监管对象遇到改造困境时，利用亲情帮教的方式开展矫正教育意义更加重大。

3. 要加强亲情帮教的教育引导

亲情帮教要发挥最大的作用，并不是给监管对象和亲属提供一个闲话家常、诉说衷肠的时间场所就能实现的。亲情帮教也要讲究思路和技巧，而这方面恰恰是很多亲属考虑不到的，这就需要监管机构对亲属在开展亲情帮教前进行一定的教育引导，如在监管机构会见室引进植入亲情帮教引导短课程的智能机器人，在亲情会见开始前，组织亲属进行学习，使其了解如何更好地配合监管机构对家人开展矫正帮教。家属课堂让监管对象家属树立正确科学的家庭观念，改变家属对监管机构的偏差认识，消除家属的顾虑、安抚家属情绪，增强家属对监管机构矫正教育工作的认同感，引导家属正确、理性地处理好家庭关系，开启内外联动、社会家庭互动一体开展矫正教育工作的篇章。

二、为仁由己

(一)"为仁由己"是仁的形成过程

孔子认为："为仁由己，而由人乎哉。"(《论语·颜渊》)意思是指实行仁德，完全在于自己。

为仁由己，是儒家道德哲学的一个基本原则，它在仁学体系中有着承前启后、承上启下的作用。孔子从以仁爱心对待亲人中引申出"为仁由己"，进而扩展到"仁者爱人""泛爱众，而亲仁"等。可见，孔子的"仁"囊括了个人修养、家庭关系以及社会人际关系各个方面。在个人品德上运用"为仁由己"，有利于形成良好的思想道德观念；在家庭生活中运用"为仁由己"，有利于创建和谐家庭关系；在社会生活中运用"为仁由己"，有利于形成和谐人际关系；在人与自然关系中运用"为仁由己"，有利于推动人与自然和谐相处；在治理国家上"为仁由己"，有利于将仁德联系起来进而实现君子为政以德的理想。可见，"为仁由己"，不仅体现了仁学的情感性、普遍性、实践性高度结合，也体现了仁学处理亲属关系、一般人际关系乃至天人关系、人与万物关系的有机统一。儒家"为仁由己"的原则，为后世儒者塑造了一种崇高的、神圣的使命感，与天命之终极价值信念源头相呼应。正是带着这种崇高的使命感，历代学者往往以理想之社会与理想人格，观照、批判现实社会与现实生活，这种学风深深影响了中国社会与历史发展，这也是孔子哲学为中华民族精神立下的不朽丰碑。

（二）教育监管对象反思自我，从小事做起，改过自新

"仁"的含义决定了"为仁"强调的是个人的道德修养和追求，这种追求的动力应该来自于自己而不是来于别人。所以，孔子说"为仁由己"。"为仁由己"的观点强调了在道德修养过程中主体所应有的自觉和主动，集中反映了儒家所要求的"求诸己"的道德修养方法、道德自律意识以及对于道德义务和道德责任的自觉，表明了道德实践活动中的主体性价值。

有些监管对象以自我为中心，不能正确客观地认识自我，不能科学合理地接受别人的意见和批评，言行不一，屡教不改。比如有的罪犯嘴上喊着"认罪伏法，加速改造，遵规守纪，服从管教"的口号，但实际上他们对于之前所犯下的罪行没有正确的认识，对改造不在乎，混迹度日。其实他们这种行为只是在耽误自己，他们心中这种对立情绪越积越多，永远不能正视自己的错误，导致思想和行动还没有得到彻底改造，刑满释放后极有可能又干起"老本行"。这一类罪犯在监狱中不占少数。因此，运用"为仁由己"教育引导监管对象加强自我修养，对自己的违法犯罪行为形成正确的认知，从小事做起，持之以恒改过自新，具有重要的意义。

1. 要引导监管对象"反求诸己"

一个人能否成为有仁德的人，关键在于个人是否能够努力修养。在论述修养方法上，孔子指出了一个根本立足点："君子求诸己，小人求诸人。"（《论语·卫灵公》)，意思是说具有君子品行的人，遇到问题先从自身找原因，而那些小人，出现麻烦总是想方设法推卸责任，撇清自己，从不会去反思自己，从自身找原因。也就是说，在道德修养上，君子非常强调主观能动性而非一味地诉诸外在客观环境。

发生冲突矛盾，出现麻烦事，为何要找自己的原因，修正自己呢？因为真有心要升华自己的话，从千变万化的人情世故中，抓住不如意事发生的瞬间，去领悟因果关系，就是绝佳的机会。就算不是自己的错，养成"凡事先找自己的原因"这样的习惯也是自我负责的态度。绝大部分的不如意事有自己的原因在里面，但更多的是个人自身意识不到的深层原因。如果没有深入查找自己的问题的修养，怎能发现不足，修正自己呢？小人欠缺查找自己的问题的修养，意识不到自己的不足，当然就会盯着别人的不足，一味地要求别人了。所以，我们要教育监管对象改过自新，就必须引导他们从自己做起，不仅要严于律己、宽以待人，更要持之以恒、坚持不懈。

2. 要教育监管对象"我欲仁，斯仁至矣"

尽管孔子对于道德修养有着比较高的要求，但他认为这种要求并非高不可攀。他说："仁远乎哉？我欲仁，斯仁至矣。"（《论语·述而》）意思是指想做到仁并不难，只要我们真正想去做，从身边实际的事情着手去做，那么做到"仁"就不会是一件多么难的事。可见，孔子强调的是人进行道德修养的主观能动性。"仁"并不是高不可攀的东西，行仁并不是件难事，关键还是看人们内心是否有自觉自愿行仁的意愿。

仁是一个人内在的品德，其外在的情感表现为关怀、仁爱他人。如果一个人真想成为仁者，只要其内在自觉地、真心诚意地朝着这个方向努力，任何人都能得到仁，因为"仁"就在我们的身边。所以，我们要向监管对象强调修养靠的是自觉，要求他们脚踏实地，从身边小事做起，从现在做起，从每天用"法""规"的要求来约束和规范自己做起，从善待身边每一个人开始，并持之以恒地坚持下去，就可以累小仁而致大仁，这不仅能有力地调动监管对象的改造内驱力，而且能形成风清气正的和谐改造关系，一点一滴地重塑监管对象的道德观，并使其在改造中得以践行，从而帮助他们开启新生之门。

3. 要帮助监管对象"改之为贵"

孔子认为："法语之言，能无从乎？改之为贵。"（《论语·子罕》）"法语之言"指的是告诫、指正人的语言。别人向你说出这样的话，怎么可能不听从呢？但孔子认为，最重要的还不是听从，而是真正地按照对方的告诫去改正自己。犯错之后，应该知错就改，坚持错误，必将彻底失败。晋灵公生性残暴，常常因为一件小事就要杀人。有一天，因为有一道饭菜没做熟，他就直接杀了做这道菜的厨师。晋灵公的大臣赵盾和士季非常震惊。士季决定进宫劝谏晋灵公。晋灵公明白士季是为自己杀厨师这件事来的，就故意躲着不见他。但士季并未放弃，而是步步紧逼。实在没办法了，晋灵公只好轻描淡写地说："我已经知道错了，今后一定改。"士季听他这样说，信以为真，说："人谁无过，过而能改，善莫大焉。"但是，晋灵公并没有真正认识到自己的错误，也没有打算改正，依然非常残暴。于是，赵盾便屡屡劝谏。说的次数多了，晋灵公不耐烦了，居然生了杀赵盾的心。被晋灵公派去行刺的麑，把晋灵公的诡计告诉了赵盾后自杀了。但晋灵公依然不知悔改，又请赵盾赴宴，准备在席间杀他。但他的阴谋再次破产了，赵盾被卫士救了出来。后来，晋灵公被赵盾的儿子赵穿所杀。这就是他过而不改、自取灭亡的下场。

尽管"人非圣贤，孰能无过"，但在孔子看来，问题的关键不在于一个人犯的错误是什么，而在于他对待错误的态度。他提出："过而不改，是谓过矣。"（《论语·卫灵公》）意思是犯了错误却执迷不悟，不加以改正，这才是真正的过错。所以，我们不仅要引导监管对象认识到自己的错误，更主要的是让他们必须时刻反思自己的错误并及时改正，达到"明身份、知悔罪、守法纪、正言行"的目的。

三、推己及人

(一)"推己及人"是践行仁的方法

"推己及人"语出《论语·卫灵公》："己所不欲，勿施于人。"本义是用自己的心意去推想别人的心意，后引申指设身处地替别人着想。推己及人是道德行为主体以自己的感受、需要推知他人具有相同的感受和需要，并将推知所得的观念作为行为准则贯彻到与他人相关的行动中去的道德心理、行为机制和修养方法。孔子所说的"己欲立而立人，己欲达而达人。"(《论语·雍也》)意思是自己有所成就，也同时使别人有所成就；在自己通达的同时，也使别人通达。这正是推己及人的具体表现。在道德修养过程中，自觉运用推己及人的方法，能促使人们设身处地地为他人着想，从而使自己的行为有利于他人。孟子有句经典："老吾老以及人之老，幼吾幼以及人之幼。"(《孟子·梁惠王》)意思是指要尊重自己的长辈，推广到尊重别人的长辈；爱护自己的晚辈，推广到爱护别人的晚辈。这也是典型的儒家思想中"推己及人"的思想，体现了儒家"仁者爱人"的基本理念。从爱自己做起，再推而广之去爱别人，再推而广之去爱世间的万事万物。所以"仁"的方法是"推己及人"，从自我开始，到家庭，到社会，到天下，这是一种道德规范。所以凡事不能只想着自己，要设身处地地为他人着想，做事为己也要为人。

对监管对象进行"推己及人"教育，就是要教育并引导他们凡事都设身处地为别人想一想，通过角色互换的心理体验，更好地理解别人，体谅别人，表现对别人的尊重和爱护，然后再试图去关爱别人，最后学会回报社会。

(二)教育监管对象将心比心、宽厚待人

大多数监管对象是利己主义者，是很少想到他人、理解他人、体谅他人的，看问题总是站在自己的角度，因而不免产生自私、狭隘、主观、偏激的现象。特别是有的监管对象在被投入监管机构改造之初，不是感到对不起党、国家和人民，不是感到对不起被害人及其家属，不是感到对不起自己的亲人，而是感到自己吃亏了，不合算，甚至下决心以后要把自己失去自由的损失夺回来，这是非常危险的。针对这一点，运用"推己及人"来矫正他们的心理——由自己的心理推断别人的心理，通过角色互换的心理体验，设身处地为他人着想，用仁爱之心去帮助别人，将心比心，宽厚待人，可以使他们走向利他主义的道路。

1. 要引导监管对象换位思考

同一件事，站在不同的高度，处在不同角度和位置，就会产生不同的见解。由于高度、角度、位置的不同，产生的看法就不同，思维的方向就不同，就会得出不同的结论，

产生不同的结局。换位思考，就是要学会站在别人的角度看问题，处在别人立场做事情；就是要设身处地地为他人着想，想人所想，理解和包容别人，尊重他人。

教育监管对象回归社会、重新做人，首要问题就是要让他们学会"换位思考"。通过提问"假使自己处在对方的位置上会有何感想？"帮助他们通过转换认识立场来将心比心，通情达理地谅解对方的行为和态度，从而发现新问题，寻求新答案。具体而言，就是要教育他们不应将自己的幸福建立于他人的不幸之上，也不要把自己不喜欢的东西强加给他人；教育他们从身边做起，真诚地去关心帮助他人，自觉树立"人人为我，我为人人"的观念，这样有助于他们自觉做到为他人着想，多做好事，尽量把方便让给别人。比如，洗漱时不抢位，就餐时不多占，就寝时不串位，下床时动静小，看病时要排队，劳动时文明生产，学习时爱护教学用具等等。从小事做起，从点滴做起，逐渐改造自己的世界观、人生观、价值观，培养"立人""达人"的意识，久而久之，便养成良好的为他人着想的品格。

2. 要教育监管对象宽厚待人

公元前 606 年，楚庄王在平定了一场叛乱之后，与群臣共贺胜利，并让自己宠爱的许姬给大臣敬酒助兴。突然一阵风将烛火吹灭，黑暗中许姬感到有人拉住她的手。许姬恼怒中顺手扯断了那人帽子上的缨饰，并悄悄告诉了楚庄王，要求惩罚这个大臣。楚庄王却下令暂缓点灯，并要求群臣全部揪断帽子上的缨饰，尽情狂欢，只字未提此事。次年，楚国与郑国交战，副将唐狡出生入死，立下战功。楚庄王要重赏唐狡，唐狡却说自己在战场上置生死于度外，实乃报答楚庄王昔日"绝缨掩过"的恩典。这就是清代金缨所认为的待人之道："以责人之心责己，则寡过；以恕己之心恕人，则全交。"（《格言联璧·持躬类》）意思是说要以要求别人的标准来要求自己就会少犯过错，以宽恕自己的心态去体谅别人就能多交朋友。

监管对象在生活中，总是不可避免会与人发生冲突和矛盾，如果处理不及时，不仅会形成不愉快的人际关系，甚至会发生更为极端的现象。而要避免这种矛盾，就必须要让监管对象学会善待他人、宽容大度。"人非圣贤，孰能无过？"（《左传·宣公二年》），但即使同伴犯了过错，也不要冷眼相对，恶语中伤，落井下石，毕竟"过而能改，善莫大焉"，要让监管对象明白宽容他人的同时也宽容了自己，"退一步海阔天空"便可以"化干戈为玉帛"。

3. 要教育监管对象利人利己

利己与利人是一对矛盾，儒家有自己的见解，这就是孔子所说的"忠恕之道"。儒家所说的"忠"，主要是指对别人的一种关系，孔子把尽力帮助别人叫"忠"："居处恭，执事敬，与人忠。"（《论语·子路》）意思是要平常在家规规矩矩，办事严肃认真，待人诚心诚意。"忠"还指诲人不倦，教人以善，积极做人，专一而无异心，要与人谋而忠。朱熹在《论语集注》中解释说"尽己之谓忠，推己之谓恕"，意思是说忠就是尽自己最大的努力，恕就是用自己的心去推及他人。孔子为什么把"忠恕之道"作为处理人与人关系的准则呢？正如他在《论语·颜渊》中所说的："在邦无怨，在家无怨。"意思就是无论在哪里，做人做事都不招人抱怨。为了达到这个目的，应尽自己的一切能力，包括必要时献出自己的生命，这就是"舍己为人"的道德源泉。因此，利人利己是一种双赢的人际关系模式，它以品格为基础，使人更加诚信、成熟、豁达。

绝大多数监管对象认为"利人则必损己，利己则必损人"，信奉"人不为己，天诛地灭"，相互之间的关系因为自私而变得冷漠。他们会为一己之私，置他人利益于不顾，最后却往往落得一个损人害己、两败俱伤的下场。因此，要教育引导监管对象养成双赢思维的习惯，做到"我为人人，人人为我"，不断在人际交往中寻求双边利益。"我为人人"就是要求每个监管对象心中要有他人，要有社会责任感，要用实际行动为大众着想，为他人进步、为监管机构安全、为社会发展尽到自己的义务，这必然会换来"人人为我"的美好结果。

任务考核

为了积极践行《罪犯改造行为规范》，彻底矫正罪犯心中的恶念，某监狱桂警官在"日行一善"活动中，在班组里设立了"储善瓶"：罪犯每天只要做了一件好事，就用纸叠成"心""鹤"或小星星等形状，放入"储善瓶"里。这样罪犯们一点一滴地积累着自己的行为表现，敦促着自己的新生之路。

一开始，罪犯赵某就有疑虑："在监狱服刑哪有那么多的好事可做？"直到有一天，班里来了一名行动不便患有痛风的罪犯，班里的几个人轮流搀扶着他去洗漱。"这时，我们似乎找到了积累善心的感觉，慢慢地'储善瓶'里的小星星多了起来，看着'储善瓶'里小星星一天天地增长，我们的心里有了一种说不出的成就感。于是大家开始主动地帮助监区、班里或其他罪犯做好事，谁的床面褶皱了就会有人主动去给整理，谁在学习中遇到了困难，大家都会主动去帮助，如果谁生了病或者家里有些烦心的事，甚至思想上有了解不开的疙瘩，大家都会主动地去帮助。也正是点滴的行动融洽了我们罪犯之间的关系，激发了我们积善成德的信念。"罪犯赵某说。

问题：
请你用"仁"的理念来揭示桂警官设立的"储善瓶"为什么能在罪犯矫正教育中发挥积极作用。

云麓课堂

任务五

用"义"思想
矫正监管对象的道德品质

学习目的

1. 掌握"义"的内涵。
2. 理解"义"对监管对象的道德品质进行矫正的重要意义。
3. 能运用"义"的思想对监管对象的道德品质进行矫正教育。

知识要点

《说文解字》对"义"的解说是："己之威仪也。从我羊。"在这一说法中，"威仪"是强调原始字义，"我羊"是讲字形结构。在先秦古籍中"义"字作为道义、正义等价值概念，用于比喻礼仪、威仪，并引申指品德的根本、伦理的原则，又表示合乎正义，常用作修饰语。后来，人们由此还引申指对事物或文字所作的合一而恰当的解释、意义，由合宜、合理引申指人之间在感情、言行方面合宜的联系、情义。

"义"是孔子思想体系中的核心思想之一。他认为"义"是最重要的道德准则，是君子的行为标准。孔子认为"不义而富且贵，于我如浮云"（《论语·述而》），意思是用不正当的手段获得的荣华富贵，对我来说就像天际的一片浮云，毫无意义。富贵如不以道义得之，则没有价值，这充分体现了孔子所倡导的"义"是一种不以"利"为准则的道德。孟子则认为人性本善，将义规定为"羞恶之心"，与仁、礼、智共同构成人的本性。他希望人们能够把人性的善端"扩而充之"，包括对己和对人的内容都发扬光大。儒家之"义"强调主体性和实践性，使义既内敛为行为主体的品格，在人们的心灵深处播种下道德文明的基因，又外化为主体行为的品格，把义由抽象的价值准则贯穿到日常生活和个人行为之中，拓展了伦理道德实践的空间。在儒家看来，义是处理人际关系的重要依据，也是个人道德修身的价值取向，更是具有现实操作性的伦理道德范畴。

一、义者宜也

（一）"义者宜也"是践行义的基础

"义者宜也。"（《中庸》）"宜"，指做合适的事。"义"在儒家道德伦理系统中的基本含义，就是追求合理、适时、正义、公正。孔子的弟子有子认为"信近于义，言可复也"（《论语·学而》），意思是讲信用要符合于义，只有符合于义的信用才能实行。法家代表人物韩非子也认为，"义"就是适宜，他主张按照君臣上下、父子贵贱、朋友相处，亲疏远近的等级次第关系，做适宜的事情。所以，"义"是从"宜"开始的，关键在于什么是合适的事情，有因时制宜、因地制宜、因人制宜之意，当做就做，不该做就不做。

有些人特别敬慕在武力抗衡过程中所表现出来的义气豪侠，崇尚"为朋友两肋插刀"，甚至不讲原则，不顾及道德、法律、亲情的底线，爱屋及乌，对别人的缺点错误乃至违法犯罪行为，不仅不批评、不揭露、不帮助，反而包庇、袒护、纵容等，最终自己受到法律的惩罚。确实，孔子是将"勇"视为人生三大德之一，但他强调了尚勇的前提是要受到义的约束："君子义以为上。君子有勇而无义为乱，小人有勇而无义为盗。"（《论语·阳货》）意思是指君子把义看作是最尊贵的。君子有勇无义就会作乱，小人有勇无义就会去做盗贼。君子之勇，以义为先。只要符合道义，尽管是面对层层艰难险阻，也要挺身而出，甚至置生死于度外，不屈不挠地斗争到底；如果不符合道义，即便有人故意挑衅激将，也要不为所动。就像韩信那样，遭受胯下之辱也不逞一时之勇，这才是真正的大勇。判断是否为君子之勇，只有一个衡量标准，即是否符合道义。所以，明白了"义"真正的含义，我们遇事就会要多考虑，看这件事是否符合道义，符合道义了再去做，而不要逞小人之勇。

（二）教育监管对象遵守法纪，崇尚道德

义者，宜也，代表着应然、责任乃至正义。在孟子看来，无论为政者治国安民抑或普通人立身处世，最核心、最关键的问题实际都可以归结为义、利之辨：崇正尚义、怀仁行义则必前途远大，利欲熏心、见利忘义则必昏聩颠覆。所以，孟子反复要求人们循义而行，他在《孟子·离娄上》中说"义，人之正路也"，在《孟子·告子上》中又说"义，人路也"，就是强调这个道理。

有的监管对象讲义气、好面子，因为被监管前后身份、地位的落差，在改造过程中不能正确认识自己的身份，不服从管理，一味坚持自己的立场，认为自己以前在社会上能够"呼风唤雨"，现在低头认错有损颜面。如果此类监管对象拒不悔改，"涟漪效应"一旦形成，会对班组建设带来长远的影响甚至会威胁监管秩序。但是如果能够抓住他讲义气的特点，将其所谓的"江湖影响力"转化成教育改造工作的新动能，就会产生意想不到的效果，助力班组建设工作持续向好发展。

1. 教育监管对象要遵规守纪，学法用法

儒家认为："先义而后利者荣，先利而后义者辱。"（《荀子·荣辱》）意思是先考虑道义而后考虑利益的人光荣，先考虑利益而后考虑道义的人可耻。我们不难看出，义不仅仅局限于个人修养的范畴，更是一个社会需要去遵循的准则。我们个体的行为就要符合这个准则，不能够过分，要掌握火候、分寸，这就是适宜。如果我们的行为过于偏执，那就要及时中和调整，恢复到正常状态，这就是儒家提倡的"义"。我们常说"无规矩不成方圆"，法律就是我们生活中最重要的规矩。法律不仅规定了我们享有的权利，同时也规定了我们应当承担的责任，以及不能越过的界线。法律告诉我们什么不能做，如《大学》中所言："知止而后有定。"只有知晓了法律知识才会知道什么时候应该停下来，就不会稀里糊涂地触犯法律。

所以，我们要教育监管对象遵纪守法，只有每个人都去遵循法律制度这个准则，才能形成和平安定有序的社会秩序。无论是什么原因，都不能成为一个人违法犯罪的理由；无论是什么事情，都不能成为一个人违背道德的借口。在任何冲动、任何情感、任何利益面前，都必须遵守法律与道德，"有问题依靠法律来解决"，这是法治社会的一个标准，也是要让每一个监管对象牢记在心的底线。

2. 教育监管对象要强化身份意识，安心改造

所谓"义"，就是在合适的时间、合适的地点做合适的事情。人之为人，并不在于人有知觉、有生命，而在于人懂得什么该做，什么不该做。该不该做的标准就是"义"。如果说仁的对象是指向他人，那么义的对象则完全指向自身。衡量"合适"的关键，是对自我、对环境、对事件等这些客观因素有一个客观科学的评价。

对于监管对象而言，首先就应该引导他们根据不同的时间、地点，按照不同的人生角色不断调整自己的心态，客观评价自我，形成正确的自我认知，明确自己的身份意识，重新找回准确的人生坐标，这是适应监管环境的需要，也是思想改造的需要，更是成为守法公民的需要。比如，要通过时刻警问他们"你现在身处什么样的环境？""你因为什么来到这里？""在这里你应该怎么做？"等等，逐步引导他们正确归因，正确认识自我，从而做出"适宜"的行动，即遵纪守法、痛改前非，尽早回归家庭和社会。

3. 要求监管对象要与人为善，量力而为

孟子说："取诸人以为善，是与人为善者也。故君子莫大乎与人为善。"（《孟子·公孙丑上》）意思是吸取别人的优点来自己行善，这就是协同别人一道行善。所以君子最高的德行是与人一道行善。宋真宗时期，寇准和王旦同朝为官。王旦是宰相，主管中书省。寇准是副相，主管枢密院。两个人性格迥异，一个柔和，一个刚直，所以时常会发生摩擦。有一天，中书省有文件送到了枢密院，这份文件的格式不符合诏书的标准，寇准便

把这件事报告给宋真宗，随后王旦就受到了皇帝的责备，中书省的其他官员也受到了处分。然而这件事过去不到一个月，枢密院有文件送到中书省，也犯了同样的错误，中书省的官员认为报复的机会来了，就很高兴地把文件呈送到王旦面前。然而王旦却叫人把文件送还给了枢密院。寇准见到文件后十分惭愧，就去拜见王旦说："您真是有天大的度量啊。"王旦的与人为善、宽容对待同僚间的摩擦，不仅消除了彼此的隔阂，确保了政坛的稳定，并且以自己的高尚情操，"善"出了政绩卓著的一代名相——寇准。

在矫正教育工作中，一是要鼓励监管对象在劳动、生活和学习中多帮助身边的人，因为只有互相帮助，彼此才能更好地进步。也只有经常与人为善，监管对象才能经常处在和谐氛围之中，人际平和、心态平和，豁达乐观，无忧无虑。二是要教育监管对象帮助人是有讲究的，帮忙要帮在点子上，要在别人真正需要的时候伸出援助之手，不仅要确认帮忙对象，也要注意帮忙的方式和帮忙的度，更要符合自己的能力。具体而言，就是要量力而行。帮忙要视事情的严重程度和亲疏关系来确定，对于力所能及、举手之劳的小事，我们可以鼎力相助，但如果是无理的要求，甚至是违法乱纪的要求，要坚决拒绝。

二、君子喻义

(一)"君子喻义"是践行义的关键

孔子说："君子喻于义，小人喻于利。"（《论语·里仁》）意思是君子懂得的是道义，小人懂得的是利益。君子一定明白"义者，利之和也"（《易传·乾文言》）的道理，知道要得到利益，就要讲求利益与道义的统一。真正的君子知道什么时候应求其利，什么时候应弃其利，求利弃利若恰当，就是义。而小人则唯利是图，知利而不知义，无论何时何地只知以一己之私利为先。因君子喻于义，能明白何利可取，何利应弃，所以不会瞻前顾后、左思右想，故其心坦荡荡。因小人唯利是图，成天想的是如何多求利，怎么少失利，难免于终日愁眉不展，故其心有戚戚。

实际上，义和利不一定是始终矛盾的，在一定条件下两者可以相互转化。墨家的代表人物墨翟指出，"义"是最重要的事情，天下有"义"则治，无"义"则乱。他认为"义"和利并不矛盾，"义"就是"利"，就是爱他人和利他人。墨翟的"义"是以兼爱为基础的，他认为如果做到了"兼相爱"，那么就会实现"交相利"，天下就会太平。比如有的商家实行"童叟无欺""如假包换""物美价廉""假一赔十"等策略，都是利于"义"而不利于"利"的。但是从长期看，这种"义"实行得好，反而容易得到更多更稳定的"利"，这也可看作"义"对"利"的中和。也就是说，不同各方之利益的相互调和，达至平衡的最佳状态，这才是"利"的本质含义，这也是儒家所认为的"义"。所以，通过"义"约束人们合理求"利"，这样的"利"才符合"义"。

（二）教育监管对象以义导利、以义取利

儒家并不反对利，孔子就说过"富与贵，是人之所欲也"（《论语·里仁》）"富而可求也，虽执鞭之士，吾亦为之"（《论语·述而》），但他主张通过正当、合宜的行为而获取物质利益，"不义而富且贵，于我如浮云"（《论语·述而》）"义然后取，人不厌其取"（《论语·宪问》），这就是中华优秀传统文化的义利观。《吕氏春秋》记载了这样两则故事：一是子路救了一名溺水者，被其回报一头牛，子路收了。孔子对其评论说："鲁国人从此将喜欢救人于危难中了。"一是子贡从国外赎回了沦为奴隶的同胞，按规定可以领到国家的补偿金，但子贡拒绝了。孔子对此评论说："鲁国将不再有人愿做这种替人赎身的好事了。"在孔子看来，子路受牛，看似不义，但是一旦形成惯例，后来者就可能为了得到一头牛而去做救人的义举；子贡拒金，看似义举，但如果形成惯例，后来者因为要损失钱财，可能就不愿意去做赎人的义事了。所以他扬子路而抑子贡。从孔子对待这两件事情的态度上，我们可以看出，在义与利之间，孔子固然是重义轻利的，但并不否认人的利益欲求。而且，孔子试图利用人的利益欲求，建立一种机制，诱导人们行使仁义。

现实生活中，当个人的价值观和社会主流价值观出现偏差时，有的人就可能用违法的手段追求经济利益，有的人也可能因此获得非法的经济利益，大部分监管对象就是因为贪图一时的欢愉，过度追求个人利益而身陷囹圄的。以贪污受贿罪入刑的监管对象为例，他们或不注意自己的社交活动，在交往过程中相互攀比，从而铤而走险做错事；或不注意自己的交友原则，与那些危险的、生活腐败的人走得太近，在一步步的引诱下走上了歧路；或在八小时之外流连于灯红酒绿之间，逐步走向腐败的道路；或在小利益面前禁不住诱惑，私吞私占，因无法收手而迈入深渊，从吃喝开始，从小数额的受贿发展到大贪巨贪。那些最初的行为或思想，相对于任何一个贪污腐败者的整个生活轨迹来说，无一不是蚁穴般的微小。但是，这种"占利"的小恶却最终葬送了他们的家庭、事业和前途。所以，教育引导监管对象认可、接受、践行"君子喻义"思想是矫正教育工作的重要任务。

1. 要教育监管对象树立正确的义利观

孔子认为，义是维系社会生活秩序所必需的准则，又能为人们的理性生活提供精神满足；但利又是人们感性生活中必不可少的物质需要。相较物质利益，孔子更加重视精神层面的追求。在他看来，在实际社会生活中，要做一个合乎品德要求的人，成为君子，首先要做到的就是"见利思义"。孔子并不忌讳人们对于自己合理利益的追求，也不否认一切的利，但他始终认为人们不应该把"利"放在人生追求的第一位，而应该把"义"放在"利"之上，把"义"作为衡量获得物质利益的行为规范。大多数监管对象奉行"人与人之间只有绝对的利益，没有绝对的朋友"，讲求"人为财死，鸟为食亡"，以利择友。平时

"你有我需要的，我有你短缺的"，相互结成利益联盟，一旦利益不存在了，朋友关系自然解除，这种以利益作为标准结成的朋友就是利益朋友。在利益面前，他们的朋友关系链条是十分脆弱的，为了各自的利益，或者背信弃义，或者反目成仇，或者铤而走险，这样的情况在监管对象中是非常普遍的。

所以一是要帮助监管对象树立正确的义利观，使之真正理解成功没有捷径可言，所有的不劳而获、偷奸耍滑、损害国家或集体、他人利益的行为最终都不会有好的下场，也都是不可取的。二是要引导监管对象在处理道德与物质利益的关系、公利与私利的关系上，做到以义导利、以义取利、见利思义。

2. 要帮助监管对象树立正确的择友观

孔子认为，"益者三友，损者三友。友直，友谅，友多闻，益矣；友便辟，友善柔，友便佞，损矣"（《论语·季氏》）。意思是指有益的朋友有三种，有害的朋友也有三种。与正直的人交朋友，与诚信的人交朋友，与知识广博的人交朋友，是有益的；与谄媚逢迎的人交朋友，与表面奉承而背后诽谤人的人交朋友，与善于花言巧语的人交朋友，是有害的。晋朝文学家和哲学家傅玄在《太子少傅箴》中指出："近朱者赤，近墨者黑；声和则响清，形正则影直。"强调一个人生活在好的环境里受到好的影响，生活在坏的环境里也会受到坏的影响。可见环境对人的影响是多么重要。很多监管对象恰恰是因为交友不慎而误入歧途的。

因此，一是要教育监管对象交志同道合、真诚、正直、有理想、有抱负的朋友，交这样的朋友往往相处非常融洽，才能在学习和做人等方面彼此促进，相得益彰。二是要明白"君子之交淡如水，小人之交甘若醴"，千万不能因为某些利益而滥交朋友。三是大事讲原则、小事讲情义，千万不要以牺牲道德和法律为代价来交朋友。

3. 要引导监管对象树立正确的善恶观

三国时刘备在遗诏中告诫后主刘禅"勿以恶小而为之，勿以善小而不为"（《三国志·蜀志传》），意思就是不要因为是件较小的坏事就去做，不要因为是件较小的善事就毫不关心。这句话被历朝历代许多人置之座右、奉为箴言。

对于培养监管对象的法律观念和意识，使之养成自律的习惯来说，牢记"勿以恶小而为之"更是大有裨益。万事都是聚小成大、积少成多、由量变到质变的，比如积土可以成山，积水可以成渊，积跬步而至千里，积小流而成江海等。而"恶小"的危害，正在于它的小，小到监管对象可能不去重视它。然而，正是由于它小，从而放松了对它的警惕，甚至一味地纵容、迁就和姑息，一旦养成了习惯，也就在不知不觉间让这种"小恶"侵蚀了自己的生活。同时，还要教育监管对象抛弃那些自私、歹毒、尖酸刻薄、虚伪的坏品质而一心向善，并且行善不分大小、不分早晚，比如看见地上的垃圾主动捡起、用举手之劳帮助那些体弱多病的人等，这样，他们的内心会多存一点乐观和阳光。

三、舍生取义

(一)"舍生取义"是践行"义"的最高要求

孟子认为"生,亦我所欲也;义,亦我所欲也。二者不可得兼,舍生取义者也"(《孟子·告子上》),所以儒家思想中的"义"通常会有这样一种说法,在进行取舍的时候,要"舍生取义"。舍生取义意思是为了正义事业不怕牺牲,这为历代儒家所推崇,常用于赞扬别人难能可贵的精神。

南北朝时期颜之推在教育子女时讲了两个故事:一是战国时期的郭解,为人任侠,以替人报仇来结交朋友,但至于此仇因何而结,该不该报,郭解却从不挂心。二是汉景帝时,武安侯田蚡为丞相,看上了魏其侯窦婴在长安城南的一块好地,派手下人籍福向魏其侯透风。魏其侯很生气,说:"我虽然不再受皇上之宠,但是丞相难道能硬夺走我的地吗!"灌夫与魏其侯关系很好,听说了这件事,简直比魏其侯本人还要生气,大骂籍福。武安侯田蚡虽然不再提这回事,心里却很不高兴,特别不满灌夫多管闲事。后来,事情越闹越大,魏其侯和灌夫终于都死于田蚡之手。颜之推批评道:"郭解之代人报仇,灌夫之横怒求地,游侠之徒,非君子之所为也。"(《颜氏家训》)这说明古人对舍生取义也是有底线的,如果有犯上作乱的行为,或者是在政治和家庭中犯了错误,不管这个人是谁,周围的人绝对不能包庇。

(二)教育监管对象讲究忠义廉耻,弘扬见义勇为精神

忠,是指尽忠国家和人民,这是作国民的责任;义,是指有正义感、有见义勇为的精神;廉,是指不起贪求之心,大公无私;耻,是指有羞耻之心,也指自尊自重。而现实生活中,有的人因为挂在口头上的"好哥们讲义气""有难同当有福同享",以及个人的自私、冲动、盲目、跟风甚至是愚昧,走上了打架斗殴、醉酒驾驶、挪用公款、吸毒贩毒等歧路;有的人解决问题总是简单粗暴,以为通过"武力"压制可以解决一切问题,好斗好战好逞能,最终受到法律惩罚。在监管机构中,也有不少想通过逞强斗狠的方式"树威信、找地位"、获取他人的尊重和畏惧的监管对象,这些人情绪很不稳定,暴躁易怒,纪律意识不强,经常与他人发生冲突。因此,对监管对象强调忠义廉耻,帮助他们树立正确"行义"的观念就显得尤为重要。

1. 要引导监管对象坚守仗义信念,将"义"视为个人的生活准则和价值取向

在儒家看来,义是处理人际关系的重要依据,也是个人道德修身的生活准则和价值取向。孔子认为,义是君子的本质规定:"君子义以为质,礼以行之,孙以出之,信以成之。"(《论语·卫灵公》)这说明一个真正的君子,是优秀道德品质的集合体。其中义是根

本，依照礼来践行它，用谦逊的言语来表述它，用诚信的态度来完成它。"义"则表达了一种道德判断力、一种理性，二者的结合就是道德意识。孟子说："由仁义行，非行仁义也。"（《孟子·离娄下》）意思是，人们的道德行为是由内化了的仁义来推动和指导的，而不是走走形式，做一些似乎是仁义的表面文章给别人看。

所以，我们引导监管对象将"见义勇为"内化为自己的道德规范，使之不论在何种场合都要以此作为信条来反思和纠正自己的行为，逐步形成对这种道德规范的信仰，从而自觉指导其行动。比如：我做一件事，不是为了给别人看，不是因为别人希望我这样做，而是我愿意做、我自己认为我做得对，这符合我的道德准则。而对这个道德准则的判断能力和实施的勇气就属于"义"的范畴。

2. 要鼓励监管对象伸张仗义行为，将"义"渗透到个人具体学习工作和生活之中

孟子认为人性本善，将义规定为"羞恶之心"，与仁、礼、智共同构成人的本性。这就告诉人们，所有道德行为都源自于人的本性，只要你愿意，就能够做到，而且是很容易做到的事情。

其实监管对象在现实生活中，做到"义"并不难，其日常行为只要符合道德、法律、监管制度，都可以称之为"义"，不一定只有路见不平拔刀相助才是见义勇为。为贫困学生捐款捐物，将跌倒的老人搀扶起来，为老人、孕妇让座，做慈善，献爱心等等，这些扶危济困的小事都适宜于道德法治，因此也都是"义"。甚至父子间的慈爱孝顺，兄弟间的友爱互助，夫妻间的忠诚互爱，只要不是父为子隐、子为父隐，相互之间包庇纵容，为非作歹，与道德和法律相悖，也同样符合"义"的精神。至于监管对象中常见的所谓两肋插刀的哥们义气，也要看这种义气是不是符合道德、法律、监管制度：如果符合，那就是手足之间的志同道合、肝胆相照；如果相悖，那只能是泼皮混混之间的沆瀣一气、狼狈为奸，这绝不是真正的"义"。真正的"义"表现为：在日常人际交往中做到严于律己、宽以待人，不倚仗权势胡作非为；在家庭生活中切实履行家庭责任和义务，培植扶老携幼、礼让为先的胸怀；在社会上对贫困之人乐善好施、疏财仗义，对不平之事拍案而起、仗义执言，在危难之时挺身而出、行侠仗义。

3. 要鼓励监管对象尊崇仗义风尚，将"义"延伸到社会、民族、国家的发展之中

东汉末年，关羽、张飞追随刘备，不避艰险，恩若兄弟。汉献帝建安五年（公元200年）正月，已任豫州牧的刘备与车骑将军董承等谋杀曹操，事败，刘备逃窜，关羽为曹操所俘。曹操欣赏关羽，欲收降为己用，于是表奏朝廷封关羽为"汉寿亭侯"，重加赏赐。但关羽还是坚决离开曹操重归刘备麾下。这表明关羽是很重义气的，任何富贵都不能动其心、移其志。然而也正是这种义气，埋下了蜀汉灭亡的祸根。诸葛亮出山时，为刘备设计了战略构想：先占荆州，再夺益州，然后结好东吴，兵分两路，荆州之兵攻洛阳，益州之兵攻长安，则天下可定。但局势并没在诸葛亮设计的轨道上发展，关羽主持荆州

军事后，凭借与刘备的特殊关系，与东吴为仇，曹操趁机与孙权联手，南北夹击荆州，关羽兵败身亡。刘备念及兄弟之义，不顾群臣谏劝，执意伐吴为关羽报仇，结果招致彝陵之败，蜀汉由此而衰弱。《资治通鉴》记载的这段跨越近四十年时光的故事证明，义是柄双刃剑：在正义轨道上演绎的义，是纯美的操守；脱离正义轨道的狭隘义气，则是人生悲哀。因为义有"大义"与"小义"之分，大义乃国家民族利益，小义则是友情亲情。大义永远高于小义，当二者发生矛盾时，舍弃小义而遵行大义，才是义者的正确选择。

因此，要引导监管对象主动承担社会责任，树立"先天下之忧而忧，后天下之乐而乐"的远大志向，自觉将个人品德修为的锤炼和人生境界的追求、社会风尚的建设、民族国家的振兴联系起来，特别是在大是大非面前，一定要将个人排在社会和国家之后，使小义成就大义。

任务考核

春秋时宋楚交战之际，宋国被楚国的军队包围陷入困境，晋国派解扬出使宋国，通知宋国，晋国马上就会兴兵救援。但是解扬还没走到宋国就被楚国人给掳走了。解扬为了完成使命，只好表面答应楚庄王去骗宋国人说晋国不会兴兵相救。可是当他来到城下时，却对着宋国的军队说："晋国的援兵已经在赶来的路上，你们务必再坚持一下。"楚庄王很生气，对解扬说："你明明答应我不这么说，你这是不守信义！"解扬却说："义也分大义和小义，你用贿赂的手段收买我让我帮你传假话，我违背你的信义，损失的只是小义，遵守大义才是做人应有的本分。"

问题：

作为管教人员，你如何依托该案例用"义"的理念对监管对象进行矫正教育？

任务六

用"礼"思想
矫正监管对象的道德品质

学习目的

1. 掌握"礼"的内涵。
2. 理解"礼"对监管对象的道德品质进行矫正的重要意义。
3. 能运用"礼"的思想对监管对象的道德品质进行矫正教育。

知识要点

　　"礼"的观念起源很早，见于卜辞，作"豊"，为祭神的器物和仪式。到了周朝，"礼"被推演为区分贵贱亲疏的行为规范和等级名分制度。后来汉代将"礼"规定为"五常"（仁、义、礼、智、信）之一，成为当时和后世推行教化的重要内容。东汉许慎对"礼"的解说是："礼，履也。所以事神致福也。"（《说文解字》）意思是说礼是行为的准则，就像脚要穿鞋子走路，人们要按照礼制行事。礼义之兴，源于敬神，敬神以礼，求神赐福。宋明理学时期，"礼"成为天理的表现形式，守礼即是循天理，失礼就是悖天理。所以"礼"在中国古代社会，既是一个政治的概念，也是一个伦理和文化的概念，其传统内涵是政治和社会活动中必须遵守的行为规范。

　　礼的终极目标是"和"，孔子说得很明白："礼之用，和为贵。"（《论语·学而》）意思是说礼的作用，在于促进个人身心、人际关系、国家社会的和谐稳定。礼的核心要义是"敬"，"夫礼者，自卑而尊人"（《礼记·曲礼》），意思是礼就是讲求放低自己的姿态而尊敬别人，这说明"礼"是通过"敬"的方式来展现的，这是儒家提倡的人际交往的重要原则。礼的外在形式是规范，"非礼勿视，非礼勿听，非礼勿言，非礼勿动"（《论语·颜渊》），就是要求人们讲规则、重礼仪。礼的重要特色是典雅，孔子认为保持仪态端庄、温文尔雅、揖让周旋、从容中道的人，才能成为君子，实质上就是要求人们在低俗与浮夸之间

取得平衡，做一个文质彬彬的人。

礼文化作为中华优秀传统文化的一部分，是中华民族语言习惯、文化传统、思想观念、情感认同的集中体现，凝聚着中华民族普遍认同和广泛接受的道德规范、思想品格和价值取向，具有极为丰富的思想内涵。在现代社会，礼的含义有了新的衍生，"礼"是提升道德修养和提升文明水平的途径，继承和发扬"礼"，也是构建和谐社会的需要。

一、不学礼，无以立

（一）"不学礼，无以立"是践行礼的原因

儒家认为，理想的社会秩序是贵贱、尊卑、长幼、亲疏有别。人的生活方式和行为要符合相应的身份和社会政治地位。作为一种典章制度，礼是社会政治制度和道德规范的体现，是维护上层建筑以及与之相适应的人与人交往中的礼节仪式。在封建社会，礼被用来规范人际关系，区分社会等级差别的准则和制度，巩固统治阶级利益，可以构成法律制度的重要组成部分。孔子教育其子孔鲤："不学礼，无以立。"（《论语·季氏》）意思是不学礼，你怎么做人？礼既是内在仁心、善性的外在表现，也是人一切行为的准则。《韩诗外传·卷九》讲了"孟子休妻"的故事：孟子的妻子独自一人在屋里，伸开两腿坐着。孟子进屋看见妻子这个样子，对母亲说："我的妻子不讲礼仪，请允许我休了她。"孟母说："为什么？"孟子说："她伸开两腿坐着。"孟母问："你怎么知道的？"孟子说："我亲眼看见的。"孟母说："这就是你没礼貌，不是妇人没礼貌。《礼记》上不是说了吗？将要进屋的时候，先问屋中有谁在里面；将要进入厅堂的时候，必须先高声传扬以便让里面的人知道；将进屋的时候，必须眼睛往下看，为的是不让人没准备。现在你到妻子闲居休息的地方，进屋没有声响，因而让你看到了她两腿伸开坐着的样子。这是你没礼貌，并非是你妻子没礼貌！"孟子认识到自己错了，便不敢休妻。孟子没有想到，母亲恰恰从同一事情得出了相反的结论。批评虽很尖锐，但是句句有理有据。由此可见，学礼、懂礼、用礼是多么重要的一件事。礼不能停留在表面上，更不能只是用来约束别人，应该是由内而外发自内心地尊重和崇礼。"礼为情貌者也，文为质饰者也"（《韩非子·解老》），意思是礼是内心情感的描绘，文采是内在本质的修饰，意谓一个人的礼仪容止是内心的显现。

礼是人立身的基石，是人在社会上的通行证。孔子说："若无礼，则手足无措，耳目无所加，进退揖让无所制。"（《礼记·仲尼燕居》）意思是指如果没有礼，那么手和脚都不知怎么放怎么动，耳和眼也不知听什么看什么，与人交往进退无据，揖敬、谦让不知怎么做。一个人无礼、失礼，是其道德修养和家教家风缺失的表现；一个社会礼崩乐坏，则是治国理政者的失败，必然导致社会的动荡与混乱。古人早就认识到了礼的重要性，战国末期赵国思想家、教育家荀况说得十分形象："国无礼则不正。礼之所以正国也，譬

之：犹衡之于轻重也，犹绳墨之于曲直也，犹规矩之于方圆也。既错之而人莫之能诬也。"(《荀子·王霸》)意思是指国家没有礼制就不会治理好。礼制之所以能治国，打个比方，就好像秤能衡量轻重，墨线能分辨曲直，圆规、曲尺能确定方圆，礼制一旦制定，就没有谁再能欺骗了。荀况视礼为规范约束人们社会活动的标准，规则制定了，大家都要遵守，谁也不能游离于规则之外。一旦有谁要打破这个规则，那必然侵犯他人的利益，这是不能容忍的。礼制就是通过自律与他律使整个社会和谐有序。

现代意义上的"礼"即行为规范，它是提升人类道德修养和文明水平的途径，已经成为一个人、一个社会、一个国家文明程度的一种表征和直观展现。

(二)教育监管对象崇礼立德，以礼修身

监管对象这个特殊的群体，在"礼"的方面主要表现为不知礼、不尊礼、不尚礼的特点：首先对礼仪的概念认知不够，绝大部分监管对象对礼的认知还停留在日常生活中常用的范围或外在表现形式，对于中华优秀传统礼仪中敬人、自律、适度、真诚等原则或遵守礼仪的原因知之甚少；其次不尊重礼仪规范，认为"礼"虚有其表，没有实际用处，为人处世自己舒服最重要；再次在这个群体中，有些人内心自卑又敏感，可能懂礼也知道礼的重要意义，但是因为受到社会不良风气感染，不敢遵礼，怕别人笑话，怕自己被孤立，觉得自己只要不犯错就行，时间一到就能结束被监管的生活，其他的什么都不重要。久而久之，尚礼的大环境就容易被蚕食殆尽了。所以，要用中华民族先进文化和优秀道德品质、社会主义核心价值观、监管规章制度、行为规范等对监管对象实施持续教化，要求他们强化自我改造，用心接受教育感化、行为矫正、规范养成训练等，早日成为学法、遵法、守法的合格公民，实现持正义、养正气、传正能、走正道。

1. 要持续灌输"礼文化"，强化理论认同

孔子所说的"学礼""知礼""立于礼"，指的就是礼是人安身立命之本。北宋张载提出"知礼成性"，主张一个人应该通过对道德知识的学习以及对人伦礼仪的践履，来成就君子的德性人格。丰富的知识涵养、谦恭的礼仪素养、完美的人格修养是个体达到天地人和的根本方法。对监管对象而言，"礼"主要指的是中华民族的先进文化和优秀道德品质、社会主义核心价值观、法律法规和规章制度。管教人员要通过各种教育方式或手段，对监管对象持续灌输"礼文化"，达到帮助他们知礼明礼的目的，不仅要让他们知道应该守"什么样"的礼，"怎么样"守礼，还应该让他们明白"为什么"要守礼，守礼是"为了什么"。比如，要求他们"礼之用，和为贵"，就是让他们懂得守礼不仅是为了遵守各项监管制度，能适应监管生活，也能营造更好的人际关系，享受更和谐舒适的生活环境等。

2. 要发挥"礼文化"的熏陶作用，增强情感认同

对监管对象开展"礼文化"教育，首先要从"礼"的重要作用开始，帮助他们充分认识

到文明礼仪不仅是在培养自己的良好品德，更重要的是营造规范有序的监管机构生活环境。要通过创设文化墙、文化长廊，组建中华优秀传统文化自学互助小组，结合礼文化书写悔罪书，组织中华优秀传统文化节日活动等以礼文化教育为主题的系列教育实践活动，促使监管对象明白礼文化教育的重要性，提高明礼意识，自觉践行文明礼仪，形成人与人之间彼此尊重、互相帮助的良好关系，增强自身文明素养，营造"尊礼尚礼"的氛围，既让监管对象主动学习和领悟"礼文化"，激发认罪伏法之心和明礼诚信之举，也能通过文化熏陶潜移默化地影响监管对象，让其在这种"随风潜入夜，润物细无声"的效果中在情感上认同"礼文化"，真正触动其心灵，从而使其端正改造态度，增强改造信心，明确改造方向，自觉接受改造。如充分发挥传统文化节日的作用，不仅是对中华优秀传统文化的传承和发扬，更能让监管对象在主动参与的过程中、在浓厚的节日氛围中感受"礼文化"的魅力，让其通过了解传统节日、相关风俗、礼仪的来历，主动参与节日活动的策划、开展与宣传，从而自觉融入节日氛围，增强文化认同感。

3. 要引导监管对象将"礼文化"外化于行，转化为行为认同

"纸上得来终觉浅，绝知此事要躬行"，只有在日常生活和行为习惯中去践行"礼文化"，才能让监管对象仁而知礼，义而行礼，最后能够知书达礼，做到崇礼立德，以礼修身，以仁爱、谦卑、至善来陶冶身心，将礼与修身结合在爱国、敬业、诚信、友善的志趣培养和行为自律中。要重点讲授礼文化知识，学习礼文化内容，教育监管对象学习并提高坐、立、走以及穿衣、戴帽等仪态礼仪规范，学习如何规范着装、整理内务、遵守规章制度，展现监管对象健康向上的良好风貌。例如，要反复要求监管对象"严格遵守一日生活制度，按作息时间和指定范围进行活动""按顺序用餐，不敲击餐具，不抢吃多占，不乱倒剩饭，不浪费粮食""保持室内清洁卫生。不随地吐痰，不乱扔废弃物，不喧哗、耳语或从事其他影响他人睡眠的活动"等，从遵守日常行为规范、友爱身边人开始做起，并及时对这些正向的日常给予肯定和加强。

二、文质彬彬

（一）"文质彬彬"是践行礼的标尺

孔子是最早提出践行礼的标尺的人："质胜文则野，文胜质则史，文质彬彬，然后君子。"（《论语·雍也》）在孔子这里，"质"是指人的本质品行；"文"是与"质"相对的，指人的外在修饰；"野"就指的是自身秉性过分表露，不加节制，越出了礼法的约束而变得粗野、鄙俗；"史"在这里的意思是虚浮不实，过分注重礼仪教化；"彬彬"指文雅礼貌。所以整段话的意思是指，文饰胜过质性会显得粗野，而质性胜过文饰则会显得虚浮不实。文饰和质性相辅相成，相得益彰，才能成为一位名副其实的君子。这是孔子对个人修养的要求，也是君子品德的理想状态。

孔子的弟子子路，曾经是个粗野之人。"子路性鄙，好勇力，志伉直，冠雄鸡，佩豭豚。陵暴孔子。孔子设礼稍诱子路，子路后儒服委质，因门人请为弟子。"（《史记·仲尼弟子列传》）这段话的意思是说子路性情粗朴，喜欢逞勇斗力，志气刚强，性格直爽，用公鸡毛装饰帽子，用猪骨头做自己的配饰，曾经欺凌孔子，孔子用礼乐慢慢地诱导他，后来，子路穿着儒服，带着拜师的礼物，通过孔子学生的引荐，请求成为孔子的学生。从这段材料可以看出，孔子认为子路身上的"质"，主要指的是他勇敢、刚直等品质，但是由于他的这些品质表现得过于突出，就变成了粗野、鄙俗；而他所缺少的"文"，则是孔子一直倡导的周礼。所以孔子认为，只有用礼法来约束人的品行，才能使人文质相符，成为君子。

（二）教育监管对象言行一致，遵规守纪

在现实生活中，"文"和"质"是形式与内容的关系，我们不能偏废其一。同样的事物，不同形式的表达会具有不同的效果，我们应当采取恰当合适的方式加以表达，力求使其文质相符，使事物的发展和人的需要相得益彰，这就是孔子所主张的"文质彬彬，然后君子"。

但是，当今社会人们对文质关系的认识还失之偏颇。随着生产力的发展，物质生活水平不断提高，消费水平日益激增，但有些人的消费观念却呈现畸形发展，已经从满足需要演变为满足面子消费，越来越多的人追求商品形式，忽略商品为人服务的本质和自身需要。监管对象在这方面呈现出的问题尤其突出，有的人虚荣心膨胀，过度注重物质需求和外表包装，忽视个人素质、品德的提升，因为个人的物质欲望得不到满足而不择手段，步入歧途；有的人在生活习惯上不注重行为规范的约束，暴露出自己质性的缺点，以自我为中心，肆意妄为，最终身陷囹圄。引导监管对象既坚守自己的本性又彬彬有礼，做到文质相辅相成，对于促进他们实现更好的发展具有重要意义。

1. 要引导监管对象追问本心，寻求质之所在

一个人如果缺乏内心的指引，就很容易在一片嘈杂声中迷失自我，耗尽个人的潜能和创造力，最多只能得到平庸的优秀和贫乏的成功。孟子认为人的本性或者是天性是善良的，因此才有了《三字经》中的"人之初，性本善"一说。其中"初"指的是刚出生的婴儿，也就是人生命的开端。而"善"按字面的意思可以理解为品质好，心地良好，若结合《三字经》来看，应该理解为人性的光辉点和人心的美好。但在成长的过程中，一些人的本性在社会这个大染缸中不断迷失，过于看重别人的想法，过于注重外在的条件，过于侧重虚荣的物质追求，然后被外在的东西所改变，逐步遗忘自己的质性，最终走向歧途，成为监管对象。因此，要引导监管对象反复地追问自己：什么是最喜欢、最热爱的？什么是最有意义、最有价值的？只有教育监管对象学会自我反思、慎独，做到"吾日三省吾

身"，才能唤醒他们发自内心的动力和追求，使其真正反思违法犯罪的根源，端正改造动机，促进思想转化，从而用实实在在的改造成绩和汗水洗刷昔日的污垢，走上新生之道。

2. 要教育监管对象遵规守纪，做到文质相符

"不以规矩，不能成方圆。"（《孟子·离娄上》）人们生活的范围不论大小，都必须有自身的规矩，才能有所遵循。个人的发展在追求自己心之所向的同时，也要符合法律制度、规章纪律的约束。因此，要让监管对象清楚，作为一个社会人，应该明晰中华民族作为文明古国、礼仪之邦，是与每一个个人息息相关、密不可分的。人的社会性决定了人是群居生活的。这样，个人的行为举止不可避免地会与他人他物发生一定的关系。因此，为人处世就不能肆意妄为，应该学会自我约束、严于律己，要牢记与人相处，礼仪为先。作为一个监管对象，人身自由受到一定限制，更要遵守相应的监管规章制度。如与管教人员谈话时背手、列队时风纪不正、学习时讲小话等，虽然这都是一些细微的动作，但应该随时发现、及时纠正，并在班会和全体大会上以点带面、以小见大地公开予以教育引导，最后都要落脚到规范意识和行为养成以及两者对于改过自新的重要意义上，以强化监管对象的规范意识。再比如《监狱法》第七条明确规定：罪犯必须严格遵守法律、法规和监规纪律，服从管理，接受教育，参加劳动。《监狱服刑人员行为规范》规定的38条监规是罪犯在接受改造期间必须遵守的行为准则，罪犯只有遵守监规、积极改造，考核才有奖分，获得行政奖励和刑事奖励。反之，如果在服刑期间违反监狱纪律，符合法律规定的处罚条件的，监狱可以给予行政处罚或提请给予刑事处罚。因此，监管对象遵规守纪，不仅可以规范自己的言行举止，重塑自我，更可以帮助自己争取早日回归社会。

3. 要"礼""乐"相容，丰富教育形式

早在夏商周时期，古代先贤就通过制礼作乐，形成了一套颇为完善的礼乐制度。后经孔子和孟子承前启后，聚合前人的精髓创建、推广为道德伦理上的礼乐教化。儒家学说就是通过礼乐的教化使礼乐成为社会普遍接受的道德标准和社会契约，并使礼乐精神内化为社会成员的文化和道德自觉，从而维护社会秩序稳定，人伦和谐。儒家认为"礼"是通过外在的规章制度对人的行为进行约束，促进家庭和谐和国家的规范；"乐"其实是一种内在的修养方式，通过音乐和舞蹈形式培养个人情感，进而让人能够控制自己的情绪，净化人的心灵，实现心理思想上的提升。孔子本人在齐国听到《韶》这种乐曲后，很长时间内即使吃肉也感觉不到肉的滋味，说："不图为乐之至于斯也。"（《论语·述而》）他感叹没想到音乐欣赏竟然能达到这样的境界。可见，"礼""乐"的共同作用在于让人内外兼修，即以"礼"为规范，通过"乐"来展现人的德性。这启发我们可以通过开展艺术欣赏、艺术治疗等实践活动，创新音乐、舞蹈、书画等教育形式，让监管对象在文化艺术熏陶中激发个人情感，唤醒内心的良知，正确面对自身经历，引导自己向上向善，树立正确的审美观和价值观。

三、克己复礼

(一)"克己复礼"是践行"礼"的方法

"克己复礼"是孔子学说的一个重要概念,出自《论语·颜渊》一章:"颜渊问仁。子曰:克己复礼为仁。一日克己复礼,天下归仁焉。"这句话的意思是说,颜回向孔子请教如何才能达到仁的境界,孔子回答说:克制自己,一切都按照"礼"的要求去做,这就是仁。一旦这样做了,天下的一切就都归于仁了。对于孔子"克己复礼"的解释有三种:一种是通过克制、约束自己的不良习性和私心,恢复周礼以达到仁的境界。"复礼"指的是孔子早期恢复周礼的政治追求。第二种是孔子晚年对仁道的重新理解,"复礼"又被理解为"符合礼义",即行为符合礼义、社会公理,人人都不做失礼的行为。第三种是宋代朱熹的解释,克是克去己私,不为外物所诱,不可以为所欲为,"复礼"是指符合天理。这三种解释各有偏重,但都将克己复礼的实质归于人内心的"仁"。

清代学者刘宝楠揭示了孔子主张的"仁"与"礼"的统一:"《儒行》云:'礼节者,仁之貌也;歌乐者,仁之和也。'礼乐所以饰仁,故唯仁者能行礼乐。"(《论语正义》)这句话非常深刻地表达出礼乐与仁的关系,即"仁"是礼乐的精神实质,礼乐是"仁"的表现形式。

孔子认为"克己"的关键在于自戒:"君子有三戒:少之时,血气未定,戒之在色;及其壮也,血气方刚,戒之在斗;及其老也,血气既衰,戒之在得。"(《论语·季氏》)意思就是,君子有三件事应该警惕戒备:年少的时候,血气还没有发展稳定,要警戒迷恋女色;壮年的时候,血气正旺盛,要警戒争强好斗;到了老年的时候,血气已经衰弱,要警戒贪得无厌。人的欲望总是无限的,而且人生的每个阶段对于事物的欲望也有所不同,孔子的目的也是在于告诫世人,欲望与需求是人之常态,但需要随时警惕自己,针对人生的不同阶段,用理性的缰绳去约束和控制内心无限肆意的欲望,从而引发向善的力量,求仁得仁。

(二)教育监管对象学礼明礼,严于律己

中华优秀传统文化讲"礼以节人",指"礼"是用来规范人的生活方式的。这实际上是节制自己而为别人着想,这和西方崇尚的自由和自我完全不同,跟监管对象的自私自利、自我为中心更是不同。

大部分监管对象在思考问题时,总是从自身利益出发,只考虑是否对自己有利。如在教育改造的个别谈话中,很多监管对象在进行问题归因时,会表达"我为什么要委屈自己成全别人呢?""他让我不好过,他也别想好过""又没有好处,我为什么要帮他呢?"他们总是把错误归咎到他人,不会从自己身上找原因,如"我是被他逼的,没办法我才这么做""要不是穷,谁愿意干这个呢?""我父母要是有钱,我要是富二代,我比他要强多了"

等等。这些思想导致他们在监管期间，不愿意遵守相关规则要求，以自我为中心，人际关系不好，容易与其他监管对象发生冲突；不愿意主动学习、通过自身的努力去改变现状，改造欲望不强烈，懒散，不配合教育监管工作。要让这些监管对象能够主动配合教育监管，营造良好的人际关系，就需从"克己复礼"的思想中寻找钥匙。

1. 要引导监管对象熟读礼学经典，深谙礼义内涵

通过集中学习与个别学习的活动，以小组或个人为单位让监管对象研读《三字经》《弟子规》《论语》《礼记》等礼学传统典籍，了解古人在各式常见礼仪中的行为规范，掌握古礼背后蕴含的礼义内涵。尽管随着时代发展，古礼在形式上有所简化甚至消失，但是礼仪背后的礼义精神却是经久不衰的，乃至沉淀成为中华民族传统文化的精神内核。例如祭礼中，对离世的父母双亲在忌日时举办的祭祀活动，表达的就是对父母的想念和追思之情："君子有终身之丧，忌日之谓也。忌日不用，非不详也，言夫日，志有所至，而不敢尽其私也。"（《礼记·祭义》）意思是君子在父母去世忌日时，只专注于想念父母而不做其他的事情，是一个孝子终身的服丧活动。这就是在父母忌日这一天的祭祀活动背后的礼义精神，延续到现今在清明节返乡扫墓以表达对先祖及逝世亲人怀念之情的传统。通过这一内容的学习，监管对象能了解祭祀礼的形式与由来，关键能懂得清明节的内涵和"孝"的本质，从而反思自己在这一点上的缺失，这比单纯的说教有更加明显的实效。

2. 要教育监管对象放低姿态，保持谦卑

在日常生活中，谦虚谨慎在人际交往中起着重要作用。心高气傲、恃才傲物必然陷入错综人际关系的漩涡。谦虚是一种美德，不是软弱退缩，不是怯懦妥协，而是一种智慧，一种品格，一种迂回的前进，是适时地放下身段，放低姿态，化尊为卑，以听取意见，迎来机遇。大多数监管对象以自我为中心的思维方式明显，心胸狭隘，自私自利，对人对事难以做到谦虚谨慎。他们受教育程度普遍较低，多生活于社会底层，压抑、自卑，得不到关爱与认可；缺乏社会、集体、家庭责任感；法治观念淡薄，敌对情绪严重，反社会意识强烈；在人际交往过程中，不能换位思考，争强好胜，很难推己及人，照顾到他人感受。他们基本上没有谦虚或谦让的概念，习惯于以一己感受或利益为行为出发点。因此，要教育监管对象放低姿态，注意言行，谦虚以待，与人为善。引导他们在大千世界中，允许差别、差异的存在，当遇到不同看法或观点时，要始终怀有一颗谦卑心，辩证、全面、客观地看问题，谦虚聆听，取其精华为己所用。对于讨厌的人，要善于发现对方身上的优点和长处；对于喜欢的人，也要善于找到对方身上的不足与缺点；对于不喜欢的人和事，可以保持缄默。

3. 要引导监管对象践行仁礼核心，提升道德自觉性

在中国古代，礼作为一种规范几乎囊括了人们生活的方方面面。儒家认为："人有礼

则安，无礼则危，故曰'礼者不可不学也'。"（《礼记·曲礼》）说明"礼"既是约束人们政治社会生活的道德规范，是各项礼仪活动应遵循的典章制度，也是维护统治阶级的政治准则。儒家对人的道德教育也是从"礼"开始的，"礼"不仅是人们社会交往的行为规范，更是人们内在的性情品德、立身处世的根本。儒家"以礼为重"思想具有的丰富内涵及其道德教育内容，对于提升监管对象的德性修养和道德自觉性，健全他们知书达理、孝敬父母、真诚待人等道德人格具有重要借鉴价值。"以礼为重"思想是以有效应用为最终目的的。古人以礼为重，不仅体现在遵守礼仪行为规范上，更重要的是注重礼仪背后的礼义，有礼有节的行为表达的是人发自内心对待他人的恭敬辞让。对监管对象开展仁礼教育同样如此，只有让他们在实际运用礼仪的时候怀揣对他人的尊重、敬意，才能做到将内在的道德和外在的礼仪有机结合。所以，要引导监管对象正视个人内心的羞耻、丑恶情感，选择正义的、合乎礼义的道德情感，这样才能真正做一个礼仪内外兼修的人，提升个人的道德自觉。另外，还要让监管对象懂得仁礼的学习和践行不是一蹴而就的，必须融于日复一日的坚持，并贯穿于日常生活中的每一件小事，从而形成良好的日常礼仪行为习惯。

任务考核

武都监狱将"礼"文化等引进监狱，发挥"以文化人、以文塑人、以文育人"的作用，重点通过教育引导服刑人员践行"知礼立人、懂礼养心、明礼诚信、行礼于人"，增强明礼意识。

监狱从"礼"的基本概念开始，教育服刑人员充分认识到文明礼仪不仅是在培养自己的良好品德，更重要的是营造规范有序的监狱生活环境。监狱通过礼文化教育为主题的系列教育实践活动，旨在促使服刑人员明白礼文化教育的重要性，提高明礼意识，自觉践行文明礼仪，形成人与人之间彼此尊重、互相帮助的良好关系，增强服刑人员文明素养。同时，监狱以简报、《阳光》报、黑板报为载体，广泛宣传礼文化。各监区以学习检讨会、专题会的形式宣讲礼文化并组织服刑人员结合礼文化书写悔罪书，各分监区组织服刑人员发起礼文化倡议书，并开展交流发言，在服刑人员中大力宣传礼文化，让监管对象懂得：中国"礼仪之邦"的美名，正是从讲究"礼仪"和"礼让"的文化传统中获得的，"文明"和"礼仪""礼让"是密切相关的，"文明"与粗俗、野蛮相对，而服刑人员"礼仪""礼让"正是表明服刑人员彼此之间尊重、谦和与体谅的关系。服刑人员"明礼"不仅是申明、倡明"礼"，而且是注重"礼"的实践，以激发其认罪悔罪之心和明礼诚信之举，真正触动其罪恶的心灵，从而使其端正改造态度，增强改造信心，明确改造方向，自觉接受改造。其间，设置"服刑人员行为规范漫画"宣传长廊2处，刊发礼文化活动简报7期，《阳光》报开设的礼文化主题教育实践活动优秀征文专栏刊稿20余篇，举办"热爱祖国，面向未来"服刑人员歌咏比赛，开设了礼文化大讲堂，举办了服刑人员现身说法大会，服

刑人员自动发起"行为规范我遵守""勤俭节约"倡议书 5 起，更新狱内黑板报 5 版，在狱内掀起了学习礼文化的热潮。

就监狱服刑人员而言，"礼"应当就是指《监狱服刑人员行为规范》中规定的"明礼诚信，互助友善，勤俭自强""文明"和"礼仪""礼让"等。为此，武都监狱重点围绕"行为规范我遵守""勤俭节约，从我做起""文明用语伴我行""诚实守信、礼貌待人"等一系列主题来开展，监狱利用每周一生活检讨会，确定管教人员重点讲授礼文化知识，学习礼文化内容，教育服刑人员学习并提高坐、立、走以及穿衣、戴帽等仪态礼仪规范，学习如何规范着装、整理内务、遵守监规，展现服刑人员健康向上的良好风貌。同时，监狱以"礼文化大讲堂"为载体，由管教科室负责人和监区领导主讲，着力提高服刑人员自觉学习和使用文明礼貌用语的意识，促进服刑人员学习和掌握文明礼貌用语的知识和使用常识。注重树立先进典型，评选出了 35 名"明礼之星"，用身边事教育了身边人。

武都监狱通过礼文化主题教育实践活动的开展，切实营造了服刑人员"守监规""重礼仪""行礼让""懂礼节""讲礼貌""守诚信"的良好改造环境。

来源：《武都监狱以"礼"文化教育改造服刑人员侧记》，法治甘肃网，2018-11-16，内容有删改。

问题：
请你谈谈对监管对象开展"礼文化"教育的必要性的认识，并谈谈如何创新监管机构"礼文化"教育的途径。

任务七

用"智"思想
矫正监管对象的道德品质

学习目的

1. 了解中华优秀传统文化中"智"的内涵。
2. 理解"智"对监管对象道德品质进行矫正工作的意义。
3. 能运用"智"的思想对监管对象的道德品质进行矫正教育。

知识要点

"智"，最早出自甲骨文，是会意兼形声字，"从日，从知"，且智与知声韵并同。许慎的《说文解字》解释"智"的意思是知晓太阳的阴阳变化，引申为知万物阴阳之变化，对事物的过去、现在和未来的变化对答如流，胸有成竹。所以，"智"的本义是聪明，引申为有智慧、智谋、计谋、策略的人等。《礼记·中庸》将"智""仁""勇"合称为人的三大品行。可见，在儒家的道德规范体系中，"智"是基本的道德要求之一，也是儒家理想人格的重要品质之一。

孔子是最先把"智"视为道德规范来使用的。他把"智"与"仁""勇"并举，定位为君子之道，即所谓"知者不惑，仁者不忧，勇者不惧。"(《论语·子罕》)孟子第一次以"仁义礼智"四德并提，他从行为的节制和形式的修饰、道德的认知和意志的保障等意义上，确立了礼与智在道德体系中的不可或缺的位置。最终，仁义礼智四位一体，相依互补，形成一套完整的范畴系统。

一、智者不惑

(一)"智者不惑"是践行"智"的落脚点

"智者不惑",指有智慧的人对是非善恶的态度十分明确,不会有什么疑惑。这主要是指"智"的道德认知功能。儒家对一个人有没有这种道德品质非常看重。比如孔子曾斥责"乡愿,德之贼也"(《论语·阳货》)。所谓"乡愿"就是指那些不辨善恶是非的"好好先生"。孔子认为这些人是道德败坏的小人。这就告诉我们,在对人进行德行判断的时候,有辨别是非善恶的问题,如果不具备"智者不惑"的德行,就无法辨别是非对错。如果辨别错了,就会忠奸善恶不分。这种辨别是非善恶美丑的德行就是"智"。

孟子对"智"的本质作出了明确界定。他说:"是非之心,智也。"(《孟子·告子上》)又说:"是非之心,智之端也。"(《孟子·公孙丑上》)进而强调:"无是非之心,非人也。"(《孟子·公孙丑上》)可见,孟子把有无辨别是非之心视为是否有"智"的标准,他认为没有辨别是非之心者,连做人都不够格。在他看来,人几乎可以和智者画等号。可见,要做到不惑,必须先成为一个真正的人,即智者。

(二)教育监管对象知物识理,明善祛恶

"不惑"就是要能审时度势,权衡利弊得失,明白主次,分清轻重缓急。"不惑",就是要能客观地看待人,知己知彼,明辨是非善恶,清醒地作出正确判断,通过自身的刻苦努力来实现理想。

监管对象之所以身陷囹圄,是因为他们在关键时刻没能做出正确的是非善恶选择,所以迷失方向,从而造成了恶劣后果。即使是进入了监管机构,有的监管对象还是常常自以为是,因为占一时小便宜而洋洋自得;有的好强又敏感自卑,认为别人处处针对自己而不能忍受,一言不合就争吵不休,甚至挥拳相向;有的生性敏感,认为家人不想管自己了,于是破罐子破摔,随心所欲等等,这些其实都是监管对象"惑"的表现。中华传统文化中"智"的思想千百年来成为指导人们做人行事的基本思想之一,我们理应古为今用,采取扬弃的态度,从中汲取营养并运用到对监管对象的矫正教育中来。

1. 要教育监管对象明是非、辨善恶

"明是非,辨善恶"是智慧的起点。首先,"明是非"是为了更好地"辨善恶"。孔子早就注意到这个问题,他说:"知者利仁。"(《论语·里仁》)意思是有智慧的人是知道仁对自己有利才去施行仁的。他又说:"未知,焉得仁?"(《论语·公冶长》)意思是指没有达到"智",更不用说"仁"了。也就是讲,只有具备了理性认知和辨别能力,具备了道德理性,才能够分清事物的是非曲直。其次,"明是非"与"辨善恶"是相统一的。

孟子就说："舜明于庶物，察于人伦，由仁义行，非行仁义也。"(《孟子·离娄下》)意思是舜明白一般事物的道理，了解人类的常情，于是从仁义之路而行，而不单纯是为了行仁义而行仁义。这就使得儒家的"智"更多地呈现出关涉人伦道德、关注完美人格的养成及和谐社会秩序的达致等特点。再者，"明是非，辨善恶"，明的是立场，辨的是角度。事物具有普遍发展和相互联系的特性，从不同的角度看问题会拥有不同的结果，生活中的大智慧从不是"眉头一皱计上心来"，而是来自对事物全面、客观的认识和分析。比如权威医生判定父母病重无治，如果念及自身的心理安慰强行治疗，那么这个善的念头很可能会对应着导致父母遭受更多病痛折磨的恶果。相反如果根据专家判断决定保守疗养，放弃强制用药，那么这个相对"恶"的念头却对应着一个能够让父母尽快从痛苦中解脱的善果。

因此，管教人员一是要引导监管对象要多面、客观地看待问题，而不是凭主观去简单确定善恶。对大多数监管对象而言，辨清是非并不难，难的是在私欲和诱惑面前，能分清忠奸，辨明方向。所以要教育他们明是非才能守住内心的正直，坚持自己的原则，也就可以远离无谓的灾害。面对诱惑、陷阱要能进行理智客观的分析，不为贪小便宜而丧失做人的原则，不因"糖衣炮弹""甜言蜜语"而上当受骗。二是要对监管对象开展"明辨""知耻""知荣辱"为主题的讨论会、辩论赛等道德实践活动，帮助他们通过学习、思考提高自己理智分析、辨别是非的能力。

2. 要教育监管对象贵知己，善识人

"智者不惑"不仅关涉是非善恶，同时还体现于其对于作为道德活动主体的人的正确认识上，也就是"知人"。樊迟问什么是"智"，孔子回答："知人。"(《论语·颜渊》)在孔子看来，所谓"知人"，主要指正确地认识人、客观地鉴别人、清醒地理解人。可见，"知人"包括认识自己和认识他人两个方面。而自知之明，被儒家看作是比"使人知己""知他人"更为高明的德性，儒家将之视作君子的基本德性之一。老子说的"知人者智，自知者明。"(《道德经》)也是同样的道理。孔子对一个人的了解，从不轻信于人，"众好之，必察焉；众恶之，必察焉"(《论语·卫灵公》)，意思是说众人都厌恶他，一定要去考察；大家都喜爱他，也一定要去考察。孔子还善于以现实生活经验为依据，对人进行性格、气质和心理等方面的了解、分析、判断。有一天，四个学生侍立在孔子身边，其中闵子骞的样子正直而恭敬，子路的样子刚强勇敢，冉有、子贡的样子温和快乐。孔子很高兴，但他说："子路这样，恐怕得不到善终。"后来，子路果然因为性格刚强勇敢在卫国的内乱中被杀害，孔子为之深深哀痛。

所以，一是要教育监管对象正确认识自己。只有认清自己，对自己的德性、能力大小及优缺点有清醒的认识，才能找准自己的方向，才能不妄自尊大、不好高骛远，不妄自菲薄，才能扬长避短，充分发挥自己的优势，有所成就。认识自己，既不能把自己看得太高，也不能把自己看得太低。管教人员要告诉监管对象在说话做事前在心里问问自

己："我是谁？我要干什么？我这么说这么做恰当吗？"这样，通过几个简单的问题，他就会明白什么话可说，什么事可做，该怎么说怎么做，也就不会煞费苦心，到头来却费力不讨好，不但没收到预想的效果，而且还让人不喜欢。二是要教育监管对象注意全方位了解他人。监管生活空间狭小、人群密集，只有了解一个人，才能与其进行友好交往，与人为善又不失原则，自己也会觉得自在，游刃有余，也容易交到一些好的朋友，保持良好的人际关系。监管对象认识了他人，在相处的时候才会了解他人，就是"辨识人之诚伪、善恶、智愚、贤不肖"。特别是对擅长言语但言行不一的人，更要引导监管对象"听其言而观其行"（《论语·公冶长》），深入了解他的思想本质。

3. 要教育监管对象知当务，识时势

"智者不惑"，除了明是非、辨善恶外，还体现为在具体境遇中的"知当务之急"，以及对于"时势"的判断。换言之，"智者不惑"既包含"知道当下最着急的事"，又体现为"知道当下可以做的事"。孟子认为孔子正是"识时势"的典范。"可以仕则仕，可以止则止，可以久则久，可以速则速，孔子也。"（《孟子·公孙丑上》）意思是说孔子的处世方法就是该做官就做官，该辞官就辞官，该任职长一些就任职长一些，该赶快辞职就赶快辞职。其本质意思就是在恰当的时间做合适的事情，而做这些事情的前提是这些事情符合自己的身份和处世之道。另外，一件事的成功并不单纯依靠自己的能力就能实现，还受制于客观"时势"。所以"识时势，知当务"一定是建立在"知己"的基础之上的。只有知己知彼，才能判断"时势"与"当务"是不是利于完成自己的使命与责任。总而言之，"势"可则行，"势"不可则止。只有认识到这一点，才称得上真正的"不惑"。孟子曾经说："知者无不知也，当务之为急；仁者无不爱也，急亲贤之为务。尧舜之知而不遍物，急先务也；尧舜之仁不遍爱人，急亲贤也。不能三年之丧，而缌小功之察；放饭流歠，而问无齿决，是之谓不知务。"（《孟子·尽心上》）也就是说，智者虽然没有不该知道的，但是要急于知道当下最为着急、最为重要的工作，即使是圣人尧舜也不能完全知道一切事物，他们智慧超群之处正是在于能够知道最为着急的首要任务；如果不知道急先务，则徒具智力而难称具有智德。

要让监管对象做到真正的"不惑"，一是引导其懂得"无可无不可"（《论语·微子》）的道理，也就是说没有什么事非这样不可的，也没有什么事非不这样不可的。教育他们遇事不可肆意妄为，要学会在具体的道德境遇中，能够权衡利弊得失，分清轻重缓急，知道先后顺序，迅速判断当下应该完成的最重要的任务，学会通权达变，审时度势。二是要教育其不可无所事事、坐以待毙，而是要顺势努力而为。比如明知无法改变自己因违法犯罪被监管的状况，与其怨天尤人、浑浑噩噩，还不如奋发进取，以实际行动换取早日回归家庭和社会。

二、大智若愚

(一)"大智若愚"是践行"智"的表现形式

"大智若愚",意思是真正有才智的人表面上像是愚笨的,形容有大智慧的人因超出常人不被理解,其言语行为被人看作是愚钝的。"大智若愚"语出苏轼《贺欧阳修致仕启》:"大勇若怯,大智如愚。"这句话的本意是从《道德经》中引申出来的:"大成若缺,其用不弊。大盈若冲,其用不穷。大直若屈,大巧若拙,大辩若讷。"意思是最完满的东西好像有欠缺一样,但是它的作用不会衰竭;最充实的东西好像是空虚一样,但是它的作用不会穷尽;最正直的好像是弯曲的,最灵巧的好像是笨拙的,最善辩的好像是口讷一样。庄子说:"大知闲闲,小知间间"(《庄子·齐物论》),意思是说拥有大智慧的人沉稳扎实,总是很悠闲;小智慧的人卖弄那些投机取巧的小聪明,所以满脑子装着各种事情,整天忙忙碌碌。"大智若愚"说明,一个有大智慧的人,不在外表上表现出来,而是含藏不露。

大智若愚在生活当中的表现是不处处显示自己的聪明,而是做人做事低调不张扬,从来不向人夸耀与抬高自己。有大智慧的人往往厚积薄发、宁静致远,注重自身修为、层次和素质的提高,对于很多事情持大度开放的态度,有着海纳百川的境界和强者求己的心态,从来没有太多的抱怨,能够真心待人、踏实做事,只求自己能够不断得到积累。

(二)教育监管对象勤勉豁达、笃实好学

有的监管对象本身有小聪明,看似精明却失去大智慧,占了小便宜最后吃大亏。他们精于算计,目光受限,格局和气量也狭小,重利益而轻感情,违法乱纪,最终受到法律的制裁。他们在监管机构改造也不安心、不彻底,仍然有各种侥幸心态,法律意识淡薄,将在社会上的小聪明带到自己的改造活动中来,不诚实,装病逃避任务,而在服刑期间心理压力大,多疑又多虑,这势必会使得对他们的监管改造任务增重,难度增大。

1. 要教育监管对象"大智在所不虑"

"大智在所不虑"(《荀子·天论》)意思指最高的智慧在于拿得起、放得下,知道什么事不能考虑,什么事不该考虑。司马迁在《史记·淮阴侯列传》中说:"智者千虑,必有一失;愚者千虑,必有一得。"曹雪芹在《红楼梦》中也说:"机关算尽太聪明,反误了卿卿性命。"由此可见,真正的智者不是毫无意义地多思多虑,矫枉过正。真正大智若愚的人,不该把心思放在那些造成情绪内耗的事情上,而是多保留一分精力去做更重要更有意义的事情。曾国藩也赞成这种观点,他说:"人于平旦不寐时,能不作一毫妄想,可谓智!"

意思是说一个人晚上睡不着觉的时候，能够不把时间和精力浪费在妄想上，便可谓是大智慧。管教人员一方面要通过文化活动、道德教育、亲情帮教、心理矫治等方式帮助监管对象打消顾虑、消除戒心、放平心态，教育他们不杞人忧天，遇事不贪、豁达开朗、踏实改造；另一方面，要引导监管对象在生活中善于观察、善于分析，在复杂的世事中能分辨清楚是非，在纷扰的监管机构环境中能找到自己的位置，这样才能矫正自己的不良心态，从而更加适应监管机构环境。

2. 要教育监管对象"能勤能敬"

"一身能勤能敬，虽愚人亦有贤智风味"（《曾国藩家书》）指的是一个人身上具备勤勉和恭敬这两种品德，虽然看着愚笨，却有着大贤者、大智者的风范。曾国藩断言："千古圣贤豪杰，既奸雄欲有立志者，不外乎一个'勤'字。""勤字工夫，第一坚其志，第二苦其心，第三劳其力。"他认为人生百种弊病，都是因为懒惰才会出现。人一旦懒惰起来，则百事不可成。"敬"是指对人对事有敬畏之心，要保持恭敬态度。敬人是与人沟通、加强了解、增进友谊、促进合作双赢的重要基础和条件。不尊重别人，意味着失去和睦相处、和衷共济的生活及工作环境，意味着开始是非不断、人际关系冷漠、紧张升级，事业就有可能半途而废或崩溃加剧。敬人能自己营造和谐、融洽的外部环境，并且"敬人者，人恒敬之"（《孟子·离娄章句下》），意思是尊敬别人的人，别人也永远尊敬他。敬事，即敬重事业，即敬业，就是忠实于内心的感情，全身心地投入事业，圆满做好。敬事体现着一个人良好的职业道德和积极向上的人生态度。敬业不是孤立的，它是以敬人为基础的，好的人际关系环境能够使敬业的愿望变成现实，而不至于孤立奋战，左右无援，独步寒冬。管教人员一是要引领劳动改造功能回归，从劳动观念和劳动态度、爱护劳动工具设备和劳动产品、劳动纪律和劳动规程、安全生产意识、完成生产任务等方面，细化监管对象自查要素，帮助他们了解劳动任务差距，树立劳动改造目标，提高劳动素养。二是教育监管对象在生活、学习、与人交往等方面戒骄戒躁、谦虚恭敬、勤勉奋进，接纳自我、关爱他人，构建和谐改造环境。

3. 要教育监管对象"未来不迎，当下不杂，过往不恋"

要真正地活在当下，做事情的时候专注于事情本身，不为未来的不确定性所忧虑，也不沉浸在过去的痛苦里，亦不被时下的外界环境所牵绊，按照当下自己的意志去做自己应该做的事，就足够了。在监管机构改造过程中有些人总是缅怀过去，纠结过去的利益得失。有些人总是幻想未来，想不通过努力就不劳而获，这两种都是不成熟、浪费时间的行为。真正大智若愚的人，不会把时间浪费在这些无谓的事情上。因为他们内心十分清楚，过去的无法改变，未来无法预知，唯有专注当下，才是解决问题的根本之道。曾国藩曾说："未来不迎，当下不杂，过往不恋。"（《曾国藩文集》）凡做一事，必定全神贯注投入其中，虽然外人看起来难免有些呆板，但这种兢兢业业的精神，恰恰是每一个成大事的人必备的特征。因此，一是要教育监管对象不要太执着于不堪往事，因为这些事情已经无法改变，即使整日沉浸在其中不能自拔，过去的事情也不可能重新来过。二是要教育监管对象活在当下，要脚踏实地并保持心绪平静不杂乱，用真诚和汗水过好每一天。三是要教育监管对象不要刻意地去迎合未来，要活在当下，制订好改造计划，为完成自己的计划、达成自己的目标而不懈努力，争取早日回归家庭和社会。

三、智不轻怨

(一)"智不轻怨"是践行"智"的方法

"智不轻怨"语出《战国策·燕策三》："仁不轻绝，智不轻怨。"意指心怀仁义的人不会轻易把事情做绝，而拥有智慧的人不会轻易地仇恨、责备，二者都指向对人宽厚。

如果要做到既仁慈又明智，就需要有气量。在现代社会中，气量是一个人走向成功不可多得的素质。因为客观环境复杂多变，各类人等良莠不齐，一个人不可能永远处于有利于自己的客观环境中，更不可能始终同容易相处的人交往，所以现实的环境需要一个人具有海纳百川的气度，善于从当时的局势出发，从自己的需要出发，该不计短处的不计短处，该不念旧恶的不念旧恶，博采众长，整合资源，为己所用。这里说的气度不是一味地宽容和忍让，而是能够适应和接纳。"智不轻怨"，就是要扩宽自身适应和接纳的能力与境界，对不利于自己的环境要学着去适应，对与自己有矛盾的人要学着去宽恕。

(二)教育监管对象内心宽广、豁达仁慈

监管对象大多具有斤斤计较、睚眦必报的特点，会因为很小的矛盾而耿耿于怀，喜欢把事件的严重性放大，只看到事情的坏处，忽略了美好的一面，容易沮丧；把事情过分简化，认为凡事只有对或错、好或坏这两个可能性，心里总想着"应该怎样"或"不应该怎样"，任何与这些想法不同的，都是错的，为人处世欠缺弹性、固执己见；喜欢感情用事，认为自己的感觉得到的结论都是正确的，怀疑别的监管对象总是故意针对或陷害自己；缺少对自身错误的反省，习惯于把自己违法犯罪的原因归咎于其他诱导因素，总觉得自己处于不公平的处境，徒增对社会、对他人的不满和愤恨；不善于处理人际关系，与其他监管对象容易发生摩擦与冲突，不合群，不服管教，自以为是。管教人员应当抓住监管对象的这些特点，抓住主要矛盾，以"正向激励"为主，从"智不轻怨"的核心出发，把他们的注意力和心理状态向自身引导，激发他们反省自身，自觉投身改造，成为内心宽广、豁达仁慈的人。

1. 要教育监管对象对他人宽容大度

宽容大度就是心胸开阔，度量大，能容人、容事。允许别人自由行动或判断，耐心而毫无偏见地容忍与自己的观点或公认的观点不一致的意见。仇恨是一把双刃剑，报复别人的同时，自己也同样受到伤害，所以"冤冤相报"的结果就是"两败俱伤"。俗话说"退一步海阔天空，忍一时风平浪静"，指的就是做人要豁达宽容，心中装着仇恨的人是痛苦的人，只有放下仇恨，选择宽容大度，纠缠在心中的死结才会豁然脱开，内心才会平静、纯净。所以宽容的受益人不只是被宽容者，更主要的是自己，宽容别人就是解放自己。监管机构各种人形形色色，空间狭小，时间漫长，与其他人发生矛盾和摩擦是不可避免的。要尽量化解或避免这些问题，就应该以和为贵，"遇方便时行方便，得饶人处且饶人"。所以一是要教育监管对象从自己所处的环境出发，为人处世做到心情平和。从自己的需要出发，宽容待人，不要只想到别人曾经对自己有过的伤害，而应多想想别人给予自己的帮助和善行，以宽容的心对待周围的人和事。二是要引导监管对象不断通过学习、自我强化来提升自己适应和接纳的能力，从内心来解放自己。要学会在心理上接纳别人，理解别人对待事物的方法以及与人相处的原则；要学会在接受别人的长处之时，也要接受别人的短处，以感恩、善良的心，加以平和的心态，来面对所有的人和事物。

2. 要帮助监管对象放下过往

很多人在犯错之后，常常纠缠于心，难以释怀，不能原谅自己，甚至憎恨自己，进而影响到现在乃至未来做事的情绪。如果憎恨过于强烈，就会蒙蔽双眼，把自己推入一个永不见底的深渊，无法看到希望的曙光。一个人之所以对以前的错误耿耿于怀，迟迟不肯原谅自己，多半是因为自己为之付出了一定的代价。世上没有后悔药，谁也不能再改变过去，对自己的责怪只能加深自己的痛苦。犯错本身并不可怕，可怕的是失去了直视它的勇气，更可怕的是从此失去改过的信心，以至于赔上了现在和未来。既入穷巷当及时调头才对，只有重新调整心情，承认事实，接受事实，总结教训，才能原谅自己，将自己从过去的痛苦中拯救出来，开始新的生活。所以，管教人员要引导监管对象放下过往，及时止损，克服自卑，树立自信。不少监管对象因为外在条件缺陷、好胜心受挫、自尊心得不到满足等原因，习惯性地妄自菲薄，一味贬低自己，沉默寡言，胆小怕事，瞻前顾后，造成事实上的冷漠。一些严重者还因此出现非常严重的焦虑甚至是抑郁现象。所以，一是要引导监管对象从小事做起，助人为乐，用积极愉快的情绪体验，来增强自我价值感，克服自卑，增强自信；帮助监管对象多体会自己的优点，把优点列出来，反复看或大声读，给自己积极的心理暗示，以鼓起前进的勇气；也可以根据监管对象的实际情况，做好充分准备，抓住时机，使之体验一两次较大的成功进而给予阶段性鼓励，满足、引导他们的自我表现欲，以克服其对自己的消极评价，提高自信心和成就感。二是要引导监管对象以实际行动鞭策自己不断走向新生。尽管"人非圣贤，孰能无过"，但监管对象犯下过错与失去人身自由并不能等量抵消。管教人员要引导他们剖析自己违法犯罪的根源，深化他们对自己违法犯罪行为对自己及家人、对被害者及其家庭、对国家和社会所造成的危害的认识，教育他们主动承担法律责任、家庭责任、社会责任，转变改造观念，认真劳动，矫正行为恶习，自觉接受管理，洗净灵魂污垢，用实际行动走好悔改新路，尽一切能力去弥补自己的过错，这就是最好的原谅自己的行为，比起天天后悔不迭、痛不欲生，更有现实的意义。

3. 要引导监管对象转换角度看世界

苏东坡在《题西林壁》中说："横看成岭侧成峰，远近高低各不同。"这就是说任何事物都具有多面性，从不同的角度看待，往往会引发不同的看法。引起人们情绪结果的因素往往不是事件本身，而是个人对待事件的执念。比如一个人之所以沉浸在某一特殊时刻所发生的事情之中不能自拔，原因就在于他过多地关注着一些利益攸关的事务，忽略了发现和欣赏许多美好的东西。生命中总有挫折，挫折也不是人生的尽头，如果在后悔自责、怨天尤人中一味原地踏步，只会让自己陷入痛苦深渊。监管对象往往以自身孤独和寂寞的心境，度过自己的铁窗生涯，气馁、悲伤、失望，既影响自身的身心健康，也给监管机构安全稳定造成隐患。管教人员要教育监管对象心随我动，改变自己。引导他们在改变不了外界的环境的情况下，改变自己的内心世界，对待一切事物尽力而为即可，切忌偏执追求某个结果。比如监管对象会为自己的减刑尽最大的努力，但当一些事情不在自己的掌控之中时，与其为几个积分忧心忡忡，惶惶不可终日，倒不如把心思倾注于生活的细节之中，多参加一些文化活动、兴趣互助小组等，来适当转移自己的注意力，让监管生活尽量变得丰富多彩一点，以缓解自己的心理压力。

任务考核

海滩上的蓝甲蟹分为两种：一种是较凶猛的，不知躲避危险，跟谁都敢开战；一种是温和的，不善抵抗，遇有敌人，便翻过身子，四脚朝天，任你怎么叼它，踩它，它都不理不动，一味装死。经过千百年的演变，出现了一种有趣的现象：强悍凶猛的蓝甲蟹越来越少，成为了濒危动物。而较弱的蓝甲蟹，反而繁衍昌盛，遍布世界许多海滩。动物学家研究发现，强悍的蓝甲蟹因为好斗，在相互残杀中首先灭绝了一半，另外又因为强悍而不知躲避，被天敌吃掉一半。而软弱的、会装死的蓝甲蟹，则因为善于保护自己，反而扩大了自身。

弱与强，在某些时候，收到的效果截然相反。弱，反而得了强势；强，反而处于弱势。

放下架子，做个弱者，也是人生在世心态平和的出发点。如今很多人爱表现出强者的风范，往往碰得头破血流；而以弱者的姿态行事，人自然会谦虚谨慎，别人也会愿意

接受，反而会使一切顺畅。做人做事，如果能经常以一种弱者的姿态出现，以弱者的面貌去把握自己，大概才更能成为长久的赢家。

> **问题：**
> 1. 请从中华优秀传统文化的角度，谈谈你对蓝甲蟹的强与弱的理解。
> 2. 作为管教人员，你如何依托该案例对监管对象进行矫正教育？

任务八

云麓课堂

用"信"思想
矫正监管对象的道德品质

学习目的

1. 掌握中华优秀传统文化中"信"的内涵与发展。
2. 理解"信"对监管对象改造工作的意义。
3. 能够运用"信"的思想对监管对象进行矫正教育。

知识要点

　　远古的时候没有纸，经验技能均靠言传身教。《说文解字》认为"人言为信"，程颐认为"以实之谓信"。可见，"信"不仅要求人们说话信守诺言、诚实可靠，切忌大话、空话、假话，而且要求做事也要言行一致、诚实可靠。孔子将"恭""宽""信""敏""惠"作为体现"仁"的五种德行；孟子把"信"作为处理五种人伦关系的规范之一，提出"朋友有信"；西汉董仲舒则将"信"与"仁""义""礼""智"并列为儒家"五常"。

　　"信"是中华民族最重要的传统美德。从一定意义上说，儒家道德伦理就是引导人们追求真、善、美，反对假、恶、丑。如果说"仁""义""礼"是对真善美的全面体现，"智"是对真善美的坚守与假恶丑的道德批判，那么，"信"就是人们从内在心性到外在行为上对真善美的追求，是"仁"和"义"的生动体现。"信"的基本含义是诚实、守信、守法。它包含两层要求，一是说话要真实，二是说话要算数。这些都体现了实事求是、尊重客观实际和守信、守法的精神。信侧重于外在的伦理关系，比如"与朋友交，言而有信""与国人交，止于信"等。

　　"信"与"诚"常用在一起。但儒家认为，"诚"主要是从天道而言，"信"主要是从人道而言。因此孟子说："诚者，天之道也。思诚者，人之道也。"（《孟子·离娄上》）意思是说真诚是上天的原则，追求真诚是做人的原则。诚信作为中华民族的传统美德，是我们

为人处世的基本道德准则，也是国家跻身于世界强国之列的重要精神力量。一个人诚实有信，自然得道多助，能获得大家的尊重和友谊。反过来，如果贪图一时的安逸或蝇头小利，表面上得到"实惠"而失信于人，实在是因小失大，得不偿失。

一、一诺千金

（一）"一诺千金"是践行"信"的表现形式

一诺千金，是指许下的一个诺言有千金的价值，比喻说话算数极有信用，出自《史记·季布栾布列传》："得黄金百，不如得季布一诺。"季布是秦朝末年的楚地人，性情耿直，为人侠义好助，只要是他答应过的事情，无论有多大困难，都设法办到，因此受到大家的赞扬。诚信作为儒家道德伦理的重要内容，向来被看作是为人立身之本与立世之基。孟子说的"车无辕而不行，人无信则不立"的观点，自古就被中华民族高度认同，成为传统社会大力倡导的价值观念。在社会主义核心价值观个人层面的要求中，"诚信"也赫然在列。

孔子认为人无信就无法立足于社会上、天地间。"人而无信，不知其可也"（《论语·为政》），这句话很能代表古代君子对诚信的认识，他们把诚信作为很高的道德规范，作为须臾也不能离开的东西，自觉加以奉行。同时，诚信也是立国之本，子贡问孔子如何治理政事，孔子说："有充足的粮食，充足的军备，百姓对政府就信任了。"子贡进一步问："如果迫不得已，在三者之中去掉一项，先去掉哪一项呢？"孔子回答："去掉军备。"子贡又说："如果在粮食和信用之间还要去掉一项，又作何种选择呢？"孔子说："去掉粮食。自古以来人总是要死的，如果老百姓对统治者不信任，那么国家就不能存在了。"这就是说，儒家认为"信"的重要性，比军事更具有优先性，比生命更可贵。

诚信并不仅仅是个人的品德修养，更是维护经济社会健康关系发展的重要纽带。诚信是人们立身处世的准则，是人格的体现，是衡量个人品行优劣的道德标准之一。失足，有可能马上恢复站立；失信，就难以挽回。而践行诚信，需要我们从小处着手，从点滴做起，在义与利面前选择情义，在责与权面前选择责任，用践诺、守责来搭建人与人之间信任的桥梁。

（二）教育监管对象戒除伪善，践行诺言

监管对象大多存在对诚信、信仰不坚定，知行分离、诚信动机功利化等问题，外在表现为言行不一、口是心非、自欺欺人等。在进入监管机构之前，不少监管对象因为不遵守诺言而妻离子散、朋友失交；部分因不履行法律义务而被列入社会失信名单；还有监管对象因为违反职业道德，以假乱真，危害社会公序良俗等等。进入监管机构后他们也大多疑心重，不仅不信任他人，还经常在管教人员面前阳奉阴违、谎话连篇。他们在

其他监管对象面前信口开河、自吹自擂，在亲人面前当面许诺、背后不改等，或者有积极改造的想法，但容易因为各种困难和问题放弃承诺，前功尽弃。

1. 要教育监管对象不自欺

不自欺，就是常说的不欺良知、不欺本心。孔子初次参加祭祀典礼，很多规矩都不懂，于是请教身边的人。有人就责备孔子，怎么这么不懂礼。孔子说知道就是知道，不知道就是不知道，这样才是真正的智慧。"知之为知之，不知为不知，是知也"（《论语·为政》）长久以来"不自欺"一直被看作是评价人们是否诚实的基本准则。曾子也说："诚意，毋自欺也。"（《礼记·大学》）意思是说使自己的意念诚实，不要自己欺骗自己。君子必须正心诚意，不能自欺欺人，要正确坦诚地对待自己的内心感受，面对自己的一切功过得失。不自欺是一种什么样的状态？"如恶恶臭，如好好色"——就像闻到难闻的气味马上表现出厌恶的神色，看见美丽的容貌马上心旷神怡一样，就是一种发自内心"爱我所爱，恶我所恶"的自然状态。推而广之，就是面对所有的人和事，无论是关乎自己，还是关乎他人，都要做到诚实不自欺。为什么要不自欺？《中庸》说："唯天下至诚，为能尽其性。"意思是说只有至诚恳切的人，才能尽力发挥他天赋的本性到达极致。这句话就很好地回答了这个问题。所以一是要教育监管对象不以暗中作恶，无人知晓而自安；不以追求超过实际的虚名而自喜；不以出于不正的动机而取得某些效果和成果自夸；不以言行伪善感到光荣等等。二是要教育监管对象内心坦诚。不伪装自己，不隐瞒自己的观点，不掩饰自己的真实感情，不弄虚作假，不哗众取宠，不欺世盗名等。三是要教育监管对象不因外界压力而违背良心说话、办事，做到心口如一、表里如一、明暗如一、言行一致。总之，要让监管对象明白，人一旦许下了承诺，无论遇到什么情况，都有责任去实现它，而实现承诺最关键的因素是不欺良知、不欺本心。

2. 要教育监管对象不欺人

庄子认为："真者，精诚之至也。"（《庄子·渔父》）意思是所谓真，就是精诚的极点。荀子说："言无常信，行无常贞，惟利所在，无所不倾，若是则可谓小人矣。"（《荀子·不苟》）意思是说话没有信用，行事没有原则，唯独在有利益之处拼命钻营，这样的人就是小人。《增广贤文》上说的"许人一物，千金不移。一言既出，驷马难追"就是对信守承诺的形象说法。诚信道德的核心是真诚，做不到真诚，就谈不上真正的诚信道德。诚信道德是个人成长成才之基，不讲诚信的人会一事无成；同时一个不欺骗自己的人，对别人的欺骗也会相对减少。老子认为诚信是坚守对他人的诺言，说到就必须做到。"夫轻诺必寡信，多易必多难，是以圣人犹难之，故终无难矣。"（《道德经》）意思是人如果轻易许下的诺言必定很少能兑现，要做一个坚守诚信的人，就不要轻易许诺。只有做到不欺人，才能实现孟子所说的"仰不愧于天，俯不怍于人"的境界。所以，一是要教育监管对象时时事事都要体现求真务实的精神。在待人接物方面，诚信始终是第一位的。与他人相处

要以真诚、守信、重诺为基础，不说谎言，不许假诺，特别是不说那些不能兑现或无用的大话、空话。只有实实在在、诚信待人，才会赢得对方的尊重，换来同等的真诚。二是要帮助监管对象认识到欺人最终欺己的严重性。在欺骗别人的同时，也会忽悠、迷惑、麻痹自己。元末明初的范立本早就警告世人："欺人必自欺其心，欺其心必自欺其天。心其可欺乎？"（《明心宝鉴》）意思是说要想欺骗别人肯定得先欺骗自己的良心，欺骗自己的良心一定要欺骗上天。但自己的心可以欺骗吗？其实是"人可欺，天不可欺。人可瞒，天不可瞒"。欧阳修有一副对联"书有未曾经我读，事无不可对人言"，只要内心坦荡光明，于人于己无愧，那就没有什么事情是不可以对别人说的，也没有什么事是不能做的。

3. 要教育监管对象不欺事

不欺事，指一个人对自己所承担的任务要有强烈的责任心，要真心实意，亲力亲为，全身心地投入，尽到自己最大的努力，发挥自己最大的热情，而不能马马虎虎、表面应付、敷衍塞责。不欺事的关键是坚持道德自律，经得起各种诱惑考验。为了培养服刑人员讲诚信、守诚信的优良道德品质，2015年以来，南京女子监狱摈弃传统的说教模式，首创"诚信银行"教育改造新载体，罪犯平时储蓄学习、生活、劳动、改造中的数十种诚信行为就增加积分，出现消极改造、欺骗隐瞒等失信行为时就扣减积分。"诚信银行"实行网上运行，记账、查询、统计等功能一应俱全，罪犯诚信记载一目了然，监狱还定期评比"优秀储户""诚信个人""星级诚信个人"，考核结果载入个人改造诚信档案，并作为其在整个服刑改造过程中评先评优的依据之一。"诚信银行"实施以来，持续激励罪犯从日常点滴做起，积善成德、讲诚信、懂感恩、知回报、献爱心的氛围日益浓厚，改造效果明显提升。可见，管教人员一是要教育监管对象真心实干，全心全意，精益求精。比如按期完成劳动任务，保证工作质量、产品质量和服务品质；在技能培训中，能够认真、努力对待，潜心学习、刻苦练习，习得一门技艺，将来顺利回归社会且自力更生等。二是要引导监管对象树立诚信意识，做到诚信改造，自觉遵守规章纪律，用实际行动证明知错悔错，进一步提升监管机构整体良好改造秩序和积极改造氛围。

二、信近于义

(一)"信近于义"是践行"信"的原则

"信近于义，言可复也。恭近于礼，远耻辱也。"（《论语·学而》）意思是讲信用要符合于义，只有符合于义的话才能实行；恭敬要符合于礼，这样才能远离耻辱。这段话既体现了先秦儒家对于坚守道义与礼义规范之间关系的理解，也体现了传统儒家对于个人交往原则的认识。"信近于义，言可复也"是指讲诚信还必须符合规则，这样说出去的话、答应的事才可以做得到。

孔子与子贡讨论"士"的标准时说："言必信，行必果，硁硁然小人哉！"(《论语·子路》)意思是说：说到一定做到，做事一定坚持到底，这虽然是耿直固执的小人，但是也可以算是再次一等的"士"。"言必信，行必果"为什么会是次等再次等的"士"呢？问题就出在"必"字身上，而不是出在"信""果"二字身上。如果不合乎"义"，言怎么可以信？行怎么可以果？所以孟子后来进一步明确："大人者，言不必信，行不必果，惟义所在。"(《孟子·离娄章句下》)意思是说通达的人说话不一定句句守信，做事不一定非有结果不可，只要合乎道义就行。在日常生活中，"言必信，行必果"的确是诚实守信的美德，但这里的美德是有约束条件的：当诺言不符合道义原则或者践守诺言将导致不道德的后果时，守信便成了有害无益的行为。所以，不辨大义是非的诚信是不可取的。

(二)教育监管对象正心诚意、坚守信义

中华优秀传统文化往往将"信"与"义"联系在一起，将讲信义作为为人处世的信条、修身之本、治国之基。中国古代更是将信义视作高尚的道德品格和最基本的为人修养，以信义立品行，以信义行天下。曾母的"杀猪守信"、尾生的"柱下期信"、商鞅的"立木为信"、季布的"一诺千金"、范式张劭的"鸡黍之约"等，虽然时代不同，身份各异，但共同阐释了内在的诚信人格和信义的道德力量，留下了千古佳话。因此，信义是来自于内心的道德坚守，需要一点一滴持之以恒地坚持，而不是为了得到某种利益而刻意保持出的一种姿态。

信义思想讲究以信为行事之本，以义为本质内核，它是中华优秀传统文化重要的精神支柱，也是经济社会的道德基础。市场经济社会每个人都以追求个人利益最大化为驱动力，常常将"信义"二字抛诸脑后。比比皆是的失约失信、合同欺诈、欺瞒哄骗等，凡此种种，已成为制约中国经济健康发展的"毒瘤"，侵蚀着中国传统道德。

大部分监管对象不讲诚信，即使少部分监管对象明白诚信的重要性，但对于诚信的理解过于片面或偏激，或者践行诚信的方法原则过于简单粗暴。主要表现在以下几个方面：一是守信功利化，愿意积极兑现那些对自己有价值的承诺，而忽视甚至是侵害其他人或集体、国家的利益，很容易以"有没有用、有没有利"为价值判断标准；二是守信盲目化，不管守信的原则与底线，也不深究守信的社会价值，纯粹因为执着和冲动，履行违背公序良俗甚至是违法的约定。如为了所谓的"约定"，面对别人的违规违纪现象而知情不报等。所以，监管机构要以弘扬诚信去拯救灵魂、滋补灵魂、净化灵魂，要从"信近于义"的内涵、价值与实践等多维度对监管对象进行矫正教育，进一步提高教育改造质量。

1. 要教育监管对象以诚守信

在中华优秀传统文化里，诚信是一个人之所以为人的重要道德，一个人如果不讲诚信就没办法在人间立足。孟子把修养诚信看作是做人应走的正道，认为"思诚者"是"人之

道也"(《孟子·离娄上》)。南宋陆九渊更是将诚信看作是人之所以为人而区别于动物的根本原因,他说:"人而不忠信,何以异于禽兽者乎?"(《陆九渊集卷三十二》)所以,一是要教育监管对象将诚信作为与人交往的基本准则。在与人交往中,人们都不希望被骗,一旦发现受骗,建立起来的关系也就宣告破裂。而真诚待人的人必将赢得别人的信任和尊重,从而建立良好的人际关系。特别需要向监管对象指出的是,"锦上添花易,雪中送炭难",当灾难来临时,能否尽心帮助朋友渡过难关就成为检验诚信的关键。二是要教育监管对象说老实话,办老实事,做老实人。诚实守信是一个人安身立命的根本,在监管机构这样封闭的场所中,老实本分其实就是维护监管机构正常秩序、监管对象人际交往的基本道德规范,对于监管机构生活的重要性,近乎鱼之于水。三是要让监管对象懂得诚信是事业兴旺的重要原因。诚信可以凝聚力量,可以诞生希望。孔子将事业之道归结为"信以成之"((《论语·卫灵公》));宋朝周敦颐在《通书》中认为:"诚者,圣人之本,大哉乾元,万物资始,诚之源也。"监管对象养成诚信的优秀品质,不仅有利于在监管机构中做到"心中有戒,行为有度",服从管理,遵纪守法,彻底改正自己的行为恶习,也有利于重新回归社会,以积极健康的精神状态创业、兴业。

2. 要教育监管对象理性守信

作为美德的诚信绝不是不分善恶、不问道义与非道义的诚信,符合善、道义的诚信才是真正的诚信。"信之所以为信者,道也。信而不道,何以为信"(《春秋穀梁传·僖公二十二年》)意思是说信义之所以为信义,是因为符合"道",没有"道"的信义,怎么能称之为信义呢?春秋时期曾有"要盟不信"之说,即在受到要挟、威逼的情况下,被迫签订的屈辱盟约或许下的违心诺言,可以不履行、不兑现。如果不讲原则地一味讲诚信,就会无所不为,甚至违法犯罪。孔子就说:"君子贞而不谅。"就是说君子固守正道而不能不顾是非地讲究信用。他批评恪守小信的人"匹夫匹妇之为谅"《论语·卫灵公》)。可见,不讲原则地信守承诺之事,通常是境界不高的人所为。同样的,在特定条件下,从善意出发的"不诚信"也是允许的,因为它并不违背道义。因此,管教人员要教育监管对象在作出承诺和践行承诺的时候,一定要遵守原则。这里的原则,在中华优秀传统文化中指的是仁义和大道,在当代主要指法律法规、公序良俗、人伦道德等。要让监管对象明白承诺如果符合仁义大原则,理当忠实践行;如果不符合原则,就算是不践行也不必遗憾。处理好诺言与原则的关系是理性践诺的关键问题。如果诺言不违背原则,那必然是应该兑现的;如果在不知情的情况下许下了诺言,但事后发现许诺别人的事情有违原则,那么就要当机立断,终止承诺。这不但不会让人成为轻诺寡信的小人,反而能显示出其重原则、有立场的君子品格。

3. 要教育监管对象以行守信

守信的关键在行动,而不能仅仅停留在口头上。守信也不是指某一件事、某一段时间或只面向某人，而应该是一以贯之、融于血脉的一种意识和行为。监管机构经常开展书写并宣读改造承诺书、召开集中宣誓大会、诚信教育讲评等系列教育活动，就是希望监管对象以承诺为契机找准方向，牢记身份、认罪伏法、真心诚意地接受改造。但更重要的是，要教育、引导、督促监管对象以实际行动来践行承诺。一是要加强监管对象在劳动、生活、学习中的"守信"相互监督机制，并让他们明白，这并不是给他们打小报告、随意揭发别人的机会，而是在营造诚信的教育基础之上，通过互相监督，强化每个监管对象对诚实守信的认知和践行。二是教育他们在守信时可能会面临误会和不理解，但无论如何不能放弃心中"大义"，而是更要用实际行动证实守信的价值。比如西汉韩信在少年时曾受胯下之辱，建功归来却未杀其人，仁义未失；司马迁受"宫刑"之辱，然志气未失，忍辱抱笔乃有《史记》，功在其中。特别是在监管机构的"耳目"建设中，不仅要让监管对象明确作为"耳目"的目的、价值与要求，更要通过引导和教育培养他们守信的毅力与恒心。三是管教人员本身应该更严格履行岗位、职责的承诺，严守公平正义的准则，恪守诚信，言出必行，做监管对象的表率。

三、巧诈不如拙诚

(一)"巧诈不如拙诚"是践行"信"的方式

《韩非子》里记载了两个小故事：魏国将领乐羊攻打中山国，中山国国君把其子煮成肉羹送给他。乐羊端起肉羹一饮而尽，而后攻占中山国。魏文侯虽然奖赏了乐羊的战功，却认为他连自己的儿子的肉都能吃，还有什么事做不出来？由此怀疑他的品行。鲁国国君孟孙打猎时活捉了一只小鹿，命秦西巴带回。秦西巴心有不忍，把小鹿放生，孟孙得知后一怒之下将秦西巴赶走。一年后，孟孙却又把秦西巴请回来当太子的老师，原因在于他对鹿都有怜悯之心，对太子必定会诚心以对。乐羊因为使诈得功，但终被魏王怀疑；秦西巴因为宽仁获罪，却得到更多的信任。韩非子对此评价说"巧诈不如拙诚"(《韩非子·说林》)，意思就是说巧妙的奸诈不如拙朴的诚实。

"巧诈"是指欺狂而表面掩饰的做法，乍看之下好像是机灵的策略，但随着时间的推移，周围的人怀疑甚至远离的可能性会提高。相反，"拙诚"是指诚心地做事，行为或许比较愚直，但是会赢得大多数人的心。韩非子认为，与其运用巧妙的方法来欺瞒他人，不如诚心诚意地来对待别人。正因如此，古往今来察人用人都会秉承这种理念。明朝刘伯温以"黄良""断肠"两种草来借喻识人用人之道，称黄良味如人胆，但推去百恶、无秽不涤；而断肠草叶露滴人，却流为疮痍、刻骨绝筋。巧诈之人恰如断肠草，贻害无穷，而拙诚之士则像黄良，扎实有为。清代中兴重臣曾国藩就是一个拙诚的代表，他以"钝拙"自居，以去伪崇拙修身，用"拙诚"破"机巧"，养成了拙诚浑含的品行，也练就了深谙世事却又不为世俗所扰的超然本领。可以说，如果没有去伪崇拙的反复琢磨、日臻完

善，曾国藩不可能达到"立德立功立言三不朽，为师为将为相一完人"的高度。

（二）教育监管对象坚守诚信要成为一种人生态度

曾国藩说："唯天下之至诚，能胜天下之至伪；唯天下之至拙，能胜天下之至巧。"（《曾国藩家书》）明白了这个道理，就能多一些务实肯干，多一份坦坦荡荡，多一点勇往直前。只有时时处处做到诚实，才能获得别人的信任和尊重。因为虚情假意只能赢得他人一时的好感，却不能长久，真正能够长久的唯有真心实意；要小聪明、走捷径或许可以在短时间内风生水起，但注定是昙花一现，脚踏实地地走好每一步路，才能赢到最后。在监管对象改造过程中，要教导监管对象正确认识自己，也许他们因自身各种因素所限，达不到大仁大义那样的道德高度，但是必须具有真诚信实的心智，必须保持诚实守信的道德底线，要随着时间、环境的转变而不断强化自身内心的坚守。

1. 要引导监管对象戒除虚伪

不少监管对象口是心非、表里不一，华而不实、坐而论道，自以为是、轻慢无礼。他们之所以不遗余力地表现自己，挖空心思地伪装自己，说到底，就是为了所谓的面子和虚荣心，同时掩饰自己的孤独、压抑和痛苦。因此要帮助监管对象剥去伪装的皮，做最真实的自己。戒除伪善，首先是要引导监管对象勇敢从容地面对过往和未来。一个人能攀多高、走多远，都是心态问题。状态出现问题往往源于心态出现偏差，状态不佳是因为心态不好。因此，要鼓励他们在逆境时失意不能失志，要教育他们在顺境时得意不能忘形，以平和的心态总结过去，展望未来。此外，还要引导监管对象自我调适心态，比如通过与改造积极分子比奉献、比贡献、比境界来端正自己的心态等。其次是引导监管对象增强责任感。监管对象的责任感主要体现在认罪伏法、安心改造上。一旦有了强烈的责任感，他们就会时刻自律自省，自觉把全部心思和精力用在改造上，就会有严格约束自己、积极劳动、努力学习、服从管理、提高素质的紧迫感和自觉性，始终保持昂扬进取、奋发有为的精神状态，不断实现自我价值；反之就会精神不振、思想飘浮、不思进取、得过且过，有力不愿出，有劲不愿使，"做一天和尚撞一天钟"。最后要加大对监管对象的日常监督力度。管教人员除了要加大面上的正面引导力度外，对"重点对象"还需经常开展个别谈话，同时加大监管对象之间相互监督的力度，以增强监督的针对性和有效性。

2. 要教育监管对象守拙

老子说："见素抱朴，少私寡欲。"（《道德经》）意思就是安于拙诚，保持纯洁朴实的本性，不学巧伪，减少私欲杂念。守拙不仅是修身之要、相处之道，更是立业之本、成事之基。以拙诚立身，以笃行谋事，方能干出一番实绩，亦无愧于内心。坚持"守拙"而获得成功不是一日之功，习惯于"巧诈"攫取眼前利益更非一日之寒。善于"诈术"的人，即便一时可以欺骗隐瞒别人，但久而久之，再高明的骗术也会露出马脚。守拙虽不如巧诈那样灵活应变，短时间里可能会吃亏，却可以凭借愚直拙笨建立信任，积攒人品，涵养操守，立稳事业根基。因此，要教育监管对象不逞口舌，不论人短。《太平御览》上说"病从口入，祸从口出"，意思就是说喜欢搬弄是非之人，必定招惹麻烦，给自己带来祸患。监管机构人群集中，监管对象更要管好自己的嘴，守住自己的心，嘴不要伤人，话不要乱说，才能树立正直形象。还要教育监管对象学会包容，懂得示弱。学会包容，得饶人处且饶人；懂得示弱，可以避免锋芒。厚道、宽宏、大度，都有助于监管对象聚得好人缘，得人心者必然能赢得别人的信任。

3. 要要求监管对象勇于担当

勇于担当是诚实守信的根本和基石，诚实守信是勇于担当的体现和彰显。二者相辅相成，相得益彰。具有诚信的品格的人会被人尊重、信任、支持和帮助，而勇于担当是一个人对待亲人、对待朋友、对待家庭、对待社会的负责任态度，一个人责任感的强弱决定他对人生是尽心尽责还是浑浑噩噩。缺乏担当精神，诚信将不复存在。在现实生活中，为利失去诚信，家庭破裂者有之；为利失去诚信，朋友反目者有之；为利失去诚信，腐化堕落者有之；为利失去诚信，坑害社会者有之。追根溯源，缺乏担当精神是一个人失去诚信的根本所在。这些都是为了一己私利，不担当、怕担当、不敢担当。而不担当的后果，就是丧失了做人的尊严和基本准则，更丧失了安身立命之本——诚信。所以，管教人员要教育监管对象用实际的行动来担当自己的承诺。所有的监管对象都曾喊出"守法守规，服从管教，安心改造，重塑自我，励志新生"之类的改造誓言，但没有行动的证明，一切口头承诺只是空谈。倘若将一时一事的失信看作是无伤大雅的小错，那么，最终将留下一生都无法弥补的遗憾。管教人员要教育他们只有坚守承诺，知行合一，从点滴做起，才会消除自己的内心焦虑、优化自己的良知，才能得到其他监管对象的尊重和管教人员的信任；引导他们只有踏实改造，痛改前非，勇担社会责任和家庭责任，养成良好的劳动习惯，学习就业技能，才能筑牢新生基石，铺就新生之路；更要鼓励他们塑身正念，彻底改掉"过一天算一天"的混世态度，诚实接受惩罚、积极改造，才有利于他们回归社会后承担起照顾亲人的家庭责任和回报祖国的社会责任。

任务考核

《史记》记载，有一次孔子带着弟子们去卫国，经过一个叫蒲地的地方，正好赶上那里的官员想要谋反。他们把孔子一行围困起来，由于担心孔子到了卫国向卫国国君报告他们谋反的事，就逼着孔子发誓，说：如果你们答应不到卫国去，我们就放你们走。结果孔子就发誓说保证不到卫国去。这些想谋反的人都知道孔子是一个很守信的人，既然他发誓了，他们就放心了，于是就把孔子一行放走了。结果孔子还是去了卫国，这时候

子贡很不理解，就问孔子：你怎么可以违背刚才发的誓呢？孔子回答说：被逼着发的誓，是无效的，我们可以不必去守这个信。为什么？你跟强盗不用讲誓言，跟强盗讲信用是愚蠢至极，因为这种誓言，在被逼迫的时候所发的誓言是不合宜的，所以是可以推翻的。

问题：

作为管教人员，请你根据以上材料，谈谈如何从"守信"与"信任"两个角度对监管对象开展矫正教育工作。

云麓课堂

任务九

用"孝"思想矫正监管对象的道德品质

学习目的

1. 掌握中华优秀传统文化中"孝"的内涵与发展。
2. 理解"孝"对监管对象改造工作的意义。
3. 能够运用"孝"的思想对监管对象进行矫正教育。

知识要点

东汉许慎在《说文解字》中解释"孝"字："善事父母者。从老省，从子，子承老也。"他认为，"孝"字（篆书）是由"老"字省去右下角的形体，和"子"字组合而成的一个会意字。可见，"孝"的古文字形与"善事父母"之义是吻合的，因而孝就是子女对父母慈爱的一种回报。在中国传统道德规范中，孝道具有特殊的地位和作用，已经成为中华优秀传统文化的优良传统和基本元素。我国孝道文化包括敬养父母、生育后代、推恩及人、忠孝两全、缅怀先祖等，是一个由个体到整体，修身、齐家、治国、平天下的延展攀高的多元文化体系。

孝道贯百代，上下五千年。为了形成、维护孝道传统，在周朝，每年举行一次大规模的"乡饮酒礼"活动，旨在敬老尊贤。周礼规定，70岁以上的老人有食肉的资格，享受敬神一样的礼遇。春秋战国时，70岁以上的老人免一子赋役；80岁以上的老人免两子赋役；90岁以上老人，全家免赋役。为保障崇孝风尚固化，历代皇帝采取褒奖孝行、劝民孝行的各种举措，《孝经》是整个封建时代国家规定的教材，是开科取士的考评依据。小孩子从入学起便从童蒙教材《三字经》《弟子规》中诵读"首孝悌，次见闻"。汉文帝诏令天下郡守，推举孝廉之士，授以官爵。东汉时期，皇帝带头倡导养老敬老之礼。隋唐开始实行的科举制度中，均专门设立孝廉科名。1722年正月初二，康熙举行大型的尊老敬老

活动——千叟宴，在乾清宫宴请65岁以上的老人，共有1020人。筵席上，老人和康熙平起平坐，皇子皇孙侍立一旁，给老人倒酒。此外，历朝历代都严惩不孝。隋唐后的刑律皆将不孝列入等同谋反不予宽赦的"十大恶"之中。杀父母者历代皆凌迟处死。明律中，凡不顺从父母致使父母生气的事皆视为忤逆，可告于官，要打板子直至判刑。民间流传的"打爹骂娘，天打雷劈"，也表明不孝者皆为世人所不齿、天地所不容。

在古代社会，孝不仅仅是子女对父母的一种爱敬的情感，更是每个人为人处世都必须遵循的基本准则，是做人的根本。它不仅仅用来协调家庭中父母与子女的关系，还延伸到社会领域、政治领域，用来协调整个社会当中年轻人与老年人、君主与臣下、上级与下级、地位尊贵的人与身份卑贱的人之间的关系，用来维系和强化古代社会的等级秩序。作为中华民族的一种传统文化，孝道随着中国社会文明的发展而不断地丰富和被赋予新的内容。弘扬中华民族的传统孝文化，重建与现代文明社会相适应的新孝道文化，对融合代际关系、实现家庭和睦、营造孝亲敬老的良好社会氛围、发挥孝文化在构建社会主义和谐社会中的作用具有重要的现实社会意义。

一、百善孝为先

（一）"百善孝为先"是践行孝道的根本

"百善孝为先"，出自清代学者王永彬所著的《围炉夜话》，意思是所有的善行中，孝道排在第一位。一个不孝顺的人，连自己的父母都容不下，自然永远与善良无缘。孝为什么成为百善之首呢？因为没有孝，就没有根本，就没有人类传承。

春秋战国是我国奴隶制走向灭亡、封建制逐步确立的时期，礼崩乐坏。孔子的社会政治理想是想建立一个百姓安居乐业的社会，他认为要维护当时的社会秩序，必先稳定家庭。如果不树立父母家长的权威，就无法达到家庭的稳定，进而也就无法稳定社会。亲子之情是一种天然情感，孝也是人类出自本能的一种感情。比如，《诗经》里就讲"哀哀父母，生我劬劳"，唐诗里讲"慈母手中线，游子身上衣"。因为儿女会感受到父母发自内心的慈爱，所以也就会自然而然地对父母产生这种孺慕、恭敬之心，并且形成"你养我小，我养你老"这样很亲近的反哺式的亲子关系。而且，中华优秀传统文化讲究推己及人，由近及远。每个人从爱自己的亲人、孝敬自己的父母出发，自然会发展到尊敬别人的父母，乃至尊敬天下的老人。这样一来，孝就不仅仅是传统家庭伦理的基础了，它也是整个社会伦理的基础。人们孝顺父母，亲爱家人，上对君王尽忠，下在朋友之间建立信任关系，从而扩大到去"爱人爱众"，社会就能达到和谐。

孔子首次将"孝"从国家安定、天下太平的角度加以考虑，如果一个人做到了"孝"，他的人性就得到了很好的改造，他就能遵守社会的规范，也就不会犯上作乱了。孔子的弟子有子对孔子的这一思想作了深刻的领会："其为人也孝弟，而好犯上者，鲜矣！不好犯上，而好作乱者，未之有也。"(《论语·学而》)意思是说在家里尊敬孝顺父母、亲爱弟兄姊妹，而喜好触犯上层统治者的人是很少有的；不喜好触犯上层统治者，而喜好造反的人是没有的。孟子对孝道最大的贡献在于，他将孔子的孝论提升为"尊老"。他主张"老吾老，以及人之老；幼吾幼，以及人之幼"(《孟子·梁惠王上》)，即不只是敬养一己之父母，而且还要尊重别人的父母、天下的老人、长者；不只是慈爱自己的子女，同时也慈爱别人的子女。如果说孔子的"孝"是在家庭生活领域进行的，是一种"家庭美德"，是"修身"与"齐家"的内容，那么，孟子则主张在此基础上将孝推广到社会生活领域，把它提升为一种"社会公德"，把它当作"治国""平天下"的条件，即通过"内圣"达到"外王"。

　　这种儒家孝道的升华——大孝，极具社会现实的积极意义。大孝，才是中华民族传统孝文化的核心。中国古代社会的现实和特点使孝文化的思想从事亲、尊敬长辈、厚待亲友进一步深化为对君主的忠诚、对国家的忠心、对社会的责任，"小孝事亲，大孝事国"成为孝文化的深层内涵。

(二)教育监管对象孝顺长辈，立德社会

　　一个人行孝道，就应当精于孝之理，懂得什么是孝，如何行孝。王阳明说："保尔精，毋绝尔生；正尔情，毋辱尔亲；尽尔职，毋以得失为尔惕；安尔命，毋以外物戕尔性。斯可以免矣。"(《王阳明全集》)意思是说，要保存精力，不要丢了生命；要端正自己的情绪，不要让父母因为你的不理智行为而脸上无光；要尽职尽责，不要因为事业上的得失让父母替你担惊受怕。最重要的是，要安于当下，不要因为追逐外物而丧失了本性。王阳明认为，让父母安心、无忧，是孝道的主要表现，一个人如果做到这样，就可以被称为孝子了。监管机构对监管对象开展孝道教育，除了围绕孝德要求，开发孝道教育资源，构建监管机构孝道文化，创设教育情境，加强行为规范养成教育，引导监管对象自觉践行孝道之外，还要注意以下几个理念问题。

1. 教育监管对象正确认识"孝"和"顺"的关系

　　"孝"和"顺"经常连称。子女孝顺父母，既要做到物质上的"孝"，还要做到精神上的"顺"。首先，对父母尽孝，是要趁父母健在时多尽孝道，而不是等到父母逝世后大操大办丧事，《增广贤文》上说的"祭而丰不如养之厚"就是这个意思。"顺"，指在尊重的基础上不违背其意志。让父母得到应有的精神慰藉，这也是子女对父母尽孝道最基本的要求。所以说，顺从是对父母尽孝的方式之一。孟子非常强调孝顺，他甚至说"不得乎亲，不可以为人；不顺乎亲，不可以为子"(《孟子·离娄》)，意思是不能得到父母的欢心，没有办法做人；不能顺从父母的心意，没有办法做儿子。但是孝和顺又是有区别的。顺从也要注意原则，盲目的顺从有时会变作"不孝""愚孝"的行为。真正的孝道，不是表面的"顺从"，而是要真心替父母着想，不让父母把事情做"过"了，以免损伤他们的德行。比如，明知父母的言行是错误的，而放任他们一错再错，最后造成严重后果，伤害了他们，

就是不孝的表现。孔子说"三年不改于父之道，可谓孝矣"（《论语·学而》），意思是说，父亲去世后的三年之内，如果还按照他为人处世的原则行事，就可以称作是孝了。为什么呢？因为根据当时的礼制，父亲去世之后，子女要守孝三年，其间不管父亲的做法对不对，都不忍心改变父亲的做法。可见三年的时间也足以称作为孝，至于三年之后改不改，就得看当时的具体情况了。儒家认为只要有一颗真诚的心，能够选择适当的方法，调节彼此之间的差异，经过理性的沟通，就可以找出一条路来。因此，教育监管对象行孝，就是要认识、践行对父母有生之年的"厚养"。这种"厚养"对监管对象而言，有两层意思：一是懂得"孝子之有深爱者，必有和气，有和气者必有愉色，有愉色者必有婉容"（礼记·祭义》）的含义，用心对待父母，用真心诚意去体会并照顾他们的真实感受，不让父母担心。二是树立目标，明确方向，做好眼前的事情，安心改造，争取早日回归家庭和社会，就是对父母最好的行孝方式。

2. 教育监管对象正确认识"孝"和"悌"的关系

"孝"和"悌"相辅而行。孟子说："尧舜之道，孝弟而已矣。"（《孟子·告子》）意思是说尧舜之道没有什么特别之处，不过是"孝"和"弟"（悌）而已。从字面上看，"悌"的地位似乎略低于"孝"，但和孝具有同等的重要性，往往是"孝悌"并称。需要说明的是，"悌"的本字虽然是"弟"，也就是做弟弟有符合自己身份的样子，要懂得尊重哥哥，可是儒家并不是只关注男性亲人之间的关系。正像孝的对象也包括母亲一样，悌的对象实际上也包括姐妹。对于儒家来说，姐姐和兄长一样，既然先自己而生，就应该受到尊敬与侍奉，更何况他们比自己更早地挑起了家庭的重担，也为父母分担了更多的忧愁。"孝悌"的教育内容最适合那些曾因结婚、分家、婆媳偏见、赡养老人等矛盾而导致家庭冲突甚至老死不相往来的监管对象。

3. 教育监管对象正确认识"孝"与"德"的关系

孔子认为"夫孝，德之本也，教之所由生也"（《孝经》），意思是孝道是道德的根本，教化由此而产生。中华传统文化之所以如此重视孝的观念，根源也就在这句话上。百善孝为先，人若不孝，何谈有德？孝不仅是孝敬父母，还要用这种心态去面对社会上所有的老人。有孝才有德，有德才有资格去做人。有的监管对象曾为家庭琐碎矛盾，将父母断然抛弃，让他们孤苦伶仃艰苦度日；有的监管对象曾因为父母地位卑微耻于与其为伍，而毫不留情不认双亲；有的为了照顾自己的家室妻儿对老父老母不闻不问。父母无论是富裕还是贫穷，他们都把半生的心力用在了抚育子女身上，嫌弃父母的人是一个在"德"字上出了严重问题的人，一个对父母无德的人也谈不上"孝"，毕竟父母养育自己的儿女付出了毕生的心血，这种恩情比天高、比地厚，是人世间最伟大的力量。因此，管教人员一是要帮助监管对象认识到孝是决定家庭和社会和谐的主要因素。一个不爱父母的人怎么可能爱他人、爱集体、爱社会、爱国家？二是要教育监管对象由"小孝"延伸到"大孝"，延伸到社会正义道德。一个人在家孝顺长辈，在外面才会有仁爱之德；在家友爱兄弟姐妹，在外面自然可以有情义正义，做正当的事。有孝悌，就推出仁义，有仁义就会有天下。

二、孝思不匮

（一）孝思不匮是践行孝道的方法

"孝思不匮"这一成语出自《诗经·大雅》："孝子不匮，永锡尔类。"意思是指对父母行孝道的心思时刻不忘。

孝是子女对父母的一种善行和美德，是家庭中晚辈在处理与长辈的关系时应该具有的道德品质和必须遵守的行为规范。中国传统孝道文化是一个复合概念，内容丰富，涉及面广。它既有文化理念，又有制度礼仪。从敬养上分析，主要包含以下几个方面的内容，我们可以用十二个字来概括，即敬亲、奉养、侍疾、立身、谏诤、善终。

一是敬亲。中国传统孝道的精髓在于提倡对父母首先要"敬"和"爱"，没有敬和爱，就谈不上孝。孔子认为："今之孝者，是谓能养。至于犬马，皆能有养，不敬，何以别乎？"（《论语·为政》）这就是说，对待父母不仅仅是物质供养，关键在于要有对父母的爱，而且这种爱是发自内心的真挚的爱。没有这种爱，不仅谈不上对父母孝敬，而且和饲养犬马没有什么两样。同时，孔子认为，子女履行孝道最困难的就是时刻保持这种"爱"，即心情愉悦地对待父母。

二是奉养。中国传统孝道的物质基础就是要从物质上供养父母，即赡养父母，"生则养"，这是孝敬父母的最低纲领。儒家提倡在物质生活上要首先保障父母，这一点非常重要，孝道强调老年父母在物质生活上的优先性。

三是侍疾。老年人年老体弱，容易得病。因此，中国传统孝道把"侍疾"作为重要内容。侍疾就是如果老年父母生病，要及时诊治，精心照料，多给父母生活和精神上的关怀。

四是立身。《孝经》云："安身行道，扬名于世，孝之终也。"这就是说，做子女的要"立身"并成就一番事业。儿女事业上有了成就，父母就会感到高兴，感到光荣，感到自豪。因此，终日无所事事，一生庸庸碌碌，这也是对父母的不孝。

五是谏诤。《孝经》指出："父有争子，则身不陷于不义。故当不义，则子不可以不争于父。"也就是说，在父母有不义的时候，不仅不能顺从，而应谏诤父母，使其改正不义，这样可以防止父母陷于不义。

六是善终。中国传统孝道文化上的善终一般是指要有繁文缛节的丧葬礼仪，《孝经》就指出："丧则致其哀，祭则致其严。"意思是说父母去世了，要竭尽悲哀之情料理后事；对先人的祭祀，要严肃对待，礼法不乱。当然，迷信的仪式和消耗财富的厚葬是不可取的，所以现代意义上的"善终"一般指让父母不留遗憾心满意足地离开，但是要通过一定

的仪式表达对生命的敬畏和尊重。

人的生命来自父母，父母养育之恩大于天，"孝"是人最本质、最原始的道德情感，因此，一个人应该时刻孝顺父母。否则，失去孝道，就失去做人的最起码的德性。

(二)教育监管对象孝敬父母，敬爱长者

"孝"自古以来就是中国人最为看重的美德，"孝"既是古人修行个人品德的重要内容之一，也是用来教化社会风气、民风民情的重要道德规范。人的生命来自父母，父母养育之恩大于天，"孝"乃是人最本质、最原始的道德情感，所有的道德教化都是从"孝"衍生而发的。监管对象对于父母的情感，往往是愧疚、感恩、渴求，复杂而沉重。许多违法犯罪行为的产生都和缺爱有关，而亲情往往是监管对象矫正教育最重要的动力站，他们最重要的社会支持系统就是与亲属的联系，双方进行有效互动是其心理矫治、愈合的重要方式，尤其是亲情帮教对于监管对象而言，具有巨大的疗育作用。对监管对象而言，认真改造，早日回家孝敬父母，就是自己的精神支柱。同时，让监管对象由"孝敬父母"出发，明了自己应该有的责任和担当，能让他们实现情感上的感动和感恩，向理性的互动与行动转变，由"要我改造"向"我要改造"转变。

1. 教育监管对象对长辈要"养身"

"养身"指保障长辈吃穿不愁。《弟子规》说："居有常，业无变。"这句话字面意思是我们所居住的地方要固定，不要老搬家，事业、职业也不要老更换。其实引申开来，"居有常"指自己的生活起居要有规律，又能够经常守候在父母身边；"业无变"指守住自己的本分事业，就能心神安定，心定就智慧生，同时又不让父母担心。监管对象人身被羁押期间，无法陪伴长辈、赡养父母，能做的只有两点：一是充分认识到给长辈"养身"的重要性和紧迫性；二是坚定改造信心，坚决摒弃恶习，真正学一门技能，解除监管后挣钱养家，孝顺父母，不再危害社会，做一个守法公民。

2. 教育监管对象对长辈要"养心"

《弟子规》中说："亲所好，力为具；亲所恶，谨为去。"意思是说父母所喜好的东西，应该尽力去准备；父母所厌恶的事物，要小心谨慎地除掉，包含自己身上的坏习惯、坏毛病。又说："身有伤，贻亲忧；德有伤，贻亲羞。"意思是说要避免受到身体伤害，以免父母担心；不能有不良嗜好，不能做让父母蒙羞的事。这些说的就是养父母之心，让他们心情愉悦。人这一辈子，不管你走多远，父母在的地方，才是最温暖的家。作为晚辈，要牵挂长辈，要常常告诉他们自己的行踪，让他们放心；经常问候长辈，了解他们的想法，让他们宽心；自己努力工作，走正道忙事业，让他们舒心。做到了这几点，就是养好了父母的心。监管对象之前已经因为自己的恶行让长辈伤透了心，管教人员除了通过开展孝道主题讨论和各种亲情帮教活动等，唤醒监管对象的感恩之心，帮助他们明了"责任"、懂得"担当"之外，更重要的是教育监管对象明确近期目标和长期目标，并努力付诸于实际行动。近期目标是知耻后勇、认真劳动、遵规守纪、安心改造，不铤而走险，让长辈安心、放心；长期目标是通过积极改造，掌握一门技能，争取提前回归家庭，承担起照顾长辈的责任，决不让他们再为自己担惊受怕。此外，由于监管对象经受挫折、抵抗压力的能力参差不齐，在困难挫折面前时有自暴自弃甚至采取自残方式解决问题的情况发生，因此，管教人员要特别从保护监管对象个人身心健康的角度出发，纠正他们对于生命健康的价值认知，这也是监管对象养长辈之心、尽孝道的要求之一。

3. 教育监管对象对长辈要"养志"

"养志"，又称为"养性"，指让长辈活得有意义。《孝经》提到"立身行道，扬名于后世，以显父母，孝之终也。"意思是人在世上，遵循仁义道德，有所建树，显扬名声于后世，从而使父母显赫荣耀，这是孝的终极目标。为人父母都盼望自己的孩子能有出息，用自己的德行奉献社会，赢得人们的赞誉，这是做父母最自豪最欣慰的事。儿女成为一个自立、自强的人是父母对子女的殷切希望。每个人都应该自觉增强自立意识，孝子更应该做到这一点。孝子不仅要做到自立，更要做到自强，为实现自我价值而奋斗不息。这就是养父母之志。监管对象因为恶行而身陷高墙，对长辈之"志"，已是严重打击。因此，管教人员要教育监管对象懂得，他们唯一能做的，就是认清形势，树立"忏悔、守纪、新生"的改造信念，保持良好的心态，充分相信法律的公正，严格遵守规章纪律，服从管教人员的管理，积极接受教育改造，让监管生活真正变成有益于自己成长的一段经历，争取早日新生，做一个对家庭、对社会有用的人，用实际行动承担起家庭成员的责任，找回做人的尊严，重养长辈之志。

三、家国一体

(一)家国一体是践行孝道的最高境界

"家国一体"是中华优秀传统文化思想的精粹，也是家国情怀认同的重要基础。孟子认为"天下之本在国，国之本在家，家之本在身"（《孟子·离娄》），意思是天下的基础是国，国的基础是家，家的基础是个人。孟子将天下、国、家三者融为一体，深刻地诠释了家国一体、家国同构的政治理念。这种"家国一体"的政治观，孕育出"忠孝一体"的价值观，形成了中华民族崇尚家国大义的优良传统。

"忠"的价值观，是由先贤为公、为民的行为实践演化、提炼而形成的。在先秦，"忠"的行为表现为"公家之利，知无不为，忠也"（《左传·僖公九年》），意思是指有利于公家的事，知道了就去做，这是忠心的表现；还表现为"临患不忘国，忠也"（《左传·昭公元年》），意思是指面临灾祸仍然不忘国家，就是忠心等等。汉代以后，中华民族逐渐

形成了追求统一、反对分裂的"大一统"意识，形成了家国一体、孝忠合一的"国家—家庭—个人"价值观体系。中国传统社会是以家庭为核心单位构成的，维系家的核心在于"孝"。"夫孝，天之经也，地之义也，民之行也。"(《孝经》)意思是说孝道是天经地义的，是人的基本行为准则。孝是对父母、先祖的爱、养、畏、敬，终极关怀在慎终追远，最高价值追求是对国家、民族的贡献。中国人以家为本的孝文化有其特殊性的方面，即天然与"忠"的实践紧密相连。"忠臣以事其君，孝子以事其亲，其本一也"(《礼记·祭统》)，意思是说，忠臣的侍奉国君，孝子的侍奉双亲，其忠其孝的来源是相同的。这充分体现了"孝"的家庭价值观与"忠"的社会价值观的内在合一性。

"家国一体"的政治观和"忠孝一体"的价值观共同构筑了中国人的责任意识和奉献精神，特别表现为爱国主义传统。更为本质的是，这种为国尽忠的责任奉献与在家尽孝的道德实践在价值实现上是一致的，在全社会民众的价值认定、家族的价值认定以及个人的价值认定上是合一的。当全民族将为国尽忠作为自觉追求及内外合一的价值肯定时，中华民族的爱国主义就成为民族精神的必然追求，成为民族永恒的精神信仰。

(二)教育监管对象要由己及家、由家及国、家国一体

中华民族历来崇尚家国大义，家国情怀，实际上就是由己及家、由家及国、家国一体的思想理念和精神追求，是一个人对自己国家一种高度的认同感、归属感、责任感和使命感。个人、家庭、群体、国家乃至天下，一脉相承，共同支撑着我们的理想，这就是中国人的家国情怀。这种情怀，已经成为中华民族生生不息的文化基因和精神坐标。范仲淹的"先天下之忧而忧，后天下之乐而乐"，张载的"为天地立心，为生民立命，为往圣继绝学，为万世开太平"，顾炎武的"天下兴亡，匹夫有责"，他们言语中所表达的个人情感和人生理想，都把个人命运与国家、民族和社会的命运融合在一起。

1. 要培育监管对象的家庭和社会责任感

"孝"的本质就是"恩"，一个人应该知恩、感恩、报恩，这是一种责任。责任感是指个人对自己和他人、对家庭和集体、对国家和社会所负责任的认识、情感和信念，以及与之相应的遵守规范、承担责任和履行义务的自觉态度。它是一个人应该具备的基本素养，是健全人格的基础，是家庭和睦、社会安定的保障。对自己负责，是独善其身；对家庭负责，是相亲相爱；对社会负责，是胸怀天下。

监管对象的不法行为对社会和他们自己的生命财产以及家庭都造成了巨大的伤害，特别是对父母、子女等亲属的心灵造成了巨大的阴影，他们家庭形态残缺、子女无人监管、老人无人照看，夫妻感情淡漠甚至离异，复杂的家庭关系本身给监管对象的性格造成了负面的影响，同时也影响了他们在监管机构生活的心理和行为，导致了其心理扭曲，情感孤独冷漠，性格自卑孤僻，行为不端。倡导孝道文化可以弘扬监管对象的感恩品质，提高其修养和素质，更能架起人与人、人与社会的爱心桥梁。首先要建立监管对象和亲

属之间的沟通平台，加强其与亲人之间的沟通交流，消除隔阂与怨恨，引导监管对象树立家庭责任感，始终把家庭放在最突出的位置，尽管身在监管机构，但要安心改造，诚实劳动，勇于自新，认真改过，争取早日回归家庭与家人团聚。其次要帮助他们正确理解个人与社会的关系，个人必须对他人和社会负责，引导他们认识到"孝"不仅仅局限在小家，更要怀一颗感恩之心来孝祖国、孝人民，从而使其明确人生奋斗目标，增强社会主人翁精神和担当意识，主动承担社会义务和责任，这也是监管机构孝道教育的外延。

2. 要培养监管对象的爱国情操

国是家的延伸，"天下为公""大同"之世，一直是中国政治历史文化的核心内涵。《礼记·礼运》上就说："大道之行也，天下为公。"意思是说在大道施行的时候，天下是人们所共有的。古有"苟利国家生死以，岂因祸福避趋之"的林则徐，今有在危险、疫情面前逆行出征，舍小家为大家的钟南山。万千小家的灯火，需要对国家的"孝"的责任来守护。

监管对象的违法犯罪行为不仅伤害他人，破坏家庭和谐，更损害了国家和社会利益。因此，管教人员要用"孝"作为维护个人、家庭和国家利益的纽带，对监管对象开展爱党、爱国教育，把对国家的"孝"转化为实际行动。一是要以祖国建设成就、中国近现代史和中共党史、基本国情、民族团结、祖国统一和国防安全等为主要内容，采取集中引读、管教人员解读、座谈讨论等多种形式，宣讲党和国家的光辉历程，让监管对象从思想上情感上认同党的领导、认同伟大祖国、认同中华民族、认同中华文化、认同社会主义道路，树立"听党话，跟党走"的信心和决心。二是开展"爱国情景剧"评比、"喜迎国庆文艺表演"、"红旗下的忏悔"等活动，把现在国家和民族的伟大的复兴用通俗的语言表述出来，共话祖国的巨变和家庭的变化，让他们深刻感受祖国发生的翻天覆地变化，点燃他们对美好生活的憧憬向往，增强忏悔和感恩自律意识，激发他们积极改造、回馈社会、贡献力量的动力。三是要教育监管对象切实把爱国守法作为公民的行为准则与价值追求，引导他们从现实做起，从现在做起，不断养成遵守法律法规、制度规则的意识，主动加强改造，争取早日回归社会

3. 要培育监管对象的奋斗精神

"修身，齐家，治国，平天下"源于《礼记·大学》，意思是说，一个人首先用高尚的品性"修身"，才能管理好自己的家，自己的"小家"管理得井井有条才能治理好所属的国家，治理好国家之后才能天下太平。家是国的基础，国是家的延伸。相对于家庭，国家和民族是更大的"命运共同体"，是由许多"小家"组成的"大家"。因此，每个人都要常思国之兴衰，常怀复兴之志，把个人的价值实现融于国家发展和民族复兴的事业之中而奋斗努力。"孝"是一个人"修身"为正的高尚品性，"孝悌"思想是串联家庭和国家利益的纽带，从"小孝"讲，我们要孝敬自己的父母，维护良好家庭关系；从"大孝"讲，我们要为国家和社会的发展贡献力量。人奋斗的特殊性在于主观能动性，奋斗精神是人特有的精

神动力，对于维系国家和民族生存和发展具有十分重要的意义。不管是"小孝"还是"大孝"，都需要我们努力奋斗。

大部分监管对象文化程度不高，在对其进行人身监禁惩罚的同时，监管机构要通过开展文化和职业教育，转变他们不劳而获的思想，提升他们的就业技能，让他们重回社会时成为自食其力的守法公民。一是要帮助他们认识到"学习优秀传统文化，能从思想上改变自己；学习法律知识，能从行为底线上改变自己；学习劳动技能，能从生活保障上改变自己"的道理，充分调动他们为自己、为家人努力奋斗的主观能动性和积极性。二是通过开展"劳动改造之星"评比以及技术较高和技术较差的监管对象"一帮一""师带徒"等活动，严格劳动技能培训管理要求，充分运用积分考核等相应的奖励激励机制，教育监管对象自律和他律相结合，从最基本的点滴开始，珍惜时光，踏实劳动，抵达新生的彼岸。

任务考核

为抓实抓好重要节庆日主题教育，颂扬伟大母爱，弘扬慈孝文化，引导罪犯常怀感恩之心，在母亲节当天，南昌监狱开展"浓情五月感恩母爱"主题教育系列活动。

南昌监狱结合读书季，开展诵读活动，鼓励和引导罪犯从经典著作、传统文学、诗词歌赋中寻找母爱素材，并与同犯交流分享"我与母亲的故事"，引导罪犯感受母爱，深刻体会到违法犯罪对母亲的伤害，号召全体罪犯感悟孝道文化，转变自我。在晚教育时段，各监区精心挑选与母爱相关的《你好，李焕英》《亲爱的》等优秀影片及《烛光里的妈妈》《母亲》等充满温情的母亲赞歌，通过广播在学习、生活现场播放，使亲情的乐曲回响在监区的每一个角落，营造出温馨感人的氛围。南昌监狱还充分运用亲情电话和远程会见方式拨通爱的连线，让罪犯送上对母亲的问候与祝福，感恩母亲、忏悔过去、憧憬未来，谨记母亲的教诲和叮嘱，并将之化成改造道路上的动力和决心。此外，南昌监狱还开展了"一封致母亲的家书"活动，罪犯将自己的改造成绩，以及对母亲的思念，通过文字的形式表达出来，纸短情长、字里行间无不流露出对母亲深深的爱及对未来美好生活的向往。

温馨五月天，母爱助新生。南昌监狱多措并举、寓教于乐，让母爱穿越高墙，将教育赋予温度，有效实现了改造质量的再提升，达到了预期效果。

来源：《弘扬慈孝文化，引导罪犯常怀感恩之心！南昌监狱开展系列教育活动》，江西日报，2021-05-12，内容有删改。

> **问题：**
> 监管对象身在高墙之内，远离父母，你认为他们可以通过哪些途径来践行孝道？

项目小结

　　中国是文明古国、礼仪之邦，重德行、贵礼仪，在世界上素来享有盛誉。自古以来，中华民族传统美德始终是中华民族赖以生存和发展的道德根基和思想基础，始终是中华民族赖以生存和发展的重要精神支柱和精神动力。中华民族传统美德的形成和发展已经有几千年的历史，从口头传承到文字记载，内容博大而精深。但归纳起来，在历史典籍里加以明确、历代历朝基本形成共识的内容主要是仁、义、礼、智、信、孝等要素，它们也是中华优秀传统文化矫正教育的主要内容。

　　中华优秀传统文化矫正教育，就是要以中华传统道德的背景为基础，把传统道德中的这些符合时代要求，有助于经济社会协调发展的内容承接下来，引导监管对象强化道德品质、重构价值体系、重建行为模式、修复家庭关系，恢复社会功能，成为守法公民。我们既要大力继承和弘扬中华民族道德文化的优秀传统，也要学习和借鉴世界各国道德建设的优秀成果，还要与时俱进创造出适应当前监管机构需要和发展要求的新观念、新方法。与此同时，我们还要发扬党在领导人民进行革命、建设和改革实践中形成的优良道德。

拓展思考

　　1. 为进一步提高改造质量，山东省女子监狱立足工作实际，创新德育工作模式，提出孝、正、娴、智、为、美"六德"文化教育理念，将其作为对罪犯开展中华优秀传统文化教育重要载体，引导罪犯崇德明礼，向善向美。

　　一是打造"六德"文化场景。围绕"六德"文化教育理念，设置"六德"文化灯箱，"六德"主题文化宣传栏，创编并制作"六德"改造标语，精心打造"可视、可意、可塑"的文化场景，构筑起"六德"文化全景图，让优秀传统文化"看得见，摸得着"，使罪犯在潜移默化中接受"六德"文化洗礼。

　　二是厚植"六德"文化内涵。依托"讲、学、演、唱、行、诵"六种形式，通过开展"六德"文化活动，展现"以文化人"的智慧和力量。一"讲"：举办六期"六德"文化大讲堂，向罪犯直播授课，教育罪犯树立正确的世界观、人生观、价值观，端正品行。二"学"：编印《六德教育读本》，定期开展教学活动，引导罪犯心怀善念，心向美好。三"演"：开展"一区一品"展演，丰富活动表现形式，赋予"六德"文化更直观深刻的表达。四"唱"：创编《"六德"歌》《十正歌》，组织

罪犯积极学唱，营造健康和谐的文化氛围。五"行"：编印《"六德"行为规范》，作为罪犯服刑改造行为指南。六"诵"：组织罪犯熟记、背诵《"六德"三字经》，让传统美德内化于心、外化于行。

三是构建"六德"文化体系。秉承"打开门、架起桥"办教育思路，邀请社会专业机构定期举办专题教育讲座，通过开设女性身份意识教育、女性品质教育、家庭子女关系教育等特色课程，把"六德"文化与亲情帮教、社会帮教、法律援助等活动相结合，构建有机融合的"六德"文化体系。

女子监狱秉承"工匠精神"，悉心打磨"六德"文化品牌，让孝、正、娴、智、为、美"六德"文化成为"内涵深、氛围美、效能强、质量优"的女监文化品牌，促进罪犯踏实改造、早日重获新生。

来源：《"六德"教育　让改造绽放新活力》，山东司法网，2022-04-17，内容有删改。

> **问题：**
> 　　请你谈谈对山东省女子监狱监管开展"六德"文化教育的传统文化内容、具体做法的认识。

2. 中华传统美德教育的形式在监管机构中如何创新？如何润物无声、潜移默化呢？

实训项目二

监管机构重阳节主题教育方案设计

一、实训目标

能够充分利用中华优秀传统文化节日对监管对象进行传统美德教育，并能合作进行主题教育方案设计。

二、实训要求

(一)明确训练目的。

(二)明确训练的具体内容。

(三)熟悉训练素材。

(四)按步骤、方法和要求进行训练。

三、实训准备

联系实训教师，制订实训方案，提前准备学生需要的资料。

四、实训方法和步骤

(一)自由选择分组，每五人一组。

(二)组内分工，选取场景或背景。

(三)资料收集，情景模拟。

(四)以重阳节为时间背景，讨论设计主题教育方案活动、形式、要求等细节。

(五)形成重阳节主题教育方案，并上传至超星平台。

(六)将方案形成 PPT，派组内代表在班级里进行方案说明展示。

(七)由其他组进行提问和质疑，展示小组进行解答。

五、实训评估

行业专家、任课教师就方案的合理性、可行性、创新性，PPT 的讲解和制作精美度，小组合作情况等要素在超星平台上进行评价，形成综合评价成绩。

项目三

用中华优秀传统文化矫正监管对象的思维方式

项目导入

中华优秀传统文化在历史长河中显示出深邃的内涵力量,其内在精神始终与人类社会的发展趋势相吻合,主要源于中华优秀传统文化重视"中庸之道""以和为贵""随遇而安",关注生命和文明的延续。从博大精深的中华优秀传统文化中汲取矫正教育工作所需要的营养,为构建和丰富新时期的监管机构文化开辟了新的路径。

监管对象的思维观念与中华优秀传统文化伦理思想有很多相悖之处,他们的思维方式也不同于普通人:有的不相信任何人,却要求他人的信赖;有的有着不可遏制的支配欲望,追求绝对的支配地位,最害怕被别人超过或被打倒;有的无法忍受他人的缺点,却又不准他人指责自己的缺点;有的对人对事极端,不顾及他人的眼光,只凭借自己本身的欲求来行事;有的对周围人群冷漠,虽偶尔也会表现出情感,但主要是为其利欲服务等。因此,矫正教育最终的落脚点在于通过改造他们的思维方式,帮助他们纠正行为偏差,促进其良好行为养成,以达到合乎社会道德规范的目标。

本项目通过了解监管对象思维方式的表现形式,分析其思维方式的特点,在矫正教育中灌输、渗透"中庸之道""以和为贵""随遇而安"思想,使监管对象了解和掌握这些中华优秀传统文化精髓,帮助他们采用这些时至今日仍然有用的思想和方法,能够促使他们养成在言行中贯彻中华优秀传统文化所倡导的行为习惯,最终实现转变思维方式、安心改造、出狱后成为品格健全的社会人的目标。

学习目标

1. 认知目标：掌握"中庸之道""以和为贵""随遇而安"的含义；理解中华优秀传统文化的深刻内涵对监管对象思维方式和精神实质的影响；探讨中华优秀传统文化对监管对象思维方式矫正的积极意义。

2. 能力目标：能够运用"中庸之道""以和为贵""随遇而安"等中华优秀传统文化的精神品质，对监管对象的思维方式提出行之有效的矫正教育方法，并能有针对性地对监管对象开展个别谈话和集体教育。

3. 情感目标：培养热爱中华优秀传统文化的情感，增强运用中华优秀传统文化对监管对象进行矫正教育的使命感。

重点提示

本项目重点是在了解"中庸之道""以和为贵""随遇而安"内涵的基础上，把握监管对象思维特质，并进一步探讨"中庸之道""以和为贵""随遇而安"在监管对象思维方式的矫正与养成上的积极作用。难点是如何融会贯通地运用"中庸之道""以和为贵""随遇而安"等中华优秀传统文化的精神品质对监管对象思维方式进行矫治。

任务十

云麓课堂

用"中庸之道"思想
矫正监管对象的思维方式

学习目的

1. 了解"过犹不及""至诚尽信""权变时中"的含义。
2. 能够领会"中庸之道"的精神和方法。
3. 能巧妙运用"中庸之道"矫正监管对象思维。

知识要点

　　"中庸之道"作为圣人之教的最高信仰，对中华民族世界观、人生观、价值观的形成产生了深远的且具有决定性的影响。人的思维和行为是相互联系、相互影响的，思维支配行为，行为反映思维。一个人走上犯罪道路，主要原因是其思维模式存在偏差，导致其行为偏离了社会规范的要求。因此，转变监管对象思维方式是监管对象矫治教育工作的关键因素。大多数监管对象恰恰是由于心态不正而导致为人处世偏激，就这一点来讲，运用"中庸之道"矫正其思维、改造其行为、重塑其人格，是有重要意义的。

一、过犹不及

(一)过犹不及是中庸之道的具体表现

　　"子贡问：'师与商也孰贤?'子曰：'师也过，商也不及。'曰：'然则师愈与?'子曰：'过犹不及。'"(《论语·先进》)意思是子贡问："子张与子夏谁更优秀?"孔子说："子张有些过分，子夏有些达不到。"子贡说："这么说子张更强一些吗?"孔子认为超过和达不到周

95

礼的要求都是不好的。《百喻经》中写了一个故事："昔有愚人，适友人家，与主人共食。嫌淡而无味。主人既闻，乃益盐。食之，甚美，遂自念曰："所以美者，缘有盐故。"薄暮至家，母已具食。曰："有盐乎？有盐乎？"母出盐而怪之，但见儿唯食盐不食菜。母曰："安可如此？"愚人曰："吾知天下之美味咸在盐中。"愚人食盐不已，味败，反为其患。天下之事皆然，过则非惟无益，反害之。"意思是，盐虽好，却需要控制在恰当的比例之内，超出了这个比例，美味就变成了负担。这也就是"过犹不及"，事情做得过头，如同做得不够一样，都是不合适的。

过犹不及是儒家对处理问题的基本要求，也是对客观事物发展规律的正确认识，不管是在为人处世方面还是在道德修养方面，都应有个适当的准则，才能获得良好的效果。只有克服"过"和"不及"，做到恰如其分，才能把握事物的性质和事物发展的程度，让人们作出正确的判断和抉择。

（二）教育监管对象适度为德，明辨笃行

《尚书·大禹谟》中提出的"人心惟危，道心惟微，惟精惟一，允执厥中"被儒家奉为古代圣人的"十六字心传"，是圣人立身治世的秘诀。意思指：人心因其情欲的冲动是不可靠的，很容易违背伦理道德。善良的道心非常微妙，很容易受到干扰。要培养好德性，就必须领悟道心，最关键的是要真诚地遵守不偏不倚的中庸之道。监管对象往往奉行过极思想，所谓过极思想就是极端主义，就是一种激进思想。矫正监管对象中普遍存在的过激思想，有以下几个方法：

1. 要引导监管对象不偏不倚，明确唯有"适度"才是德性

适度，指在适当的时间、适当的场合，对于适当的人、出于适当的原因，以适当的方式感受这些情感。但并不是每一个对象的实践与情感都有"适度"的状态。《吕氏春秋》之中有一句话说："圣人之所以异者，得其情也。由贵生动，则得其情矣；不由贵生动，则失其情矣。此二者，死生存亡之本也。"意思就是说圣人之所以与众不同，是因为他能够把握适度的感情。从尊重生命出发做事，情欲就会适度；不从尊重生命出发做事，情绪就会失去适度。这两种状态，就是决定生死存亡的根本因素。真正的智者做事，能够顺从自然规律而行，不因为自己主观意识的欲望驱使，而使自己的行为有悖自然规则，在欲望面前有所收敛，在天道规则面前有所依循。而平庸之人则恰恰相反，他们在主观愿望欲望的驱使下容易沉浸于贪欲的深渊，不懂得适可而止，就失去了辨别事物是非的能力，过度贪婪地去索取，终身被贪欲所困，更会在无意识的情况下触碰人生的底线，导致自己的所作所为也背离事情的本来道理，不仅让自身常陷入痛苦之中，人生大祸也会随之而来。监管对象在以往常常是走极端的——"不成功便成仁"。"不成功便成仁"一般指的是在走投无路、背水一战的情况下采取的最后一搏，如果不成功的话，就要成为仁人志士。仁，是一种道德标准，一种伦理标准。这些仁人志士，就是那些为理想信义肯贡献出性命的人。但如果将这种思想经常用在社会交往上，那就是过极了。如果换一种态度，能够适可而止，在不断向外贪求的同时，看到自身所拥有的德行和智慧，知道如何妥善处理那些不该属于自己的东西，这样就会使人生走上另外一条道路。因此，要引导监管对象逐步从自我俗见中出离，让自己适应世间规律，一切适可而止，适度为之，才能让自己的人生得以妥善发展。

2. 要帮助监管对象矫正情绪，提高自我觉察能力

《礼记·中庸》提出的"博学之，审问之，慎思之，明辨之，笃行之"是古人治学求进的五个方面。基于"中正""平和""致用"的中庸法则，我们面对情感困惑与情绪失控，同样需要广泛的学习、详细的询问、慎重的思考、明白的辨别——具体情绪反应的目标、性质、原因等要素，这样才有可能找到控制情绪的有效方法，如转移情绪、换位思考、减少刺激、降低期望、心理求助、转换时空、培养兴趣等。罪犯陈某在入狱前原本是一名事业单位专业技术人员，向邻居借钱，邻居不借，便打骂人家；向某人提出处朋友，某人不答应，就毁人家的容；向某领导提出要晋升职称，其领导说得经评委会评，他就大吵大闹；向领导要房，领导说要研究，便写信恐吓；怀疑某人与自己的女朋友相好，便找上门去大打出手；向领导提出调动工作，领导不答应，就伺机报复等等。思想上的偏执，便造成陈某在社会交往上的偏执，最终因为触碰法律底线而身陷囹圄。帮助监管对象矫正情绪，首先要通过讨论、分享，使其明白情绪行为产生的过程，使其认识到情绪的生理反应、产生的原因、危害等。其次是通过反复的、大量的练习，如一开始可以先举一些常见的案例，让他们尝试去分析："公交车上有人踩了我的新皮鞋""朋友借钱不还""路上开车不小心剐蹭而对方出言不逊"等，引导他们认识事件、认知、行为反应之间的关系，找寻自身的不合理问题。再次是尝试用生活中的一些负性事件或者不合理的信念，与之进行辩论，引发其主动反思。最后通过让监管对象学习倒着数数、深呼吸、愉快想象、提醒话等方式，学习情绪控制的方法，逐步形成自动化思维的反应，以此避免社会交往中所发生的过激行为。

3. 要引导监管对象从友情入手，培养新的社会交往观念

"君子之道，辟如行远必自迩，辟如登高必自卑。"（《礼记·中庸》）意思是实行君子的中庸之道，就好像是走远路，必须从近处开始，就如同是登高，必须从低处开始。从"友情"入手，调整对于社会交往的认知，引导监管对象用正常的心态与人交往。人与人之间的相处，有这两样东西不能触碰：彼此之间不怎么熟的人，交往中别丢了分寸；熟悉的人之间，也不要忘了界限。即使真正的朋友，也绝不能肆无忌惮地开玩笑、戳痛点、翻黑历史，而是彼此都默契地避开对方的雷区，表面看起来口无遮拦，其实都在小心翼翼地保护着对方，这在人与人之间很重要，也是对他人的尊重。真正的朋友不需要生活在一起或者有讲不完的话，而是存在一定距离感，平时各自忙碌，互相牵挂，哪怕各自

面对了很多不愉快，聚在一起也能嬉皮笑脸地将苦难当成笑话讲出来。因此，要教育引导监管对象认识到，对于人际关系，要始终把握尊重他人的基本原则，太热闹的友谊往往是空洞无物的，再好的朋友也应该有距离。对于真正的朋友，即使对方有不够完美的时候，也要包容、接受对方；在对方追求更好的时候要鼓励、陪伴，在对方变得更好的时候要予以欣赏、赞美。用心对待，才配得上友情常在。

二、至诚尽性

（一）"至诚尽性"是中庸之道的基本原则

"至诚尽性"出自"唯天下至诚，为能尽其性。能尽其性，则能尽人之性；能尽人之性，则能尽物之性；能尽物之性，则可以赞天地之化育；可以赞天地之化育，则可以与天地参矣"（《礼记·中庸》）。意思是只有坚持至诚原则，才能充分发挥自己善良的天性。能够充分发挥自己善良的天性，就能感化他人、发挥他人的善良天性；能够发挥一切人的善良天性，就能充分发挥万物的善良天性；能够充分发挥万物的善良天性，就可以参与天地化育万物，便达到了至仁至善的境界；达到了至仁至善的境界，就可以同天地并列为三了。

至诚尽性的具体要求大体有以下几方面的内容：首先，不自我欺骗，也就是常说的不欺良知、不欺本心。不以暗中作恶无人知晓而自安，不以超过实际的虚名而自喜，不以出于不正的动机而取得某些效果和成果而自夸，不以言行伪善感到光荣等等。另外，除了不欺骗自己的良心外，还要不因为外界的压力而违背良心说话、办事，做到心口如一、表里如一、暗处与明处如一、言行一致。其次，不欺骗他人。最基本、最通常的要求是不以谎言骗人，不说假话，不许假诺。此外，要做到不伪装自己，不隐瞒自己的观点，不掩饰自己的真实感情，不弄虚作假，不哗众取宠，不欺世盗名。要做到不欺骗他人最重要的一点就是要戒除伪善，不仅不说假话、谎话，还应不说那些不能兑现或无用的大话、空话，时时事事均要体现求真务实的精神。再次，对自己所从事的事业真心实干，全心全意，精益求精。对自己所从事的工作、所承担的任务要有一种"饥之求食，渴之求饮"的真情，要真心实意，亲力亲为，全身心地投入，尽到自己最大的努力，发挥自己最大的热情，而不能对事情马马虎虎、表面应付、敷衍塞责。

（二）教育监管对象忠信笃敬，诚实做人

至诚尽性是古人推崇的一种人格境界，它要求人们诚实无欺，因为只有内诚于心，才能取信于人。大到民族国家，小到个人修养，至诚尽性是一切事业成功的基石，是一个人的立身之本。将"至诚尽性"的内容加入到对监管对象思维方式的矫正中，主要内容有：

1. 要教育监管对象忠诚本分

"忠诚""本分"一直是中华民族传统上公认的最基本的价值标准和美德之一。从小的角度来看，是人们之间友善相处、和谐幸福的要求。从大的层面来看，则是政治清明、国家发展、整个社会良性运行的保证。司马光在《训俭示康》中说，"君子以为忠。"他所指向的，是普通公众，不唯皇帝大臣，忠诚本分也是一般公众所应具有的一种君子之风，是衡量人品的基本准则之一。以忠诚本分的人，俯仰立信于天地，行止无愧于良心。忠诚本分，属于一种美德，也是一种超越。与之相反，弄虚作假、见风使舵、虚与委蛇，只是一种小伎俩。古人说："人所以立，信、知、勇也。"(《左传·成公十八年》)人靠信用、智慧、勇敢而立足于社会，其中讲信用是列于首位的，足见其重要。多少人视诚信为人生之大义，为守信辞辛劳者有之，不惜钱财者有之，舍身取信者亦有之，这种高尚品质为历代人们所崇敬。北宋王安石在诗作《商鞅》中，以商鞅为例，说明统治者取信于民的重要性："自古驱民在信诚，一言为重白金轻。"指的就是治理国家关键在于取信于民，得到人民的信任和拥护。监管对象不是统治者，似乎与取信于民没有什么瓜葛，但他需要取信于政府。往大处说，监管对象要诚实可靠，要对政府说话算数。往小处说，管教人员是政府的代言人，因此监管对象对管教人员说话要算数。而事实证明，有相当一部分监管对象的话包含水分。这意味着在对监管对象的矫正教育上，我们要引导他们在诚实、诚信上下功夫，做到忠诚本分，口不瞒心，不虚假，不伪善，说到做到，言行一致。如果监管对象能够从诚实做人开始，那么回归社会之后就有可能成为言而有信、光明磊落的人。

2. 要教育监管对象诚信待友

儒家五伦之一就是"朋友有信"，可见，儒家将诚信待友作为最起码的做人的标准，诚信是朋友之间恪守的道德情操。古人把诚实守信视为伦理道德的基础，所谓"言必信，行必果"(《论语·子路》)，就是说到做到，对人不欺人，于己不欺心，内心坦荡，这样的人方为君子。东汉时，范式读太学，与张劭结为好友，二人学成就要回家告别时，范式对张劭说："二年后，一定去拜望你的父母大人。"二人共同商定了相聚的具体日期。到了约定的那天，张劭禀告母亲："请您杀鸡备饭，迎接范式。"母亲说："二年前在千里之外的约定，怎么能希望一定会兑现呢。"但是到了那天范式果然如期而至，张劭母子非常高兴。"与朋友交，言而有信"(《论语·学而》)，这个故事堪称诚信待友的典范。人与人交往，真诚是最关键的要素。待人以真诚，做事讲求信用，这是古代思想家们所倡导的。北宋欧阳修认为："终始如一，此君子之朋也。"(《朋党论》)他认为小人不会有真正的、永远的朋友，而君子之朋，守道义、讲诚信、惜名节。一个人没有了诚信，就丧失了基本人格，自然就失去了与人交往的基础。在监管对象中，因为欺骗朋友而失去朋友的信任是非常普遍的现象。他们投机取巧，口惠而实不至，骗取信任，也许一时获利，但不

能永远得逞，终究成为孤家寡人，遭人鄙视和唾弃。因此，我们教育改造他们重新做人，培养他们养成诚实守信的优良品德，引导他们注重个人诚信养成，首先应该教育他们诚信待人、诚信交友。朋友之间，要以信义相往来，不论贫富，一视同仁；要善事助而成之，恶事劝而改之；要君子之交淡如水，但逢有事，则能尽心竭力相顾相助。只有诚字当头，才能做到诚信改造，达到彻底改造的目的。

3. 要教育监管对象忠信不倦

"子以四教：文、行、忠、信"（《论语·述而》），可见，忠、信是孔子倡导的重要的道德原则。司马光高度概括："尽心于人曰忠，不欺于己曰信。"忠，就是对别人的事，要尽心。一件事没办成，我们常说："我尽力了。"这时候要问问自己："尽心没有？"如果没有全力以赴，没有不遗余力，就是没尽心，所以就用尽力来交差。"忠"，就是心中始终装着别人。尽心竭力，才叫忠。"信"，就是诚。朱熹也说过："诚者何，不自欺也。"（《朱子语类》）意思是不欺骗自己，就是诚。因为你若要欺人，必先自欺，给自己找理由，骗得自己"心安理得"，可见自欺是起点。在儒家看来，"忠信"常联合为一个概念。孔子告诉学生子张"言忠信，行笃敬"六个字可使主张施行天下，并要求时时刻刻不能忘记，子张于是就写在衣带上铭记（《论语·卫灵公》）。"言忠信，行笃敬"就是指要言语忠诚老实，行为忠诚厚道而又严肃认真。荀子以舜的口吻，从最高统治表率者的角度，提出要具有忠信的美德："忠信无倦，而天下自来。"（《荀子·尧问》）意思是如果统治者忠诚守信而不厌倦，那么天下人自会归顺。由此可见，自己的一言一行对于成败都是至关重要的，无论在蛮貊还是在州里，都要能够经得起实践检验。一处行则天下行，一处阻则天下阻。不少监管对象戴着假面具，不讲忠信，行诈捣鬼，背信弃义，他们言行不一、口是心非，不仅影响自己的心理健康，损害自身形象，毁坏自身信誉，破坏人际关系，更重要的是掩盖事实真相，妨碍正常监管工作，扰乱监管机构执法管理秩序。因此，要教育监管对象从自我的狭隘圈子里走出来，养成诚实忠信的习惯，表现出敦厚谨敬的行为，只有做到了言行一致，说话做事才会有底气，也才能让人心服口服，自然也就能够赢得别人的尊重与厚待，从而使自己成为一个受欢迎的人。

三、权变时中

(一)"权变时中"是中庸之道的方法

中华优秀传统文化中有着丰富的求变思想。用传统的方式解读求变思想，可以概括为权变和时中两个方面。

"权变"突出因事而异。"权"与"衡"经常连用。在古时，"权"是合、升、斗等容量的总称，"衡"是称东西的斤、两、钱等名数的总称。后又因此义，"权"的含义进一步被引申，有了权量、权重之义，比如"两害相权取其轻，两利相权取其重"。"权变"思想可追溯到孔子。孔子说："可与共学，未可与适道；可与适道，未可与立；可与立，未可与权。"《论语·子罕》）意思是可以在一起学习的人，未必可以共同获得真理；可以在一起获得真理的人，未必可以共同坚持真理；可以共同坚持真理的人，未必可以共同权衡轻重。可见，孔子主张既要坚持原则，依道而行，又不拘泥于常规，要适时而变，即通权达变。孟子通过描述他与淳于髡的辩论来说明这个道理："淳于髡曰：'男女授受不亲，礼与?'孟子曰：'礼也。'曰：'嫂溺则援之以手乎?'曰：'嫂溺不援，是豺狼也。男女授受不亲，礼也；嫂溺援之以手者，权也。'"（《孟子·离娄上》）在封建社会的一般情况下，"男女授受不亲"应该是不可改变的原则。但孟子认为，在嫂子溺于水的特殊情况下，用手去拉嫂子以救之，这就是权变，就是合理的。因此，做任何事情都要将原则性与灵活性相结合。

"时中"突出因时而异。"时"则是指与时势一致；"中"指的是在天地自然之道的正中运行，既不太过，又无不及。"时中"最早出现在《周易》的蒙卦："蒙亨。以亨行，时中也。"意思指蒙卦表示希望亨通，是因为它以通达的方式行事。《论语·宪问》记载：有一天，孔子向公明贾打听公叔文子的为人，公明贾评价说："时然后言，人不厌其言；乐然后笑，人不厌其笑；义然后取，人不厌其取。"意思是说，公叔文子该说时才说，所以人们不讨厌他的话；高兴时才笑，所以人们不讨厌他的笑；该拿的才拿，所以人们不讨厌他的取。孔子对此给予了高度肯定，认为公叔文子的"言""笑""取"的行为要在三个"然后"的时机采取才是适当的，是合乎"时中"原则的。值得注意的是，"中"并不固定于一点，而是根据对时机的把握来确定的，并且随着时机的变化而变化。因为时机还与对象、方式、动机、地点等有一定的联系，所以"时中"，还需要对这些影响行为的因素进行具体分析。在儒家思想中，"时中"作为"合时"的含义，不仅被看作个人道德修养和行为实践所应遵循的根本原则，同时也被推广为治国安邦的重要原则之一。儒家从自然农业生产对天时变化的密切依赖关系中，深感到"适时"的重要性。因此，他们都把"使民以时"（《论语·学而》），"不违农时"（《孟子·梁惠王上》）等，列为治理国家的基本原则之一。

"权变"和"时中"既是行为的方法，又是行为的评价标准，而行为的方法在于具体问题具体分析，评价的标准是"中的、行的、好的、可以的"。行为都是具体的，都随着时间、地点、对象、目标等的改变而改变，那么行为的方法和评价标准必然随之而发生变化，只要使用最好的方法达到最佳效果，那就符合中庸之道。由于世界处于变化发展之中，所使用的方法如果是最好的，那必然就是能随机应变的。

（二）教育监管对象衡量是非轻重，安心改造

落实"权变""时中"，就是在不违反法律和原则的情况下，根据不同的时间、地点、事情、人物和事态变化的情况，采用最合适的方法去解决。监管对象群体存在特殊性，由于他们都是违反原则触犯法律的人，所以他们很少有人坚持原则。一般地说，主要有两种情况：一种是"牢头所霸"，这种人谁都不怕，把原则当成自己的保护伞，对自己有

利时就坚持一下原则，对自己没利时，就把原则丢在脑后去了；一种是"好好先生"，这种人谁都不得罪，把明哲保身、但求无过当作座右铭。这两种人都是我们教育改造活动中的障碍，靠他们坚持原则是不可能的，那就需要管教人员很好地运用"权变时中"理论教育引导他们恰如其分地解决问题。

1. 要教育监管对象认清自我，不断强化改造动机

监管对象在没违法犯罪之前要求自由的权利，那是"中"；进入监管机构之后，再要求和正常人一样的自由，那就是"过"。比如，针对罪犯，在其入监时首先就要强化他们的身份意识、服刑意识、责任意识。其一，"你是什么人?"不论你以前在社会上是什么身份，到了监狱就都是罪犯，罪犯这一身份的确定，来自于国家审判机关的生效判决，国家审判机关的生效判决代表国家意志，国家刑罚执行机关对生效判决的执行具有国家威严。罪犯是国家的罪犯，罪犯这一身份非经法律程序不得改变，任何人不得试图挑战国家的权威。罪犯必须尽快认清自己的身份，一言一行都必须与这一身份相符。也就是说，罪犯被收押进了监管机构，被剥夺自由才是"中"；不被剥夺自由才是"过"。其二，"这里是什么地方?"这是新入监罪犯必须明了的重要问题。《监狱法》第二条规定：依照刑法和刑事诉讼法的规定，被判处死刑缓期二年执行、无期徒刑、有期徒刑的罪犯，在监狱内执行刑罚。之所以强调"在监狱内"，是因为这些罪犯所承受的自由刑，必须用监禁的方式来进行。也就是说，监狱有极强的封闭性特征，是由围墙、电网、岗楼完成与社会相隔离的特定场所。罪犯必须无条件地认同并尽快适应监狱这一特定环境。罪犯在监狱内还必须接受严格的行为管束，不服从管理，擅自行动，将受到监规纪律的处罚。罪犯的服刑意识，还体现在对狱内生活环境的认同。他们要学习监狱罪犯行为规范，"不但会背，更要会做"。因此，罪犯遵守监规纪律才是"中"，反之则是"过"。其三，"你来到这里干什么?"这个问题要求罪犯认清自己在监狱服刑期间的社会责任。罪犯被收押进入监狱时，就背负着国家的刑事责任，接受刑罚的惩罚，这是罪犯要对自己的过去负责的必然结果。罪犯在监狱服刑期间要接受国家的强制性的改造，完成由犯罪人到守法公民的蜕变，这是罪犯对自己的未来负责的集中体现。在过去和未来之间有一座桥梁，那就是过好自我救赎的狱内生活每一天。罪犯要认清自己的社会责任，不仅对被害人受到的损失和伤害后果负责，也要对自己出狱后的前途负责，还要对自己的家庭和亲人负责。而这一切，都要求罪犯严格遵守监规纪律，规范自己的言行，踏踏实实改造，用自身的积极表现洗刷自己的罪恶。因此，监管对象认清自己，反思罪过，积极改造才是"中"，抗拒改造则是"过"。

2. 要帮助监管对象掌握屈伸之道，做到屈伸有度

《周易·系辞下》有云："尺蠖之屈，以求信也；龙蛇之蛰，以存身也。"意思是尺蠖尽量弯曲自己的身体，是为了伸展前进；龙蛇冬眠，是为了保全性命。屈伸消长，是天地

之常理，在情势不利、时机未到时，要学会退让和忍受，能够韬光养晦，以屈求伸。"屈"，并不是失败后的颓丧自卑和怯懦，而是在困境中求生存的"耐"，在负辱中抗争的"忍"，在名利纷争中的"恕"，在与世无争中的"和"；而"伸"，并非功成名立后的傲慢自负和目中无人，而是有也不多、无也不少的自如心态。因此，要帮助监管对象真正认识到做人就要刚柔并济，屈伸有度。在监管改造这种艰难困苦中，在困难和压力逼迫身心的情况下，监管对象要认清现实，遵循事物圆虚消长之理，忍让为上，做到能屈能伸，刚柔并济，当刚则刚，当柔则柔，屈伸有度，在现实环境中既委曲求全，又不坠青云之志，不断洗涤过错，完善自我，等到结束改造回归社会之后，乘风万里，扶摇直上，借顺势更上一层楼，成为真正的强者。

3. 要引导监管对象学会随机应变，隐忍善柔

《周易·系辞上》有云："曲成万物而不遗。"意思是天地万物变化生成，都是迂回曲折、无往不复的。梁启超说过："变则通，通则久。"两者说的都是同一个道理，那就是要懂得变通。随机应变是一种智慧，是一种取舍，是一种忍让。这种智慧，来自于对全局形势的把握。暂时的舍弃，痛苦的忍让，是对一个人意志品质的考验。这种谋略，则源自于胸怀全局。监管改造生活必然是艰辛的，它的艰辛不仅在于失去自由的痛苦，割裂亲情的伤怀，更在于参加劳动的辛劳和思想转变的阵痛。所以，监管对象出现心理困境在所难免，如若能随机应变，遇到好事，即尽力所为；遇到坏事，即极力改变；遇到烦心事，即想开看淡；遇到变故，即多转几个弯，特别是在感受到挫折时，在第一时间就转移注意力，去运动或者去干活，感受身体的节奏，这样能够最有效地帮助自己从挫折感中迅速抽离。同时，选择隐忍善柔的方式处理人际关系，能够用理智有意识地控制和调节自己，这样有助于保持身心健康，促进改造。

任务考核

冯某，因故意杀人罪被判无期徒刑。这名声音柔弱、神态悲伤的中年女囚，曾是一位温柔善良的贤妻良母，连她自己都没想到，深爱多年的丈夫会死在她的手下。

冯某和她的丈夫是村里"青梅竹马"的恋人：小时候一起上学放学，像是一对兄妹。男孩子长到成年，离开了乡村外出打工，却因参与走私被判了6年有期徒刑。冯某不听别人劝说，一心要等心爱的人回来。6年后，浪子回头，久别重逢的一对恋人义无反顾地结成夫妻。在刚结婚的日子里，他们的生活过得特别艰难，还欠下了不少债务。男人靠着做根雕的生意带着妻子到处挣钱，根雕生意给他们带来了人生的第一桶金。回乡后，他们第一件事就是还债，紧接着就是盖房子。后来，他们的日子越过越好了，冯某的丈夫在外面承包起建筑工程，在家乡给冯某开了一家猪行叫她打理。

"头几年的日子真好啊，人们都羡慕我们有福气，他特别有本事，一般人处理不好的

事情只要找他都能摆平；我呢，是人家嘴里有名的贤惠女人，我们夫妻俩从来不拌嘴。"然而，这样的时光并没有维持太久。冯某说："我们是好不容易走到一起的患难夫妻，可是没想到只能共患难不能同享福。"不知从何时起，冯某开始不断地听到一些风言风语。起初，她并不相信，可是后来，丈夫连续几个月不再交给她工资，这种变化让她陷入恐惧。

在忍气吞声了 6 个月之后，冯某遭遇了无法想象的局面。在她的逼问下，丈夫不但承认有了婚外情，而且第三者已经怀孕 8 个月了，并且腹中是个男孩，而冯某只给丈夫生了一个女儿。她决定让步："你想要男孩？那我把她接来把孩子生了，然后你让她走。"丈夫没好气地说："人心都是肉长的。""我的心不是肉长的吗？你把我放在什么地方了呢？"冯某气愤地说着，并骂起了那个女人。没想到从来没有碰过她一根手指头的丈夫竟然打了她一耳光。这一记耳光，让冯某彻底崩溃了，她的脑子里一片空白："我为你付出了这么多，你是我一手捧起来的，我也能一手把你拉下去！我不想跟你过了，我跟你拼了！"她抓起一把水果刀就奔向了丈夫，瞬间，丈夫已经捂着鲜血淋漓的腹部跑出了家门求救，她这时才清醒过来……

> **问题：**
> 结合案例分析监管对象冯某的思维特征。冯某的思维特征与中华优秀传统文化的"中庸之道"所倡导的思维方式有哪些冲突？作为管教人员，你如何依托该案例用"中庸之道"的理念对监管对象进行矫正教育？

云麓课堂

任务十一

用"以和为贵"思想
矫正监管对象的思维方式

学习目的

1. 理解"不欲勿施""犯而不校""和而不同"的内涵。

2. 掌握矫正监管对象思维的方法，以达到约束规范其日常行为的目的。

3. 增强监管对象的民族自信心和自豪感，增强其文化认同，弘扬中华优秀传统文化，有效激发中华优秀传统文化的当代价值。

知识要点

中华优秀传统文化以"和"为万物之源、宇宙人生、国家治理的最高准则。老子说"万物负阴而抱阳，冲气以为和"（《道德经》），意思是说"道"是阴阳二气的中和、平衡与统一。万物都背负着虚空之阴，而虚空之阴又都拥抱着万物之阳，阴阳二气互相交冲、互相激荡、互相交和，从而均衡成一种和谐的状态。

在人际交往方面，中华优秀传统文化十分重视人与人和睦相处，倡导待人诚恳宽厚，互相关心理解，与人为善、推己及人，团结、互助、友爱、求同存异，以达到人际关系的和谐。"以和为贵"一词出自儒家经典《论语》："礼之用，和为贵。"孟子提出"天时不如地利，地利不如人和"的思想，把"人和"置于天时地利之上，更集中表达了对人与人和谐关系的追求。庄子说"与人和者谓之人乐，与天和者谓之天乐"（《庄子·天道》），意思指明白天地之德，不违背自然之道，与大自然保持和谐，就会得到"天乐"；用平等的态度对待人，顺应民心办事，自然会得到老百姓的拥护，就会得到"人乐"。

追求人与人关系的和谐是中华民族和中华文化的共同理想，但中国传统和谐处世思想又有其独特之处：一方面，中国和谐处世观特别重视人与人关系的处理；另一方面，对人与人关系的和谐有着独特的理解。

一、不欲勿施

（一）不欲勿施是践行"以和为贵"的出发点

"己所不欲，勿施于人"出自《论语·颜渊》，最早是周礼的准则，受到儒家始祖孔子推崇，意思是自己不愿承受的事也不要强加在别人身上。就是用自己的心推及别人；自己希望怎样生活，就想到别人也会希望怎样生活；自己不愿意别人怎样对待自己，就不要那样对待别人；自己希望在社会上能站得住，能通达，就也要帮助别人站得住，通达。总之，从自己的内心出发，推及他人，去理解他人、对待他人。它和人们平时常说的将心比心、设身处地为别人想一想等等，指的都是同一个意思。

"己所不欲，勿施于人"所揭晓的是处理人际关系的重要原则。孔子所言是指人应当以对待自身的行为为参照物来对待他人。人应该有宽广的胸怀，待人处世之时切勿心胸狭窄，而应宽宏大量，宽恕待人。倘若自己所不欲的，硬推给他人，不仅会破坏与他人的关系，也会将事情弄得僵持而不可收拾。人与人之间的交往坚持这种原则，是尊重他人、平等待人的体现。人生在世除了关注自身的存在以外，还得关注他人的存在，人与人之间是平等的，切勿将己所不欲施于人。

（二）教育监管对象恪守以己量人、实现立己达人

世间万物都是平等的，人一定要有宽容之心，用宽容心去和世界进行沟通，才会少给自己树立敌人。否则，会四面树敌，人生路越走越窄。战国时期，有个叫白圭的人，跟孟子谈起大禹治水这件事，他夸口说："如果让我来治水，一定能比禹做得更好。只要我把河道疏通，让洪水流到邻近的国家去就行了，那不是省事得多吗？"孟子很生气："你错了！你把邻国作为聚水的地方，结果将使洪水倒流回来，造成更大的灾害。有仁德的人，是不会这样做的。"这就是成语"以邻为壑"的由来。大禹治水把洪水引入大海，虽然费工费力，但这样做既消除了本国人民的灾害，又消除了邻国人民的灾害。这种推己及人的精神，值得我们钦佩和效法。白圭只为自己着想，不为别人着想，这种"己所不欲，要施于人"的错误思想，最终要害人害己。因此，在教育监管对象时，我们要引导他们做到以下方面：

1. 要真诚关心帮助别人

一是要求监管对象自觉做到为他人着想，多做好事，尽量把方便让给别人。比如，洗漱时不抢位，就餐时不多占，就寝时不串位，下床时动静小，看病时要排队；劳动时拣重活干，爱护公物，文明生产；学习时尊重教师，爱护教学用具等等；对于老弱病残的监管对象，可以从生活上关心帮助他们；对于文化水平低的监管对象，可以从

学习上关心帮助他们；对于劳动效率低的监管对象，可以从技术上关心帮助他们。二是教育监管对象本人关心自己的亲属和家庭。监管对象的亲属在监管对象出事之后，有的感觉在人面前抬不起头来，有的家庭经济陷入了危机，管教人员要引导监管对象关心自己的亲属和家庭，好好接受改造，争取早日回归社会。三是培养监管对象"立人""达人"的意识。可以适当地在监管对象中举办一些捐助活动，帮助社会上需要帮助的人，比如受灾群众、残疾人等。这对于唤起监管对象的良知，引发他们的恻隐之心有着积极的作用。从小事做起，从一点一滴做起，久而久之，习惯成自然，监管对象就会养成良好的为他人着想的品格。

2. 要学会推己及人

推己及人，就是设身处地地为他人着想，从而使自己的行为有利于他人。每个人在这个世界上都有各自的欲望和需求，也都有相应的权利与义务，这就难免会出现矛盾，不可能人人遂愿。这就要求人们正视客观现实，学会礼尚往来，从自我的小圈子中跳出来，多设身处地替其他人着想。推己及人，是一种重要的利他主义的待人原则，更是一种高尚的精神境界。自己不希望痛苦，就不要把痛苦施加给别人；自己不希望被冤枉，那就不要冤枉别人。而监管对象恰恰相反，他们往往是利己主义者，总是把自己的幸福建立在别人的痛苦之上，自己不愿意接受的却让别人去承受，比如，盗窃犯、抢劫犯是以损失别人的财产为代价的，杀人犯是以损害别人的生命为代价的，贪污犯是以牺牲国家的财物为代价的，强奸犯是以妇女承受生理、心理的痛苦为代价的。因此，我们必须教育监管对象养成推己及人的品格，学会尊重、关心、帮助他人，这样才可获得别人的回报，自己也可从中体验人生的价值与幸福。也只有站在别人的角度上，多替别人想一想，把别人的痛苦当成自己的痛苦，才会减少违法犯罪，才会改恶从善。

3. 要做到以己量人

"以己量人"就是体谅别人，要求以自己为标准，以自己的心理推知他人的心理。监管对象中很少有替别人着想的。据调查，很多监管对象犯了罪后，不是感到对不起党、国家和人民，不是感到对不起被害人及其家属，不是感到对不起自己的亲人，而是感到自己蹲大狱吃了亏，不合算，甚至下决心出狱后把这些损失夺回来，这是非常危险的。因此，我们有必要对监管对象进行"以己量人"教育，通过角色互换体验，教育他们凡事都要设身处地为别人想一想，更好地理解他人，体谅他人，表现对人的尊重和爱护，这样就会减少犯罪，改变自私心理。监管对象"以己量人"不仅于别人有利，于自己也有益，它能使监管对象自己和别人的心灵沟通起来，增进自己与他人关系的和谐，而且可以促进监管对象自己生理和心理的健康发展。如果监管对象了解"以己量人"，恪守"以己量人"，就不仅不会做对别人不利的事，反而会将心比心，遇事还会为别人多想想，那么他

的改造程度就会更加深入。

二、犯而不校

(一)犯而不校是践行"以和为贵"的途径

犯而不校，指受到别人的触犯或无礼也不计较，出自《论语·泰伯》："以能问于不能，以多问于寡；有若无，实若虚，犯而不校。"意思是，自己有才能却向没有才能的人请教，自己知识多却向知识少的人请教，有学问却像没学问一样；知识很充实却好像很空虚，被人侵犯却也不计较。是非看得清楚，但绝不动气，无所用其恼，恼只能坏事。韩信忍得胯下之辱，才得有"汉初三杰"之名。刘备一生吃苦忍辱，故能白手起家，成就西川霸业。然霸业初成，便骄横自恃，不忍关羽被杀之仇，一意孤行，遂有夷陵之失，成"白帝托孤"之千古遗恨。

犯而不校是宽厚的包容，是"千金之子，不死于市"的自重。正如鲁迅所说，"犯而不校"是恕道，"以眼还眼，以牙还牙"是直道(《论"费尔泼赖"应该缓行》)。因此，犯而不校一定是勇敢者前进的大度，绝对不能成为怯懦者怯懦的借口。

(二)教育监管对象修己安人、好下安卑

司马迁认为"礼禁未然之前，法施已然之后"《史记·李将军列传》，意思是人们行为发生之前，主要靠道德礼仪来约束，使其行为不危害他人和社会；而行为发生之后，如果产生了危害社会的后果，则只能靠法律来对其行为进行处罚了。这说明人们行为的动机是否善良是其行为后果的第一位的因素，合乎道德和社会礼仪的行为才是被我们赞同的行为；而对社会产生危害的行为，一定要受到法律的惩罚。一个人的违法犯罪首先是道德上的失衡，不注重道德教育和道德修养就是走向违法犯罪的开始。这也提醒我们在改造监管对象时首先要从其内因开始，促使内因变化的根本条件就是注重其道德教育和道德修养。

1. 要教育监管对象修己安人，不断提升自我修养

子路问怎样才算是君子，孔子说"修己以敬""修己以安人"(《论语·宪问》)。意思是要持恭敬的态度修养自己，进而使别人安乐。修己安人主要解决"自我与群体""个人与他人"的关系问题，对于监管对象而言，主要是解决他们同管教人员、其他监管对象和家属亲友的关系问题。监管对象这个群体比较特殊，他们个体意识强，每个人都有一个自己不愿被他人知道的内心世界；加之监管机构环境封闭，他们的防范意识都比较强，都想各立山头。在他们眼中，其他监管对象只能共处，不能交心；至于管教人员，虽然可以信赖，但也做不到坦诚相待，"对人只说三分话，未可全抛一片心"成了他们的座右铭。于是，正确处理"自我与群体""个人与他人"的关系问题成了影响监管对象心理稳定的重

要因素。这时，修己安人不失为一种很好的办法。修己安人是一般做人的原则，是监管对象必须做到的。修己的内容是恭敬，"恭则不侮，宽则得众"（《论语·阳货》），意思是庄重就不致遭受侮辱，宽厚就会得到众人的拥护。但恭敬必须有一定的节制，如果没有礼仪去规范，就会"恭而无礼则劳"（《论语·泰伯》），意思指恭敬而不符合礼的规定，就会烦扰不安，可见礼对修身养性的重要性。安人就是使他人安乐。对监管对象来说，他人不是天下百姓而是周围的人，即管教人员、其他监管对象和家属亲友，这点十分重要。因此，对监管对象来说修己安人应该是最基本的最起码的做人准则。

2. 要教育监管对象安于卑下，常怀谦卑之心

安于卑下的方法就是谦卑的方法。《周易》说："谦，亨。""谦，尊而光，卑而不可逾。君子之终也。"（《周易·谦》）意思是说谦卑则亨通，谦虚的品德，使尊贵者得到尊敬，使卑微者不可欺压，这是君子获得善报的原因。王阳明在晚年告诫门人说"人生大病，只是一傲字"（《传习录》）。谦虚必须出乎内心，内心的傲慢懈怠，会蒙蔽一个人的向善之心，阻碍他亲近良师益友，将他封闭在自己狭隘的世界中，幽禁在蒙昧无知的枯井里。滕国国君的弟弟滕更向孟子求学，孟子并不理会他，说："挟贵而问，挟贤而问，挟长而问，挟有勋劳而问，挟故而问，皆所不答也。滕更有二焉。"孟子说对于前来求学者有"五不答"：一是对仗着身份高贵、居高临下的人不作回答；二是对以贤能自居、浪得虚名的人不作回答；三是对自恃年纪长、倚老卖老的人不作回答；四是对自以为有功、盛气凌人的人不作回答；五是对仗着亲朋故旧的关系，并不诚心向学的人不作回答，滕更占了"挟贵""挟贤"两条。人往往因"有所挟"而滋生傲慢，无所进益而先自满，虽然言语举止强作恭敬，却依然难以掩饰居高临下的优越感。人心本来相通，内心傲慢而假装谦恭，就无法充分敞开。心不诚意不专，终究难入人心，自绝于迁善改过之路。需要注意的是，不少监管对象在他人，特别是在管教人员面前装模作样，谦卑有余，其实骨子里仍然没有脱离骄人的本性。对于这样的监管对象，我们必须完全根除他们狂妄的心理，彻底打消他们嚣张的气焰，使他们安心改造，重新做人。

3. 要教育监管对象宽恕容忍，形成宽容不愠的良好习惯

《论语》开宗明义就说："人不知而不愠，不亦君子乎？"（《论语·学而》）意思是别人不了解我，我心中并不怨恨别人，这就是宽容不愠的原则。宽容不愠就是要求人们互相理解，互相尊重，和平共处，快乐生活，以造就一个美好的生活环境。宽容又是一种处理人际关系的原则，即能够宽恕容忍别人，克制自己以调适与他人的关系和与环境的关系的具体形式。一些监管对象文化低、素质差、情绪极易波动，特别是虚荣心强、爱面子，喜欢表扬、经受不起吃亏，心胸狭窄、疑心重，嫉妒心强，喜欢拉帮结派，往往为区区小事就吵架相骂、大哭大叫，甚至发生报复行为；当别人受到表扬、自己受到批评时易引起嫉妒，气愤异常，疑心管教人员偏心，怀疑他人有意陷害自己而耿耿于怀。因

此，我们要教育监管对象宽容不愠，培养他们容人的良好习惯。这些对于调整监管对象的人际关系，确定监管对象的行为规范，加强监管对象的修养意识，促进监管对象的改造，都会起到一定的积极作用。

三、和而不同

（一）和而不同是实现"以和为贵"的理想境界

孔子说："君子和而不同，小人同而不和。"（《论语·子路》）意思是说君子在人际交往中能够与他人保持一种和谐友善的关系，但在对具体问题的看法上却不必苟同于对方。小人习惯于在对问题的看法上迎合别人的心理、附和别人的言论，但在内心深处却并不抱有一种和谐友善的态度。"和"与"同"是两个非常重要、极其不同却又很容易混淆的概念。"和"意味着事物多样性存在、互补性结合和创新性发展，而"同"则认识不到阴阳互补，只"同一"于"阴"或"阳"，不符合事物的生成之道。

"和而不同"是说君子对他人保持宽容、包容、相容的和谐人际关系，但在具体问题上有自己的独立见解，不附和、不苟同、不迁就他人而保持自我。因为自己与他人是不同的，必然有自己的独特思考，只有把自己的独特思考勇敢地展现出来，才能够与众不同，具有创新性贡献，这是一种特立独行的进取态度。"同而不和"是说小人没有独立的见解，附和、苟同、迁就他人而丧失自我，因为自己与他人是相同的，也就没有自己的独特思考，更没有勇气展现出来，这样就被众人同化了，这是没有任何创新性的平庸，是一种人云亦云的保守态度。但小人的内心是狭窄的，对他人是不宽容的，因此又是"不和"的。在日常生活中，人们对某一问题持有不同的看法，这本是极为正常的。真正的朋友应该通过交换意见、沟通思想而求得共识；即使暂时统一不了思想也不会伤了和气，可以经过时间的检验来证明谁的意见更为正确。因此，真正的君子之交并不寻求时时处处保持一致；相反，容忍对方有其独立的见解，并不去隐瞒自己的不同观点，才算得上赤诚相见、肝胆相照。但是，那些营营苟苟的小人却不是这样，他们或是隐瞒自己的思想，或是根本就没有自己的思想，只知道人云亦云、见风使舵；更有甚者，便是党同伐异、以人划线：凡是"朋友"的意见，即使是错了也要加以捍卫；凡是"敌人"的观点，即使是对的也要加以反对。这样一来，人与人之间就画出了不同的圈子，形成了不同的帮派。其"朋友"的真正意义也便荡然无存了。与小人不同，真正的君子并不十分注重人际往来中的利益纠葛，但在大是大非面前却勇于坚持立场；真正的君子并不十分计较人际往来中的是非恩怨，但却能在正视不同意见的基础上求同存异。

（二）教育监管对象尊重差异、求同存异

每个人都是拥有独立人格的个体，人与人的性格、爱好、需求、信仰不尽相同，不

同民族、不同地域、不同国籍的人，更是在生活的方方面面存在很大的差异。因此，应该尊重差异、换位思考、求同存异，坚持道德原则，以德求和，以礼求和，以义求和。监管对象的特点是"不和"。他们与自然"不和"，与社会"不和"，与他人"不和"。这主要表现在监管对象都是以达到个人私利为目的，或破坏自然，或危害社会，或损害他人，总之，他们与自然、社会、他人是"不和"的，因此我们对监管对象进行教育改造时需要强调的是在人与人的交往过程中坚持"和而不同"，既尊重自己的个性、权利，也尊重别人的个性、权利，有利于人与人之间保持良好的人际关系，有利于社会和谐。

1. 要教育监管对象以中求和

所谓"中和"，其实就是儒家"中庸之道"的另一种说法："喜怒哀乐之未发，谓之中；发而皆中节，谓之和。中也者，天下之大本也；和也者，天下之达道也。致中和，天地位焉，万物育焉。"(《礼记·中庸》)意思是说喜怒哀乐没有表现出来的时候，叫作"中"；表现出来以后符合节度，叫作"和"。"中"是人人都有的本性，"和"是大家遵循的原则。达到"中和"的境界，天地便各在其位了，万物便生长繁育了。从某种意义上说，违法犯罪是因为一个人身心关系不和谐的结果，监管对象要么极度追求生理需要，要么极度追求心理需要，身心需要的过分和贪婪，致使身心需要失衡，于是造成了违法犯罪。因此要引导监管对象懂得在处理身心关系时要正确处理人的生理与精神需要，使身心关系得以和谐，而身心关系的和谐影响着社会的和谐的道理；并教育监管对象依照"无过无不及"的中庸原则对自己的身心关系加以理智的调控，使二者的关系协调发展。

2. 要教育监管对象以德求和

人们在现实生活中总难免与人发生冲突，至于冲突的原因，往往是觉得对方不通情理、不讲道理、不负责任……然而，如果从旁观者的角度来看，冲突的发生往往是由于双方的利益有了矛盾，又没有进行恰当的沟通所致。儒家认为：如果一个人在为人处世中秉持"和"的精神，他将会尽量去了解他人的需要，理解他人的做法；同时，他也会用自己的行为去关怀人，用自己的道德去感染人。当一个人以和谐相处为处世原则时，他的内心是平和的，外在表现也会因此变得平和，而这种内心的平和宁静会在不知不觉中浸染到他身边的人，使他的亲友、邻里、同事都跟着平和起来。著名的"六尺巷"故事，其实就是一个以德求和的生动事例。大多数监管对象在道德上的共同之处是寡德，在他们的心理需要结构中，损人利己占据主导地位，他们经常为了个人利益不惜抛弃道德，不惜违反法律法规和监管纪律。因此我们要教育监管对象为人处世要服从群体利益，尊重传统，遵纪守法，讲究和谐相容，求同存异。

3. 要教育监管对象以礼求和

中华传统文化虽然讲究"以和为贵"，但"和"是有前提的，孔子就提出："小大由之，

有所不行。知和而和，不以礼节之，亦不可行也。"（《论语·学而》）意思指小事大事都死板地讲究和谐，有的时候就行不通。仅仅为和谐而和谐，而不以礼来节制和谐，是绝对不可行的。个人的修养包含情感精神和行为举止，内和外两个方面；内在的情感通过外在的行为举止而落实和体现。所以，"不以规矩，不能成方圆"，行为举止必须有规范。"礼"在一定程度上是指人们的行为规范，指一个人要遵守道德、礼制的规范，要守规矩、讲礼貌、恭敬辞让、言行有度。人的生活是社会性的，人都生活在一定的关系中，有不同的地位和身份。君臣、父子、夫妇、兄弟、朋友，是古代社会基本的五种人伦关系。礼就是在这种区别、分别的基础上产生的。它反映这种区别、分别，对不同的人提出不同的要求，以求社会关系的和谐，别中求和。所以，我们要教育监管对象在处理人际关系时遵守"礼"的规定，具体表现在言行方面，就是守规矩，讲礼貌，不任性，要相互克制、谅解、妥协和相互关怀、亲善、支持、照顾，从而达到关系协调，共同进步，规矩做人，不偏不倚，遵循美好的道德规范，做一个和善的人。

任务考核

监管对象的思想变化、人际交往中的不良心理与情绪都会埋在内心深处，他们一般不会主动与民警沟通与交流。负性心理是影响监管安全、改造质量最大的隐患。心理矫治一直是班组建设中的重中之重。在某监狱推行"和文化"的过程中，民警认识到，必须充分了解监管对象的真实想法和行为动向，这样才能提升矫正教育工作的针对性并取得良好的效果。为摸排狱情、消除隐患，及时、准确地了解每一名监管对象的思想动态，民警开展了"悄悄话一卡通"活动，在监舍里设置"一卡通信箱"。在与监管对象进行有效沟通的同时，民警不仅掌握了他们的内心烦恼、思想压力，还第一时间有效化解了他们的情绪波动。监管对象乙某曾在交流卡上这样写道："这两天值班的警官管的事怎么这么多，看电视管、在筒道聊天也管，天热找事吧！明儿我就盯着他们，有事我就炸。"看到卡片后，根据以往该犯处事不计后果的性格，民警迅速分析出该犯很有可能存在与他人发生口角甚至打架的隐患，于是及时对其进行教育疏导，消除其不良情绪，成功遏制了严重违纪事件的发生。

问题：
根据上述材料，谈谈监管机构搭建"和文化"互动桥梁这一举措在融洽改造关系方面的积极影响。

云麓课堂

任务十二

用"随遇而安"思想
矫正监管对象的思维方式

学习目的

1. 了解"顺应天道""宠辱不惊""逍遥而游"的含义。
2. 领会"随遇而安"的精神和方法。
3. 能够结合实际情况对监管对象开展"随遇而安"的矫正教育工作。

知识要点

　　中华优秀传统文化中有一刚一柔两种文化背景。《周易》说，"天行健，君子以自强不息"，这是一种刚劲的积极进取的哲学，其代表学派就是儒家学派。儒家提倡一种入世的哲学，它告诉我们，人生的价值就在于不断地努力，即使有时候前途漫漫，也要努力一试，否则你不知道生命的上限在哪里。这就是孔子奉行的"知其不可而为之"的人生哲学。

　　中国哲学本身是充满着辩证法的，在入世哲学的另一面，是强调清静无为的出世哲学。当然，对中国人来说，入世和出世并不是完全对立的。《周易》说，"地势坤，君子以厚德载物"，要人们学习大地的宽容的精神，学会慢一点。这种阴柔的精神以老庄的道家哲学为代表。

　　随遇而安，出自清代刘献廷《广阳杂记》中的一句话："随寓而安，斯真隐矣。"指能顺应环境，在任何境遇中都能满足。比如一代词宗苏轼，历经仁宗、英宗、神宗、哲宗、徽宗五朝，一生大部分时间被排挤、被打压、被迫害、被屈辱，先后在黄州、惠州、儋州等地的贬谪中度过。苏轼始终自我疏解，笑看得失荣辱。被贬黄州，他寄情山水、潜心著述；被贬惠州，他遍尝岭南佳果、为民治瘟引水；被贬儋州，他兴办教育，开化民风。真正美丽的生命执著地追求着真善美，苏东坡没有趋炎附势地扭曲自己的形象，更没让自己的灵魂染上尘污，他几乎从不抱怨、不诉苦，乐在其中，以其旷达、超脱、平

和、乐观，成为了宋词星空最璀璨、最耀眼的明星。可见，一个人无论遇到什么样的处境，都要泰然处之，活在当下，过好当下，也就是在任何境遇中都能安详自在。

有的监管对象不能正确评价自己，不敢正视自己的过去，总是认为自己没有错，是别人害了自己。有的监管对象面对人生坎坷，难以做到镇定自若，缺乏乐观心态，存在消极心理，看不到希望，心理落差较大，对于教育矫正缺乏正确的认识，教育矫正效果不佳。有的监管对象不能主动适应监管环境，不能在随遇中完善自我，开阔胸怀，安心接受教育。

其实，外在的环境是自己心境的显现：内心是安详的，外境就不能干扰自己；反之，外境就会伤害自身。一个人内心的平静和在生活中所获得的快乐，并不在于他身处何方，也不在于他拥有什么，更不在于他是怎样的一个人，而只在于他自己的心灵所达到的境界。在这里，外界的因素与此并无多大的关系。外在世界是一个人内心世界的投射，所以要能降住自己的心，与其事事挂心，苦于心间，不如随遇而安，这样就能在一切环境中安详自在。

一、顺应天道

(一)顺应天道是践行"随遇而安"的出发点

道家经典《道德经》中的"道"有三种含义：天道、人道和权道。但其中通篇叙述更多的是天道。而人道和权道，是人们在天道的基础上，根据生长的合理需要制定出来的行为典范。所以，即便是人道和权道，也应该是在天道法则范围之内的。《道德经》在第一章就提到："道可道，非常道。"这里的第一个"道"指的就是人道，第二个"道"，指的是制定、建立的意思。"非常道"的意思是，人制定出的道，都不是常道。常道指的便是天道，天道不是人可以制定和建立的，它是天地万物被道衍生出来以后，万物滋长过程中所表现出来的自然常理和法则。如冬去春来、四季更迭；如每个人要经历出生、长大和死亡；再比如男女相爱、生儿育女……这些都是大自然和人类不可违也无法可违的常规典范，被世间万物遵守着。

顺应天道包括两层含义：一是知自然之道，审时度势，不强作、不妄为；二是顺应事物的自然发展方向，顺势而为之、自然而有为。我们所熟知的"大禹治水"就是一个很好的例子。面对当时肆虐的水害，大禹的父亲鲧沿用先人"壅防百川，堕高堙庳"的方法，想通过单纯的"堵"来抵抗，但堤坝总不敌力量巨大的洪水。大禹则因地制宜，因势利导，采取"高高下下，疏川导滞"的方法，从低处取土石增高山坡，使高处更高，低处更低，以疏浚水道，千方百计引导洪水，使之归泽入海。实际上，世间万物都根据各自的发展规律自然而然地存在着，春生、夏长、秋收、冬藏，是农民种植粮食必须遵守的天道；母慈子孝、兄弟恭亲，是每一个家庭必须遵守的天道；秉承良心、童叟不欺，是社会各行各业必须遵守的天道……人类，和万物一起，遵循天道，被天道润泽，才能自然泰达地安然存在着。

老子认为："道常无为而无不为。"（《道德经》）意思是说，人要遵循自然大道之理，顺应自然大道的运行规律，我们不必去干预自然的运行，不做那些不必的事，多余的事甚至是事与愿违的事情。当然，这并不意味着我们可以睡大觉而什么也不干，那样的话，社会得不到进步，人也会饿死。因此，"道常无为而无不为"的意思是，我们必须负责，必须做事，那么怎么做事呢？就是必须道法自然，按照大自然发展的逻辑去做。所以，老子"无为"的真正内涵是：我们要做事，但是不能做那些违反自然大道规律的事，而是要按照自然而然的原则去做事。从这个意义上来说，老子"无为而无不为"的哲学，比儒家"知其不可为而为之"的哲学，更加清醒，更加冷静，更加理性。因此，这是一种在消极无为的外衣掩盖下的积极的冷静的哲学。人生中难免会有这样那样的不如意，所以无论顺境还是逆境，都要调理心态，坦然面对，顺而通变，顺而通达，像水一样通而无碍，总能找到自己所处的位置或发挥作用的形式，这样既顺应了时事也顺从了自己的心。

顺应天道即是让人们遵循规律，按规律办事，坚持实事求是，往往讲究的是度天时、识地利、重人和，顺应大势所趋。这样的思想不仅是这一思想形成时期的救世方案之一，而且经过古人历代的理解、运用及阐发之后，也对现代人在正确处理人与自然、人与社会及人与自己的关系方面产生了作用。因此探析"顺应天道"思想的矫正教育价值，对引导监管对象正确处理人与自然、人与人、人与自己之间的关系有着深刻的指导作用。

（二）教育监管对象道法自然、认知自我

"道法自然"语出老子《道德经》第二十五章："人法地，地法天，天法道，道法自然。"意思是人必须遵循地的规律特性，地的原则是服从于天，天以道作为运行的依据，而道就是自然而然，不加造作。简单地说，就是万事万物的运行法则都是遵守道法自然的法则。

"道"和"自然"分别指什么？老子阐明"道"是宇宙最原始最基础的存在，是天地万物的本源，是事物变化最根本的动力，也是最简明又最深邃的事物规律。"自然"就是自己本来的样子，即"自然而然"。老子认为每一件事物都有着它本身的天性和本质，每个人都有自己独特的思维方式和个性特征，所以，他主张"顺其自然""无为而治"。庄子继承发展并阐释了老子的思想，他认为，人的生命有无限的可能性，要打破有限的认知达到精神上的超越，主张人要在无限的时空里体悟生命，返璞归真，不受世俗拘系羁绊，"天地与我并生，万物与我为一"，才能实现精神的真正逍遥游。

道法自然是道家哲学的重要思想，揭示了整个宇宙天地间所有事物的根本属性，将天、地、人乃至整个宇宙的深层规律精辟涵括、阐述出来。道家认为，宇宙天地间万事万物均效法或遵循"自然而然"的规律，不可妄为，"顺应天道，万物乃成"。

顺应天道对于监管对象思维方式养成的应用，主要是要引导监管对象处理好这样三

方面的关系：首先，处理好人与"天"的关系，只有顺应天道才能借天势而成，臻于自由。其次，处理好人与人的关系，只有明了自我的内在需求和价值，不以他人是非评价为导向而追求到的自由，才是真正的自由。最后，只有取消了自我与外界的封界与对立，不以自己作为衡量万物的标准，才能顺万物之性，真正合同于天，实现自由。

1. 要帮助监管对象了解规律，认知自我

先秦吕不韦认为"败莫大于不自知"（《吕氏春秋·不苟论》），意思是最大的失败就是没有正确认识自己。换句话说，就是能够了解自己、正确认识自己，才是取得成功的关键。因为"知彼"不易，"知己"则更难。只有了解自己，才能自觉地克服自身的弱点，从而战胜他人，取得成功。那么，如何认知自我？一是从外在看内在，从别人看自己。所有的人际关系都是一面镜子，透过它们，你才能认识真正的自己。如果你觉得伴侣对你失去热情，可能是因为你也对他失去热情。事实上，那些令你厌恶的人是在帮助你，帮你了解自己，让你发觉你的阴暗面。这也就是为什么当我们跟一个人越亲密，就越容易产生厌恶，因为他让你看到了自己的真面目。别人最惹你讨厌的地方，通常也是你最受不了自己的地方。二是你是什么样的人，就会认为别人是什么样的人。你不能容忍他人的部分，就是不能容忍自己的部分。一个品德不好的人，就会怀疑别人的品德；一个对别人不忠诚的人，也会怀疑别人对他的忠诚；一个不正直的、不正经的人，就会把别人的任何举动都"想歪"；老遇到讨厌的事的人，往往自己也是令人讨厌的人。因为人们往往会把隐藏在自己内在的东西投射到别人身上。只有当你内心走向良善，停止批评别人和对别人的批评产生反弹时，才会收获平和与美好。三是你内在是什么，就会被什么样的人吸引。你对外排斥什么，对内就排斥什么。一般而言，那些我们愿意相处的人，正是反映了我们喜欢且接受的内在自我；而那些我们不喜欢的人，则反映了我们不愉快且不接受的内在自我。如果监管对象想要改善与他人的关系，首先就要深入内在，把自身内在的问题先解决。否则不但无法改善，而且会制造更多问题。一个有控制欲的人，除非内在的空虚得到填补，否则就不可能放下别人，也难以解放自己；一个满怀怨恨的人，除非内在愤懑的情绪得到纾解，否则就不可能停止怨怼；一个爱嫉妒的人，除非内在能找到自信，不再跟人比较，否则就不可能停止嫉妒。每个人外在的言行举止都是内在思想的呈现。你如果无法信任自己，就很难信任别人；你如果无法尊重自己，就很难尊重别人；你如果无法肯定自己，就很难肯定别人；你如果不能照亮自己，就不可能照亮别人。我们吸引的关系，都反映出我们拥有的特质，以及呈现我们的内在自我。所以，我们需要引导监管对象不仅要检讨自己跟别人的关系，也要反省自己跟自己的关系。

2. 要教育监管对象境由心转，向往未来

一般来说，凡满足人的需要时，会引起人的肯定的情绪体验如愉快、高兴等；凡不能满足人的需要时，则引起人的否定的情绪，如愤怒、恐惧等。总之，情绪是一个人自己对外在事物的态度的体验。我们在日常生活中有这样的体会：心情好时，做什么事都得心应手；反之，心情糟时，做什么事都不顺利。这就是情绪对于人所发生的作用。所以，我们要做情绪的主人，不要让情绪左右着我们的生活。同时，太多的杂念也会扰乱心思，要及时摒弃不切实际的梦想，顺其自然，无须强求，像凤凰涅槃一般抛弃那些纷纷扰扰，不乱于心，才能换来内心的纯净和高度自由。好比我们拿镜子看自己，你的面相是笑容，你看到的是开心；你是龇牙咧嘴的，你看到的就是嗔恨。境由心转，万物随心，心放空了灵魂也就自在了。过去的已经过去，未来的还没有来，活在当下，就是最好的生活状态。无论当前在做什么事情，都把全副精神投入其中，感受现在，这就是幸福。珍惜今天，就会有明天的希望。向往与生命同在，它是生命的一种存在形式。未来就是希望，而希望是生命的源泉，失去它生命就会枯萎。假如我们能平和、坦然对待人生的种种困苦与挫折，甚至是磨难，就会平静地面对各种荣辱得失和恩恩怨怨，使我们永久地持有对生活的美好认识与执着追求。这是一种修养，是对自己的人格与性情的冶炼，也从而使自己的心胸趋向博大，视野变得深远。不少监管对象过分以自我为中心，自私自利，认知事物时以个人利益为标准区分善恶、好坏，不考虑别人的利益和社会的需求，总是把失败的原因归结于社会和他人，缺乏包容之心和感恩意识，脾气暴躁，面对一点小事动辄大动干戈。管教人员一是要引导监管对象领悟到生命的意义，学会活在当下，做情绪的主人，摆正心态，顺其自然，重拾信心，以淡然之心过好每一天，积极劳动，接受教育矫正，争取早日重回社会，依然不失自己做人的价值。二是要教育他们努力改变，洗心革面，不要放弃对未来的希望，自觉清除政治思想障碍、行为规范障碍、身体心理障碍，自觉清算对国家社会的危害、被害人的危害、自己和家庭的危害，规范行为，矫正恶习，净化心灵，争取早日回归社会，做一个对社会有用的人。

3. 要教育监管对象心怀敬畏，服从管理

事物发展必须遵循客观、无可更改的规律，就如同人们必须遵从国家的法律一样。顺应天道，就是要顺应这种法则规律，反之则是对抗，……可结果还是会按照法则规律进行。虽然有"一失足成千古恨"一说，但"放下屠刀，立地成佛"则昭示出违法犯罪者也可以有光明的前途。既然前途是光明的，监管对象就应当以一种积极的心态去努力争取。要做到以下两点：一是常怀敬畏之心。不少监管对象在社会上"天不怕地不怕"，恣意而为，到头来身陷囹圄。孟子认为："人有不为也，而后可以有为。"（《孟子·离娄章句下》）意思是说：人要知道什么不可以做，什么可以做，才能有所作为，也就是现在所说的"有所为，有所不为"。人生在世，没有敬畏之心是非常可怕的。所谓敬畏，其实就是人类对待世间万事万物的一种态度。"敬"是尊重，"畏"即畏惧。曾国藩说："心存敬畏，行有所止。"只有心存敬畏，才能有如履薄冰的谨慎态度，才能有战战兢兢的戒惧意念，也才能在变幻莫测、纷繁复杂的社会里，不浮躁，不被私心杂念所扰，保持内心的执着和清静，恪守心灵的从容和淡定。违法犯罪必然要接受惩罚，比如罪犯，他们所接受的

惩罚是监狱依据人民法院生效的刑事判决，依法剥夺其人身自由、限制其一定的权利，从而使之遭受一定的痛苦和教训。惩罚简单点说是一种"向以前看"的行为，即对于罪犯已经实施了的犯罪行为进行惩治。你已经被判定有罪，那么就应该承担相应的法律后果，接受应有的惩罚，这样才能体现法律的公平、正义，对自身而言也是顺应时势，因时制宜。因此，要改变自己的命运，就要敬畏天地，敬畏生灵，敬畏法律，敬畏社会规则。二是常葆进取心。失去人身自由是监管对象的重大挫折，有的监管对象即使看到周围的大部分人在铆足劲积极进取、争取光明前途，也不去思考"人亦人也，我亦人也，缘何不如人"，反而抱着破罐破摔的心态，自甘堕落，不思进取，混沌度日。因此，要教育那些信心不足的监管对象放下心理包袱，振作精神，树立自信，换个活法，积极配合管教人员的管理和教育，参加各类改造活动，怀着对明天的憧憬，积极面对监管生活，通过顺应天道实现天道，在接受监管改造中努力改变自己的命运。

二、宠辱不惊

（一）宠辱不惊是践行"随遇而安"的表现

宠辱不惊，指受宠或受辱都不放在心上，形容不以得失而动心。宠辱不惊始见于《新唐书·卢承庆传》。唐太宗时期，卢承庆担任考功员外郎。在一次考核中有一个负责运粮事务的官员，这个运粮官不久前发生过粮船沉没事故。卢承庆一开始只给他评了个"中下"，并把这个考评结果当面通知他。这个运粮官没流露出任何不高兴的表情。卢承庆继而一想：粮船沉没事故的发生，有很多客观原因，不应由他一人负责，便将"中下"改为"中中"。当他把这个决定通知运粮官时，运粮官也没有露出一点激动、欣喜的神色。卢承庆非常高兴，夸奖道："宠辱不惊，考中上。"

在现实生活中，要想做到去留无意、宠辱不惊，可不是件容易的事。从古到今，总有许多人在"活得很累"的哀叹声中从握拳而来到撒手而去，一生都在不堪重负中度过。是非、成败、得失让人们或喜、或悲、或忧、或惧，一旦所欲难以实现，所想未能成功，希望变成幻影，往往会很失落。人们应当以一种博大的胸怀对待人生路上的顺利与挫折，以超然的心态看待苦乐年华，以平常的心境面对一切荣辱得失，让一切顺其自然，不做作、不掩饰，洒脱不羁，襟怀坦荡。

（二）教育监管对象节制不合理的欲望

当欲望成为累赘时，痛苦就无法解脱。因此老子提出"见素抱朴，少私寡欲"（《道德经》），主张摒除后天之伪，减少私欲杂念，回归到自己的心灵没有被污染之时，简单而纯粹、质朴而无华的状态。他又说："祸莫大于不知足，咎莫大于欲得。故知足之足，常足矣。"（《道德经》）意思是，没有比不知足所带来的祸患更大的祸患，没有比想要得到所带来的祸患更大的罪过。所以知道知足的满足，才是真正的永恒的满足，而不知足是人生的大患。监管对象走上违法犯罪的道路，大都是为了拼财富、贪美色、要容貌、想富贵、求名声等等，欲壑难填，又放不下、舍不去，从而产生凌夺他人的恶念恶行，痛苦自然无法避免。因此老子告诫人们要知足、自重、自爱。"知足不辱，知止不殆，可以长久。"（《道德经》）意思是，知足就不会受辱，懂得适可而止便不会遭到危险，这样方可长久平安。老子所说的顺其自然，法天择道，并不是随心所欲想怎么办就怎么办，而是要用理性来引导节制人的感情欲望。道家认为欲是扰人害生的，然而不可抑或禁欲，必须让它自然而然地发生，人们应当克制超出本来规律外的某些欲望。所以道家讲的"无欲"，就是要将欲望控制在最低限度，不再有过分企求。总之，道家思想肯定人的欲望的合理性，不是否定禁止人的欲望，而是要用理性适当地加以引导节制。与世无争，知足常乐，是我们平常人的一种生活态度。

1. 要教育监管对象知足常乐

人生必须面对的三个问题：生存问题、生活问题、生死问题。以这三个问题为前提，人生又产生了执着、欲望、烦恼。从生存出发所产生的对财、色、名等一切欲望的贪求，基本上是人的本能需要。这些虽然都是人从本能出发而产生的，但一旦超越了一定的界限，超越了一定的道德规范，人就会走上违法犯罪的道路。中华优秀传统文化认为："少而寡欲颜常好，老不求官梦亦闲。"（《增广贤文》）意思是人年纪轻且节制那些非分之欲，面容就会红润光滑，年纪大但不奢求发达，那么做梦也清闲。而监管对象的思维恰恰与所倡导的有"节制"的思维相违背，他们大都是纵欲主义者，在正常的欲望之外，还要无限制无休止地加以放纵非正常的欲望。非正常的欲望是指那些过分地吃、喝、嫖、赌、抽等贪占欲、享乐欲、强烈的性欲和对异性的强烈占有欲、权力欲，这一点在贪污、受贿、盗窃、诈骗、卖淫等监管对象中表现得尤为突出，他们大多从小就羡慕富裕生活，长大后眼睛盯在钱财上，他们向往穿高档服装、进高级饭店、使用高级化妆品、抽高档烟、喝高档酒、放纵淫欲等等。为了满足这种欲望，他们甚至会铤而走险——坑、蒙、拐、骗、偷，或者利用手中的权力贪占钱财，然后去满足自己过分的欲望。然而，欲壑难填，私欲膨胀，直至违法犯罪，他们仍无悔改之意。古人云：一不积财，二不积怨，睡也安然，走也方便；得之坦然，失之淡然；放得下，拿得起，方为真君子。对于那些虚无缥缈的东西，应避之不及，望之生畏；而对于自己拥有的工作、健康的身体、和睦的家庭，应好好珍惜，爱如至宝。一个人在人生漫长的工作生活道路上，无论遭遇到什么样的处境，都应该牢记清清白白做人、踏踏实实做事、平平淡淡是真的道理，做到在逆境失意中不灰心消沉，在顺境得志时不居功自傲。人贵在知足，知足者常乐。知足者，才能常怀律己之心，自觉抵制方方面面、形形色色的诱惑。欲望的闸门一旦打开，疯狂的贪欲就会一泻千里。监管对象唯有知道满足才不会遭到祸害、知道适可而止才不会遭遇危险这一点，才能彻底根除错误的欲念，做到知足常乐。我们在教育监管对象时通常

所说的"节欲",也并不是要求他们完全拒绝生命本能的需求,完全摒弃基本的需要,而是要守住法律的底线与红线,将这些本能的需求加以规范,使之沿着善法的轨道来展开,使自己的学习和生活都能够符合善法的要求,在道德的规范下得到合理的实现。

2. 要鼓励监管对象不争无尤

要做到宠辱不惊,首先要明确自己的生存价值,"由来功名输勋烈,心中无私天地宽"。若心中无过多的私欲,又怎会患得患失呢?其次要认清自己所走的路,得之不喜,失之不忧,不要过分在意得失,不要过分看重成败,不要过分在乎别人对你的看法。只要自己努力过,只要自己曾经奋斗过,做自己喜欢做的事,按自己的路去走,外界的评说又算得了什么呢?当然,我们鼓励监管对象不争无尤,要采取两点论:一是引导他们追求"上善若水"的境界。老子主张上善若水,因为"水利万物而不争,处众人之所恶,故几于道。居善地,心善渊,与善仁,言善信,正善治,事善能,动善时。夫唯不争,故无尤。"(《道德经》)老子认为最完美的人像水一样。水善于滋润万物而不与万物相争,停留在众人厌弃的洼地,故最接近于"道"。人要像水一样,栖居善于选择地方,心胸善于保持沉静,待人善于真诚友爱,说话善于遵守信用,为政善于治国理民,办事善于发挥所长,行动善于把握时机,只是因为它不与人争,所以它没有过失。"利万物而不争",这是何等的上善境界,这正是人类的理想人生,也是主动奉献精神。监管对象之所以走上违法犯罪之路,都是因为"争"——争官,争财,争名,争色,争气,争利……如果是合理的争,正当的争,合法的争,为他人而争,为集体而争,为国家而争,当然无可厚非,而监管对象的"争"恰恰是不择手段,"欲"令智昏,利令智昏,为己而争,他们这样的"争"还不如"不争"。因此对他们进行一些"上善若水"的教育是非常必要的。二是引导他们正确学习"甘居下游"的思想。"争"与"不争"关键看争什么,为什么争。如果争的是正义事业,争的是真理,而"甘居下游",那就是要批判的;如果争的是私利,争的是谬误,那"甘居下游"就是值得提倡的。我们应该教育监管对象对私利"不争",为公要奋力抗争。

3. 要教育监管对象平等利生

在老子看来,水至善至柔,水性绵绵密密,微则无声,巨则汹涌;与人无争却又容纳万物。水是生命之源,又润泽万物,人的生存发展、动植物的生长、大自然的花草树木都离不开水的滋养。水犹如镜面映照众生,它无处不在却无声无息,从不张扬,无论青山良田、涓流大河,还是滩涂草丛、石缝崖壁上,水的踪影无处不在。它滋润众生,无论好坏善恶美丑,无论高低贵贱,万物因水的存在而汇聚融合。水性清凉透明,能一眼望到底,看得到水底的沙子和水中的游鱼,静能倒映世间万物,动可生出万丈风波。任何肮脏的东西用水都可以洗涤,洗后的脏水只要沉淀之后仍是清澈见底,这是水洁净和自净的功能。最高的德性、最高的善就像水一样,具有道的精神:生化、利生,完善的人格也应该具有水这种心态与行为。因此，一是要教育监管对象认罪悔罪。人非圣贤，孰能无过。每一个人都有自己的缺点，每一个人总是或多或少、或轻或重地犯错，但只要能够沉静自己的心，不断地反思和总结自己的言行，摒弃虚恶丑，就能留下真善美。二是要向他们灌输"君子之交淡如水"的观念，引导他们做人应如水一样，干净透明，清淡纯净，单纯坦诚。待人像水一样平等利他，真诚老实、肝胆相照，取长补短，彼此成就。特别是当遇到很多不如意的事和秉性不合的人时，能放宽心胸，包容调和，建立良好的人际关系，并可以在这些人和事中吸取到宝贵的经验和教训，让自己得到成长。

三、逍遥而游

(一)逍遥而游是践行"随遇而安"的目标

逍遥而游，语出《庄子·逍遥游》："北冥有鱼，其名为鲲。鲲之大，不知其几千里也。化而为鸟，其名为鹏。鹏之背，不知其几千里也。怒而飞，其翼若垂天之云。是鸟也，海运则将徙于南冥。……鹏之徙于南冥也，水击三千里，抟扶摇而上者九万里，去以六月息者也。"《逍遥游》是《庄子》的开篇，它以描写神奇莫测的巨鲲大鹏开端，起首就向读者展示了一幅非常神奇的画卷，接着写大鹏"怒而飞"的样子，庄子热情洋溢地歌颂着宇宙之浩瀚、生命之壮美，其场面之壮观宏阔，令人惊叹。

但是，鲲再大，也不过是在大海中游曳；而鹏则可以借助着风势，享受巡天的飞翔，一往无前地去实现自己的"图南"大志。如果风气积聚的力量不是很雄厚，那么就担负不起鹏那"若垂天之云"的双翼。所以，大鹏展翅冲天九万里，力量就在于它的身下作为依托的动力。庄子是道家哲学的集大成者，是一个立志于超凡脱俗的人。他之所以夸张地描述由鲲化为鹏的过程，其寓意就是人们要用尊严和力量，实现对肉身的突破，去追求心灵的自由。

庄子认为，人生不应该沉溺于俗世的种种诱惑之中，应该有跳出来的心态，用超越的姿态，过一种无拘无束游心自适的生活。而此处的"逍遥"就是无拘无束、自由自在、悠闲自得的意思，而"游"字则代表了另外一种美好的状态：心灵悠游自在。庄子把这种状态叫作"乘物以游心"（《庄子·人间世》），意思是顺应、驾驭自然规律、知识思想和法则，以实现精神的自由和解放，也就是达到"逍遥"的境界。因此，"逍遥而游"是人心灵的自由，而非身体的自由。庄子认为，人的身体永远无法逍遥，因为身体永远摆脱不了俗世的生活。因此，心的绝对自由才是逍遥游的核心思想，这也是庄子人生观的关键之处。

(二)要教育监管对象摆脱狭隘、志存高远、追求成功

其实，学业、家庭、事业、情感、欲望等一切事情对任何人来说，总有不满意之处，

当你为其所累时，就会感到压力、束缚和痛苦，乃至焦头烂额、挣扎不休。任何人受挫之后，首先会烦躁、气馁，这都是正常的；但接下来的对整个人生产生怀疑甚至想放弃的心态，这就是不对的。庄子的逍遥人生观，强调从宇宙的高度来把握人的存在，使人的精神从现实中升华，并且破除自我中心，要求从故步自封、自我局限的狭隘心境中摆脱出来，以免在平庸忙碌之中迷失和异化了自我。人生一辈子，我们可能幸运一时，也可能祸从天降；可能富可敌国，也可能穷困潦倒；可能意气风发，也可能银铛入狱。但庄子认为：一个人在任何境遇下，都要有追求心灵自由放逸和精神胜利的勇气。

1. 要引导监管对象抛除名利之心，去欲还本

人的欲望分有两种：外欲和内欲。外欲之人，贪于世事，外求华饰欲乐，对名利取之无度，整日奔波于名利之中，以致心中不静而生烦恼，身心皆疲；内欲之人，贪于进修，穷寻真理，自以为无所不知，总是找人争执、辩论，不虚心，不请教，以致烦恼而生。凡此两种有贪欲之人，或恃才逞智，或投机取巧以满足自己的功利之心，身心逐于外物，忧苦藏于自心，其结果就是"甚爱必大费，多藏必厚亡"（《道德经》）。在老子看来，过分地追求金钱、权力、地位和声望，人的内心就会被这些东西所控制，就会在不知不觉中变成这些欲望的奴仆，终身不得解脱，直至活活被自己的欲望累死。

当人们眼中只有名利的时候，就会看不到其他一切：亲情、正义、良知、道德、责任。那些父子成仇、兄弟反目、朋友相欺的故事，几乎都因名利而起。监管对象往往就这样在围绕自我欲望目标的实现上纠结，在为如何满足自我追求享受上做文章，在坚固、强化、膨胀自我中实现其所谓人生的价值意义，为了达到实现自我的目的要求，甚至不惜以宝贵的生命和自由做赌注，舍弃道德，践踏法律，以至于失去自由。老子一针见血地指出："不欲以静，天下将自定。"（《道德经》）意思是指人们不萌发贪欲以使心灵清静，这样天下就将会自然而然地安定。因此，只有修身修心，克制外欲，清神静心，顺应自然，不加强制，使自己保持淳朴的本性，方可信念坚如磐石，不焦虑，不紧张，从容不迫，镇定自若，能以平静的心态正视现实生活中的许多不如意，包括各种困难和灾难。当一个人以这种心态做事的时候，是不难取得成功的。因此，清静无为是平和心态、淳朴性情的展露。正是因为清静无为的人心中没有过多的利欲、虚荣和嗔怒，因此不会利欲熏心，不会因虚荣而蒙蔽了自己的眼睛，不会因嗔怒而失去了理智。他们懂得十年磨一剑的艰辛，跌倒后会爬起来继续追求，不会怨天尤人，不会自暴自弃，能像越王勾践那样忍辱负重、勇挑重担，最终从困境走向强盛。所以有必要引导监管对象抛除名利之心，保持一颗平常心、清净心，如此，即可去欲还本，与道合真，与德合本，矫正恶习，重建人生观。

2. 要教育监管对象实践天人合一，主动接受教育矫正

天人合一，就是人类社会与自然世界之间的协调统一关系。我们今天看待这个"天"，

可以把它理解为世界万物、自然规律。在中华优秀传统文化里，人们对于"天"有着敬畏之心、反观之心，人与天不是对立割裂的，而是相生相应的。因此，人与天之间，才有了对照之心、合一之心。这与前面说过的"顺应自然"正是一脉相承：效法自然，即是天道；效法天道，即是人道；天之道是万物运行的规则，人之道是人类社会的规律；人道对应了天道，就符合了发展大道。这对于教育监管对象具有重要的参考意义。

《道德经》认为："上善若水，水利万物而不争，处众人之所恶，故几于道。"在道家看来，水对任何环境都有适应能力，而且还有包容万物的品德，它滋养万物而不与之相争，自身处在别人不喜欢的地方，随遇而安，顺应自然，始终怀着一种广阔的胸襟，是最接近于道的事物。当你不能改变外部世界和现状时，唯一能改变的是你自己。《太平经》说："夫人命乃在天地，欲安者，乃当先安其天地，然后可得长安也。"意思是人安身立命于天地间，要想得到好的生存和发展，必须使我们赖以生存之地得到和谐安宁，然后人类才能长久安宁。然而很多监管对象往往将自身对于监管机构环境的不适应，归结于外部原因。因此，管教人员在矫正教育工作中，需要从"天人合一"的整体观念出发，引导监管对象重视人对监管机构环境的依赖关系，培养他们树立顺势主动去适应监管机构环境的能力，从而主动去维护监管机构环境的和谐与安宁。比如罪犯在入监初期，民警会反复对他们发问："这是什么地方？你是什么人？你来这里干什么？"这三个问题的答案分别是监狱、罪犯、服刑改造。这三个问题属于监狱特有的问题，意在时刻提醒罪犯明确自己的身份，知道监狱的功能和违法违纪的后果。因此，对于罪犯来说，一是要时刻保持紧张，要警醒自己必须完全服从民警的管理，积极参与劳动，安心接受改造。因为这一切的根源，就是犯罪。自己不犯罪就不会来到这里，就不会成为罪犯。二是充分认识到当你不能改变外部世界和现状时，唯一能改变的是你自己。人生没有回头路，错过了就不能重来，所以与其在懊恼中纠结过去，不如认真反思，抓住当下，自觉努力去适应监管环境，对自己的犯罪行为感到悔恨，积极配合民警的管理教育工作，时刻把自己的认识、情感、意志都落实到自己的改造实践中，从始至终依据这个标准参与到改造中，找到自己努力的方向。

3. 要激励监管对象树立正确的改造目标，执着地追求新生

立志，其实就是给人生设定一个目的、一个靶点。在王阳明看来，"志不立，天下无可成之事"（《教条示龙场诸生》）。立志，是"天生我材必有用"的自信，是"穷且益坚，不坠青云之志"的坚忍，是"鲜衣怒马，不负韶华"的自在。生活离不开目标，目标的高度直接决定了人生的高度。一个人志存高远，就能激发奋进潜力，人生就不会像无舵之舟漂泊不定。没有大志，就只能顺波逐流，浑噩度日，一事无成。明代洪应明讲道："立身不高一步立，如尘里振衣，泥中濯足，如何超达？"（《菜根谭》）意思是假如人生在世不站得高点，就不能看到远处，好比在飞尘里打扫衣服，在泥水里洗涤双脚，怎么能熬出头，比别人强呢？正所谓"站得高，望得远"。当然，不坚持自己的志向最终会一事无成；而

给自己制定一个太高、太大志向的人也容易一事无成，因为这个志向离自己太远了，丧失了去实现它的信心和动力。有的人也有自己的志向，但是这个志向并不适合自己，可他们偏偏一意孤行，要坚持到底，那最后的结果就是离自己的目标越来越远。执着具体表现为孜孜不倦。左丘明失明写《左传》，司马迁遭宫刑写《史记》，都说明执着是一种力量，是对生命最本质的坚守。"人生自古多磨难，从来纨绔少伟男""路漫漫其修远兮，吾将上下而求索"，也说明执着能使人历经千难万险而无怨无悔。执着到深处，就化成了一种快乐，给自己的心灵以慰藉，比如孔子"闻韶乐而三月不知肉滋味"。

早获新生是监管对象的目标追求，也是管教人员的殷切希望和工作职责。但大部分监管对象从失去自由开始就自认为前途暗淡，为社会所抛弃，因此缺乏改造规划，基本上无志可立。如有所谓的"立志"，也只停留于嘴上说说，他们内生动力不足，故步自封，安于现状，重言轻行，阳奉阴违，缺乏自律，很难付诸实际努力。所以，管教人员一是要教育他们认知错误，端正改造态度。认知错误是重新做人、争取光明改造前途的第一步。认知错误的具体表现，就是提高思想认识，端正改造态度，规范行为养成，积极履行义务。二是要教育他们挺直脊梁，吃苦耐劳，从小事做起，负重奋进，利用所学所长，克服困难，加强改造信心和改造动力，不断努力前行，不断向新生的彼岸迈进。三是要让监管对象真正懂得人生的意义就是建立在一个正确的目标基础上，尤其重要的是要经由目标，集中注意力，投入到一种实际可行并从中体验到成长、收获的活动中来。监管对象自己的志向、决心，加上管教人员的帮助，才能让监管对象发现和体味到监管生活的意义之感，才能让他们更加主动投身改造，获得更多自在、成功乃至圆满。

任务考核

1. 罪犯张某，入狱前担任某县建设局局长，利用职务之便大肆收受贿赂，最终入狱服刑。入监以后，他改造态度极不端正，既对法院判决持对立、抗拒态度，认为判决不符合事实，且量刑畸重，又对自己的境遇心存不满，认为自己曾为国家作出过不小的贡献，不屑与杀人、拐卖儿童、催收非法债务的罪犯关押在一起，整天悲叹自己的命运。

问题：
请你谈谈如何从"随遇而安"的角度来对张某开展矫正教育工作。

2. "知道孩子生活学习有了着落，我既感恩又愧疚。"8月8日，监狱向四监区罪犯王某转达了连云港民政部门的答复，告知已成功为其儿子办理了相关的保障手续，并协调王某的哥哥签订了监护协议，王某抑制不住激动的心情："我犯罪害人害己，受到惩罚是咎由自取。感谢监狱、司法局和民政局对我和儿子的大恩！我一定好好改造，争取早日和儿子团聚，再也不能为害社会了。"

四监区副教导员姚春新介绍说，王某入监服刑时儿子才6岁，之后一直是哥哥姐姐们轮流照顾，上学也是断断续续的。前一阶段，王某拨打亲情电话，得知儿子已经辍学很长时间了，陷入深深的愧疚自责，认为自己坐牢害了孩子，不知道今后的改造之路如何走、怎样渡过眼前的难关。

"监区及时向教育矫治支队进行了汇报。"姚春新回忆说，监狱核实情况后，委托在王某家乡司法局挂职互帮共建的民警上门了解情况，得知王某入狱后妻子就去世了，王某的儿子辍学在家已有一段时间。

为了让王某安心改造，同时也是尽力帮扶王某的儿子，监狱教育矫治支队通过"刑罚执行一体化"平台，积极通过监狱互帮共建民警向区司法局汇报反映相关情况。区司法局和民政局及时与乡、村委协调，经多方沟通协商，在政策范围内落实了最低生活保障，并协调王某的哥哥签订了监护协议，由其哥哥履行临时监护职责和抚养义务，王某儿子的帮扶救助工作最终得到了圆满解决。秋季开学前，监狱还为王某的儿子申请了阳光帮扶基金，并赠送了学习生活用品。

来源：《细微之处见真功　南通监狱夯实基础促进罪犯踏实改造》，江苏省监狱管理局网，2020-10-18，内容有删改。

问题：
请你从"顺应天道"的角度谈谈对南通监狱促进王某安心改造工作的看法。

项目小结

　　本项目通过了解监管对象思维方式的表现形式，分析其思维方式的特点，梳理出监管对象思维观念与中华优秀传统文化伦理思想的相悖之处。项目根据监管对象的思维特点，针对性地介绍了以"中庸之道""以和为贵""随遇而安"为主要内容对监管对象的思维方式进行矫正的基本原则和主要方法。

　　对监管对象思维方式的矫正是监管机构构建安全防范体系、打造平安监管机构的需要。对监管对象思维方式的矫正，不仅有利于提高矫正教育工作质量，进一步做好监管对象的思想工作；还有利于管教人员及时掌握其思想动态，科学地预判其行为动向，采取针对性的教育和防范措施，消除监管工作中的安全隐患。

拓展思考

　　罪犯李林(化名)曾是某村办企业的法定代表人，手下有60多名员工，后来他还当上了村主任。任企业法定代表人期间，他收受了别人贿赂的一辆奥迪车及部分现金后，允许行贿人使用自己所在村办企业的工程资质承揽生意。2015年7月，李林因非国家工作人员受贿罪被法院判处有期徒刑6年。

　　李林进入监狱两个半月后，记者在监狱见到了他。

　　李林至今还记得刚刚入监时的忐忑。"穿过一道又一道的铁门，囚车停下了，我下车的时候都没站稳，心里只想着以后的路该怎么走。"李林称，在看守所时，自己就听几个多次"进宫"的犯罪嫌疑人说监狱的环境和管理有多严格，所以下囚车后，他的腿都软了。

　　在入监后的第一天晚上，李林失眠了。"在来监狱服刑前，我在看守所吃、睡都不习惯。"李林称，最初被法院判刑后还没来监狱时，他就整天晚上睡不着觉，一直在想以后6年的日子该怎么熬过去。

　　在李林入监第二天，民警就找李林谈话，试图了解李林的想法，但民警碰了壁。"尽管有问必答，但他总是靠着椅背，一副居高临下的姿态。"一次谈话李林给民警留下了这样的印象。实际上，李林是没有认清自己，他虽然口头上承认自己的罪行，但他从来没有反思自己怎么成为了一名罪犯。

　　民警说，李林在监狱服刑初期，表现得很孤僻，不仅不与其他罪犯交流，连吃饭、打饭、刷碗也都是一个人排在队伍最后。就当初的行为，李林对记者说："我周围都是罪犯，还有几进宫的，素质太低，我不与他们为伍。"

　　曾经的优越感还让李林一直无法融入服刑的集体生活，学习叠被子、进行队列训练，他差不多用了半个月的时间。"我以前是村干部，我怎么会干这些？"李林说，在来监狱服刑之前，自己就没动手叠过被子。李林说，自己学得慢，倒不是因为动手能力差，主要还是因为心理上受不了。"老是想不通自己为什么会在这里，所以学什么都慢，有抵触情绪。"自己虽然表面都是按照规定进行学习和训练，但是口服心不服，总是抱有一种糊弄的心态。

　　此后不久，民警再找李林谈话。当时，民警提出了三个问题让李林思考：你是什么人？这是什么地方？你到这里干什么？

　　李林说，当时面对民警的提问，自己感觉当头被打了一棒。"我竟然无言以对。我来监狱就是服刑来的，以前的事情都已经过去了，覆水难收，我现在只能向前看，那就是积极改造自己。"李林称，此后他开始反思自己。

　　此后他的态度慢慢发生了转变，每天除了背诵并学习《监狱服刑人员行为规范》《弟子规》《光明行》等内容外，还给家人写了被羁押以来的第一封信。"自从被抓后，我一直没有跟家人联系，不知道怎么面对他们。那时候我很自私，根本也不考虑家里人对我有多担心，但是通过学习法律知识，以及《弟子规》《光明行》后，我发现我以前的做法太自我了。"在他入监后的第一个国庆节，李林的家属会见了他。李林告诉他们自己的心理负担已经彻底消除了，他会更加努力学习和改造，争取减刑。

　　如今，李林已经习惯了整理内务、上课、练队列……每天都有新的学习内容，民警们通过法律常识、监规纪律、监狱日常规范、心理健康、传统文化等方面的教育，努力提高他的身份意识、改造意识和遵规守纪意识。"这里就像一所社会大学堂。我和其他人没什么不一样，相比他们来说，我也许更要改造自己的人生观、世界观。"李林说，"从一名企业一把手到罪犯，我虽然认罪了，却一直没有严肃地思考过这个问题。民警的管教让我认识了自己今后的改造方向。"

　　来源：《服刑人员入狱生活》，中国青年网，2015-10-26，内容有删改。

问题：
　　案例中的监管对象李林为何会在改造初期出现不配合的行为？在监管改造过程中，民警的哪些做法是结合"顺应天道"开展的？如果你作为改造李林的管教民警，你会怎样对李林实施关于养成"随遇而安"思维方式的教育？

实训项目三

用中华优秀传统文化调解处理监管对象的人际关系矛盾

一、实训目标

使学生掌握中华优秀传统文化矫正教育的基本原则，并熟练运用"中庸之道""天道无为""以和为贵"的思想调解处理监管对象的人际关系矛盾。

二、实训要求

（一）明确训练目的。

（二）明确训练的具体内容。

（三）熟悉训练素材。

（四）按步骤、方法和要求进行训练。

三、实训准备

（一）前期准备。联系实训教室，提前准备相关资料。

（二）训练素材：

某监狱 2020 年二季度发生监管对象违纪 36 起，其中，打架斗殴占了 17 起，是各类违纪中数量最多的一类，几乎占整个违纪数的 50%。单从数量上看，罪犯打架斗殴已成为该监狱最突出的狱情。通过对本季度以及近期发生的罪犯斗殴违纪的分析发现，罪犯打架斗殴有些不再是简单意义上的打架扯皮，许多斗殴带有团伙和报复行凶的性质，危害大，斗殴的背后隐藏着重大安全隐患。

9 月 12 日凌晨，三监区张犯、刘犯在监舍聊天，由于声音较大，影响了同监舍的李犯休息，李犯便对张、刘二犯骂骂咧咧，为此，双方发生争吵，张、刘二犯一起殴打李犯，罪犯杨某看到后，过来帮助张、刘二犯拉偏架，致使李犯的左眼眶被打肿。事件发生后，监区及时作了处理。一个月后，也就是 10 月 14 日早晨 8 点 30 许，李犯窜至电视房，袭击正在看电视的张犯，致使张犯右耳、右食指、中指、右臂多处受伤，共缝合 12针。10 月 18 日，鉴于李犯与上述三犯的矛盾，监狱将李犯调至一监区一分监区。当天晚上，李犯回三监区收拾东西，刘犯看到后，马上窜到监舍，乘李犯不备，用随身携带的茶杯朝李犯背部猛砸过去，茶杯被砸得粉碎，而刘犯本人由于用力过猛，自己摔倒在地板上不能动弹。试想，如果当时刘犯用的是其他凶器砸在了李犯的头上，或刘犯没有摔倒在地动弹不得而继续攻击李犯，后果将不堪设想。

请以上述案例为题材，运用中华优秀传统文化结合"强化监管纪律、净化改造环境"专项行动，撰写一份以中华优秀传统文化为主题的"面对面"联合接访活动方案。

四、实训方法和步骤

(一)学生阅读训练素材。

(二)学生自由组建小组,小组围绕训练素材,从调查研究、制订方案、组织实施的基本要求和工作程序着手,提出各小组综合意见。

(三)各小组设计联合接访活动的具体方案,并征求全体学生意见。

(四)进行集体讨论,特别注重问题预设。

(五)学生撰写心得体会。

五、实训评估

(一)学生总结实训情况,写出实训心得体会。

(二)指导教师进行讲评,并评定训练成绩。

项目四

用中华优秀传统文化
矫正监管对象的心性修为

项目导入

　　中华优秀传统文化蕴含诸多哲理，但最本质的特征是直指人性的回归。

　　一般来说，监管对象的世界观、人生观、价值观是异于常人的。他们走向违法、犯罪道路，往往也源于其三观不正和信念动摇。他们主观上重视个体感受，以自我为中心，重利轻义，见利忘义，生活奢靡腐败，忽视修心养德。我们要通过"知行合一""慎独""明心见性"等中华优秀传统文化关于修身正心的方法引导他们进行自身人格道德的修养，从而矫正其不良行为方式，强化其自我改造的内生动力，重建其行为模式，进一步提高监管对象矫正教育的质量，以达到合乎社会道德规范的目的。

学习目标

1. 认知目标：熟悉"知行合一""慎独""明心见性"的含义；掌握监管对象在心性修为方面存在的主要问题，理解中华优秀传统文化对监管对象心性修为矫正教育的重要作用。

2. 技能目标：能够运用"知行合一""慎独""明心见性"等中华优秀传统文化内容，对监管对象的心性修为提出行之有效的矫正教育方法，并能有针对性地对监管对象开展个别谈话和集体教育。

3. 情感目标：弘扬中华优秀传统文化，增强民族自信心和自豪感，增强文化认同，有效激发中华优秀传统文化的当代价值。

重点提示

本项目的重点是通过掌握"知行合一""慎独""明心见性"的内涵，并在分析监管对象思维方式、心理特征、个性品质等基础上，对监管对象开展矫正教育；了解中华优秀传统文化精神品质在监管对象矫正教育中的价值，增强对中华优秀传统文化的自信心、自豪感，弘扬和传承中华优秀传统文化的责任感和使命感。难点在于如何通过中华优秀传统文化的切入，运用"知行合一""慎独""明心见性"等中华优秀传统文化进行行之有效的矫正教育，重塑监管对象的道德观念，激发其改造的内在动力，矫正其不良品行和错误的世界观、人生观和价值观。

任务十三

用"知行合一"思想
矫正监管对象的心性修为

学习目的

1. 了解"自知之明""穷当益坚""久久为功"的出处及含义。
2. 领会"知行合一"思想的实质及精神内涵。
3. 能够运用"知行合一"思想矫正监管对象的心性修为。

知识要点

明朝思想家王阳明认为心灵态度决定行为方式、世界观点，他提出了"知行合一"的哲学理论，即认识事物的道理与实行其事，是密不可分的。"知"，主要指人的道德意识和思想意念；"行"，主要指人的道德践履和实际行动。王阳明认为："知是行之始，行是知之成。若会得时，只说一个知，已自有行在；只说一个行，已自有知在。"（《传习录》）意思是说：知是行的开端，而行则是知的完成，二者互为始末，所以，行一件事之前，必先有知，行必以知为前提。当然，一个人一旦涉及到行，知也就自然而然地存在了。王阳明还主张，"知是心之本体"，由心发动，开启了意识活动与实践活动。因此，在王阳明看来，知也是行的一种；在知之后，当然还要有行动上的结果，同时开启一个新的问学与实践周期。也就是说，在本然状态下，知和行是紧密联系在一起的。因此，知行关系，就是指道德意识和道德践履的关系，也包括思想意念和实际行动的关系。在《传习录》中，王阳明通过这样一个例子，对知和行的关系作了说明：一个人看见父亲，自然知道要孝顺，这就是知；孝顺父亲的行动和表现，便即是行。两者之间是一体两面、互相依存的关系，它们彼此共同构成周而复始并有所提升的完整认知结构。

对于这种知行关系，王阳明的学生徐爱提出了疑问。徐爱问王阳明，虽然人们都知道要孝敬父亲、尊重兄长，但现实中却很难做到，这不是说明知和行不能合一吗？王阳明解释道，知行不能合一，问题是出在人身上，是"私欲隔断"了知和行的关系。因此，倡导知行合一，在王阳明看来正是要恢复人的本体，通过实践，将人心合乎天理。如此，意识端正了，一旦作用于实践，就能在社会范围内收到良好的效果，也就能合乎世界本然的道理。

王阳明所说的本体是指能对应天理的本心，能够超越私欲，但是要落实于实践而不任意妄为，并不是一件简单的事。其中的关键环节是要用功夫。王阳明认为，要在事上做功夫，才能达到对人在视、听、言、动上提出高标准的道德要求。功夫的开端是要端正知，得了真知，才能去做好行的功夫。在这个意义上，知的功夫既能引导行的功夫，也能成为行的检验。但是，王阳明又坚持，如果没有躬行实践，就永远不会达到真知的境界。因此，王阳明特别强调"知行功夫本不可离"，知、行成为一套完整的修身功夫的必需要素。

一、自知之明

（一）自知之明是知行合一的出发点

中国有一句古话，叫"人贵有自知之明"。这句话的最早表述者是老子，他在《道德经》中说："知人者智也，自知者明也。"意思是说能了解他人的人是智慧，能认识自己、正确对待自己的人是聪明。后世据此典故引申出成语"自知之明"。自知之明，主要体现在两个方面：一是察己，就是客观地审视自己，跳出自我，观照自身，如同照镜子，既看正面，也要看反面；不但要看到自身的亮点，更要觉察自身的瑕疵。二是要不断完善自我，有则改之，无则加勉。

有一个寓言，说一只四处漂泊的老鼠，在佛塔顶上安了家。老鼠在佛塔里的生活非常幸福，日日有供奉的香火，每天看着那令人陶醉的烟气慢慢升起，座下是络绎不绝的善男信女们恭恭敬敬地烧香叩头，日子久了，它忘记了自己是谁，在心中暗笑：这些人的膝盖竟然这样柔软，都在向我下跪。忽然有一天，一只饥饿的野猫闯了进来，一掌将老鼠按住。老鼠疾呼："你不能吃我！我代表着佛！你应该向我跪拜！"可是话音未落，它就被野猫一口吞进了肚子里。猫咪舔了舔嘴巴，咕噜道："人们向你跪拜，只是因为你所占的位置，不是因为你！"可见，了解自己的情况，对自己有正确的估计，这不仅是生活智慧，也是一种生活态度，更是一种精神境界，是成长进步的精神力量。没有自知之明的人，会被别人虚伪客套的赞美所迷惑，极容易迷失自我，找不到前进的方向，甚至狂妄之心膨胀，自然而然地走向灭亡。而一个懂得自知的人，就会明白自己有什么长处，有什么短板，哪些是需要继续发扬的，哪些是需要改进的。同理，在说话做事时，他也就会明白什么话可说，什么事可做，该怎么说怎么做。

（二）要教育监管对象认识自我、突破自我、改善自我

自知是为了更好应对生活困境，能够清晰地了解自己的位置，并作出合理的规划来应对未来。过于高估自己，就会变得目中无人，除了升起激动的情绪和狂妄的口气，给自己和他人带来毫无意义的烦恼外，无法在处理问题层面给自己带来实质性的帮助。而过于低估自己，就会变得自卑，浪费自己所持有的天赋，绽放不出自己的个性，无法达到自己预期的价值，人生将是一场悲剧。

1. 要引导监管对象善于发现并突破自己的局限性

超越自我就是超越自我的局限性。因此要善于发现并突破自己身上的局限性。每个人都有自我局限，特别是在感觉有危险或受伤害的自我封闭状态下，一般很难从不同的角度看问题、看到不同的可能性、作出不同的选择和尝试新的应对方式，这就像一个自我内部的僵局，运用回避、压抑、隔离和合理化等手段建立逃避痛苦的防御机制，让自己无法看清问题的真相，进入一个自欺欺人的模式，然后日复一日地强迫性重复。

大多数监管对象由于成长环境的影响，形成了眼界不开阔、心胸狭隘、不能容人容事、处处计较、睚眦必报的个性，他们看不到自己的局限性，特别是不知道自己在认知、个性和智慧等方面的局限性；不少监管对象长期陷在问题里，加之个性的影响，没有可以谈心的朋友，也正是因为不自信、对他人缺乏信任、欠缺人际交往的成功经验，才会形成自我封闭和局限的状态，在心理困扰中越陷越深以至于不能自拔；特别是有的高学历高智商的监管对象思想境界不高，心高气傲、刚愎自用、自以为是、自命不凡，尤其是缺乏对管教人员理论水平的认同，存在严重抵抗改造的情绪。管教人员首先要帮助监管对象为自己列一张清单，看看自己究竟是一个什么样的人，只有暴露了自己的缺点，才会为自己的行为感到羞耻，也才可能战胜自己。其次是引导他们多与他人交流，多听取他人的看法和建议，以获得新的视角和应对方式，这是打破自我局限最便捷的方式。再次，要教育监管对象保持谦逊的姿态，不要过于自满。骄傲必然使人自满，忽略了天外有天、人外有人，然而"鹤立鸡群，可谓超然无侣矣，然进而观于大海之鹏，则渺然自小；又进而求之于九霄之凤，则巍乎莫及。所以至人常若无若虚，而盛德多不矜不伐也"（《菜根谭》）。意思是说：鹤立鸡群，可谓是身姿挺拔无人可比了，但是和海上的大鹏相比，就渺小得多了。又和九天之上的凤凰相比，更是高不可及。所以修养最好的人总是谦虚的，而德行高的人，都是既不自大也不自贬的。谦虚才会使人进步，人只有保持一个空杯心态，才能够不断地使自己进步。最后要引导监管对象找到一个方向来突破自己的局限性。比如要在劳动上突破自己，用业余时间学习拓展自己的技能，本职做得很好就拓宽延伸领域；要在生活上突破自己，最好从尝试找到一个兴趣爱好开始，当人们对某种事情产生兴趣时，就会愿意投入更多的时间和精力，潜移默化之下就会对自己有所改变。

2. 要教育监管对象克服自卑，树立自信

世间没有比超越自我更困难的，而人最大的对手就是自我。龚自珍提出"不能胜寸心，安能胜苍穹"（《丁亥·自春徂秋，偶有所触，拉杂之，漫不诠之，得十五首》），又说"心无力者，谓之庸人"（《龚自珍全集·壬癸之际胎观第四》）。这两句话，旨在阐明精神力量足以战胜外界干扰，充分体现了对"心力"的推崇——有"心力"，方能有硬肩膀、有大作为。"寸心"虽小，却是每个人自身的主宰。一个人有什么样的内心，就会有什么样的思想境界和行为举止；一个人能够自律自强"胜寸心"，才有可能成就一番事业。自卑，是无形的镣铐、思想的囚笼、意志的锁链，它会葬送自己的理想，失去众多的良机，消磨进取的锐气。而自信是取得成功的前提条件，自信才是超越自我的保证。

有的监管对象对于家庭有愧疚感，对于自己有迷茫感；有的监管对象认为被社会、家庭放弃，悲观失望，极度绝望，如陷沼泽，越挣扎陷得越深；还有的"多进宫"的监管对象内心自卑敏感，彻底失去改造信心。管教人员应教育监管对象不要让自卑成为超越自我的绊脚石，鼓励他们"过而能改，善莫大焉"，更要引导他们树立起自信，不断地去追求自我，去实现自我价值。

3. 要教育监管对象奋发进取

宋代王安石认为："世之奇伟、瑰怪、非常之观，常在于险远，而人之所罕至焉，故非有志者不能至也。"（《游褒禅山记》）奇景总是生在险而且远的地方，这就只有有志与有力的人才能看到。世间奇妙雄伟、壮丽奇异、非同寻常的景象，常常在于艰险和僻远，而且是人迹罕至的地方。《周易》中的"天行健，君子以自强不息"可以作为中华民族奋发进取精神的集中表达，主张刚健有为、积极进取，奋发向上、永远前进，这体现了中华民族愈是遭受挫折愈是奋起进取的精神状态和坚韧意志。

教育监管对象奋发进取，首先要引导他们不要满足于"熬时间"的低标准而故步自封，而是要廓清思想的迷雾，树立积极乐观向上的人生态度，看清前行的方向，让欲望止于规矩，不断提高认识水平，自我改造。同时更要教育监管对象认识到坚持的过程必然要经历无数的失败，只有在失败中坚持下来，才算是真正的坚持；在看不到前景的时候绝不轻言放弃，而是要尽最大的努力，持之以恒，一直向前，成为一个勇于挑战自我的真正强者。

二、穷当益坚

（一）穷当益坚是知行合一的关键

"穷当益坚"出自《后汉书·马援传》："丈夫为志，穷当益坚，老当益壮。"意思是一个人处境越是不好，意志应当越坚定。人生中会遇到很多的挫折不顺、艰难困苦，越是在这种时候越能体现人的心性修养。寻常人往往慌乱悲戚，真正有抱负和志向的人不仅不会被挫折不顺吓倒，反而会越挫越勇，自强不息，永不懈怠。作为中华优秀传统文化精神的重要内涵，穷当益坚是中华民族生生不息的力量源泉，体现了中华民族勇于进取的精神境界，激励一代代中国人发奋进取、不懈奋斗。自古以来，这种坚韧、追求卓越的精神品质，渗透到中国人的思维方式和价值取向中，构成中华传统文化发展的内生动力，成为中华民族的内在气质和鞭策中华儿女不断开拓进取的精神力量，锤炼着中华民族的价值取向、心理品质、精神气质、道德规范和行为养成。

宋代名臣范仲淹，小时家境十分贫寒，他童年住在长山醴泉寺的僧房里，昼夜苦读。每天煮一锅米粥，等它凝结以后，用刀划成四块，早晚各取两块作为主食，再掐几根咸菜，这就是一天的饭菜。甚至有时候连这一锅米粥也不能保证，但他谢绝同窗的物质帮助，他说："我多年吃粥，已成习惯，如今骤然享受佳肴美馔，恐怕将来吃不得苦，又怎样办呢？"宋代大儒胡瑗，在泰山刻苦攻读，十年没有回家。读书期间，无论生活多么艰苦，胡瑗总是不废学业，每接到家里的来信，只要看到信封上有"平安"二字，就把信投到书院旁的溪涧之中，以免读信分散精力，影响读书，后人遂将胡瑗投书的地方命名为"投书涧"，以纪念他的这种精神。不努力，成功不会自己找上门来，天上掉下来的，也大多是陷阱而不是馅饼。每一位成功人士的背后，都有艰苦的甚至辛酸的创业历程，只不过他们自强不息、坚持不懈，所以站到了时代的前台。

中国古代关于穷当益坚的故事都指向一点，那就是敢于与命运作斗争所表现出来的奋发图强和拼搏进取的精神。不论是文王被拘、孔子受困，还是屈原流放、左丘失明、孙膑截骨、不韦贬蜀、韩非囚秦，他们都表现出了不屈服于命运的坚韧不拔、敢于挣脱命运困厄的精神品质。但是，大家关注的，往往是故事主人公如何在逆境中奋起、如何克服先天后天的各种缺陷、如何突破客观上的各类限制、如何奋发图强最后终于获得成功等等，困难的开端和成功的结局构成了鲜明的对比，也产生了强烈的戏剧性效果，因此为大家所津津乐道。所谓"十年寒窗无人问，一举成名天下知"，机遇来临的时候，人生大放光彩，以前的一切努力都有了回报，可是在机遇来临之前，又有几个人能在冷板凳上坚持下去呢？

（二）要教育监管对象勇于挑战自我、坚韧不拔

有一个非常著名的关于目标规划对人生影响的调查。调查对象是一群智力、学历、生活环境等条件相当的年轻人。结果发现：25 年后，那些占 3% 的有清晰且长期的目标规划、25 年来从不动摇并始终朝着同一方向努力的人，几乎都成为社会各界的顶尖成功人士；那些占 10% 的有清晰但比较短期的目标规划的人，大都生活在社会的中上层；那些占 60% 的目标规划模糊的人，他们的短期目标不断实现，生活状态稳步上升，成为各行各业的不可缺少的专业人士；而那些占 27% 的没有目标规划的人，他们几乎都生活在社

会的最底层，生活不如意，且常常抱怨他人、抱怨社会。足以可见，人生规划对于一个人的成长成才有着重要的推动作用。

1. 要引导监管对象校正方向

朱熹说过："天下事，坏于懒与私。"(《朱子语录》)意思就是纵览古今兴衰成败，凡是导致一个人失败的原因，主要是懒惰和自私。懒惰的人，就算成功的机会摆在他面前，也不愿伸手去做，所以注定一事无成；而自私的人，专做损人利己的事情，就算一时得利，也必不能长久。曾国藩也说过："人败皆因懒。"人的惰性是与生俱来的，趋利避害，向往安逸，害怕挑战，习惯于做能够驾驭的事情。总是因为吃不了苦，所以很难坚持，因为想偷懒享受，所以总能为自己找来千万个不坚持的理由。但成功是没有捷径的，勤能补拙才是王道，人的成功来自不断地自我奋斗，一个人想要成长、进步，超越自我，必须跳出舒适区，勇敢接受挑战。事实上，自古以来，任何让人变优秀的行为，都不会一帆风顺，不可能一蹴而就。很多监管对象在监管改造期间，心比天高，但却从来不考虑付出，缺乏明确的人生规划，浑噩度日，得过且过，缺乏战胜困难、破解难题的坚韧精神，缺乏拼搏前进的内生动力，遇到困难就缩头缩脑，动辄轻言放弃，拿不出勤奋刻苦的态度。这些人可能会得意一时，但终将原形毕露。机会总是留给有准备的人，只有刻苦努力，才能抓住机遇，一飞冲天。

有些监管对象，思想上得过且过、不求上进，生活上好吃懒做、好逸恶劳，一味想着"熬时间"；特别是对一些重刑犯而言，自感人生无望，加之家庭顾虑重，改造上没有积极性，思想上没有动力，行为上没有活力，精神萎靡，容易产生压抑苦闷甚至悲观绝望心理，于是放任自流，不配合管教人员日常管理教育；还有些监管对象不是安心改造，而是只想着走捷径，耍小聪明，企图通过托关系、找后门获得减刑、假释。因此，管教人员要教育监管对象纠正错误想法，通过自我反省寻找差距、明确不足，提高改造积极性，重塑世界观、人生观和价值观；还要引导他们从小目标着手，付诸实际行动，脚踏实地，发扬拼搏精神，树立改造信心与决心，持续激励自己去不断努力而最终获得成功。

2. 要教育监管对象守正创新

守正，就是坚守正道，坚持按规律办事。创新，就是改变旧的、创造新的。概括而言，守正创新即把握事物规律，根据一定的目的改变现存事物，创造新事物。守正是创新的前提和基础。事物的规律不以人的意志为转移，是否遵循规律是创新活动朝着什么方向前进、具有何种前途的决定因素。遵循规律，创造性地认识和改造事物，才能使事物在正道上实现新发展。创新是守正的目的和路径。事物发展是不断由量变到质变、连续性和阶段性统一的运动过程。创新意味着对"旧"的突破与超越，是发展的质变、飞跃形式。

教育监管对象守正创新，首先就要引导他们勤于自省，学会自我调整心态，校正人生方向，走好脚下每一步：一要追求而不索求。为幸福、为自由而奋斗是追求，为私利、为虚名而奋斗是索求。要引导监管对象善于把握自己，远离虚名浮利的诱惑，从烦琐细碎的教育改造中找到快乐，在持续的劳动改造中实现人生价值。二要比较而不计较。比较与计较虽一字之差，却有天壤之别。比较是人生进步的助推器，有比较才能增长见识，有比较才能发现差距；计较是人生进步的绊脚石，有计较就会牢骚满腹，有计较就会言行偏激。所以要引导监管对象审视自己，善待他人，把争强好胜之心转化为健康的竞争意识和不懈的进取动力。三要平凡而不平庸。甘于平凡是一种积极的心态，是在清净平和中锐意进取；甘于平庸是一种颓废的心态，是在消极消沉中无所作为。所以要引导监管对象甘于平凡，拒绝平庸，才能面对那个最真实的自己，从而唤起无比的勇气，一路前行。

3. 要帮助监管对象树立坚定的执行力

执行力，就是创造性地完成任务的能力。积极的人总是千方百计想办法主动完成任务，消极的人则千方百计强调客观困难，所以执行力更是一种态度。"老骥伏枥，志在千里。烈士暮年，壮心不已"是曹操写的《龟虽寿》中的两句话，表达了乐观奋发、永不停止的理想追求和积极进取精神。有些"差不多"心态的人，觉得自己已经改变了不少了，然后就放弃了，事实上他们距离"想要成为的目标"，还差得很远。当一个人决定要成为什么样的人时，一定要有相应的执行力，直到自己完全成为心目中的那个人时，才算是完成了超越自我。否则这种努力顶多算是成长，算不上是超越。

随着进入监管机构时间的增长，积极主动接受改造的监管对象为数不多，大多数监管对象渐渐麻木，连抵制的想法都没有了，而变成了机械式完成各项改造任务，并且对结果毫不关心；一部分监管对象畏于管教人员威权，表面上进行妥协，表现出顺从，但从内心却是抵制的，并且在执行过程中敷衍了事；极少数监管对象会彻底丧失改造积极性，破罐子破摔，对改造任务提出直接的疑问，甚至顶撞、威胁、对抗管教人员。因此，管教人员一是要强化日常管理，加大惩戒力度，树立法律威严，密切关注监管对象的思想情绪变化，及时发现和纠正其违规违纪行为；二是挖掘监管对象的闪光之处，帮助他们重塑自身形象，引导其规范言行，合理宣泄情绪；三是引导监管对象制订切实可行的改造计划，督促其完成劳动任务，通过及时表扬等方法增加其劳动获得感、自我认同感和集体荣誉感，鼓励其通过劳动获得改造成绩，改变不良习气。

三、久久为功

(一)久久为功是知行合一的必要条件

"久久"一词在东汉文学作品中就时有出现，表示经过相当长的一段时间。如东汉文

学家崔瑗在他的座右铭中提到："行之苟有恒，久久自芬芳。"意思是一个人保持恒心做一件事情，时间长了自会有芬芳。东汉文学作品《孔雀东南飞》一文中，刘兰芝告别焦仲卿时曾说"时时为安慰，久久莫相忘"，表示一直不能忘记。《前汉纪》中也有"久久"一词："愿陛下令诸侯得推恩分子弟，彼人人喜得所愿，实不分其国，而久久稍弱。"在这里，"久久"都是表示经过很长一段时间的意思。

久久为功，意为要持之以恒，锲而不舍，驰而不息。任何事物的产生，都必然要经过酝酿、发展的过程，潜在的、长期存在的因素，不是突然之间就可以形成的。东汉思想家王充的"河冰结合，非一日之寒；积土成山，非斯须之作"（《论衡·状留篇》），南宋文学家罗大经的"绳锯木断，水滴石穿"（《鹤林玉露》）都说明事物由量变积累到一定程度，就引发质变。因此，凡事皆有其发展的过程，不可指望急于求成，一蹴而就。如果你想要在一件事上取得成绩，往往不是短暂的工夫就能达到的，而是需要经过坚持不懈的努力，长久以往的积累才能够取得成功。

（二）要教育监管对象树立明确目标，驰而不息

任何事物的发生和发展都有其潜在的、长期存在的因素，都是经过长时间的积累、酝酿才形成的。成功的取得，也不是朝夕之事。明代医学家李时珍从小就随父行医，每天翻山越岭采药，身体力行，积累经验，刻苦研究，最终完成192万字的巨著《本草纲目》；唐朝诗人李贺才华出众，为了收集素材，每天早晨外出游历，一有灵感便记下放在锦囊里，晚上再挑选整理，以备日后写作之用，他虽只活到了27岁，却留下了233首著名的诗篇。因此，久久为功，就是要有"咬定青山不放松"的定力，有锲而不舍、持之以恒的毅力，做任何事都不能三天打鱼、两天晒网，应该用心去做好每一件事，积跬步以至千里，汇小流以成江海。这也是愚公移山精神的核心。所以，对监管对象进行"久久为功"教育，需要注意以下几点：

1. 要教育监管对象立足实际，锁定目标

《孟子·告子下》说："故天将降大任于是人也，必先苦其心志，劳其筋骨，饿其体肤，空乏其心，行拂乱其所为，所以动心忍性，曾益其所不能。"意思是天将要把重要的任务加到某人的身上，一定要使他心意苦恼，筋骨劳累，使他忍饥挨饿，身处贫困之中，使他的每一个行动都不如意，这样来激励他的心志，使他性情坚忍，增加他所不具备的能力。在通往成功的道路上，充满了艰难险阻，没有人能随随便便成功。一些人因为缺乏目标或者目标不明确，心无畏戒，做事毫无底线，加之缺乏挫折教育，因此走上犯罪道路。进入监管机构后，他们对人生缺乏规划，在改造道路的选择上迷茫徘徊，即使确定了改造目标也难以做到始终如一，遇到困难阻碍时退缩放弃，无法直面困难，迎难而上，找到解决问题的办法。因此，要引导监管对象尽快觉醒，教育他们把现在的一切都当作磨炼，树立"咬定青山不放松"的韧劲和信念，鼓足勇气，锁定目标，迎难而上，善始善终，用积极的心态激起强烈的成功欲望，重新走上生命的希望大道，冲出迷茫的旋涡。

2. 要教育监管对象沉心静气，锲而不舍

荀子在《劝学》中说"骐骥一跃，不能十步；驽马十驾，功在不舍。锲而舍之，朽木不折；锲而不舍，金石可镂"，意思是骏马一跨跃，也不足十步远；劣马拉车走十天，也能走得很远，它的成功就在于不停地走。如果刻几下就停下来了，那么腐烂的木头也刻不断；如果不停地刻下去，那么金石也能雕刻成功。当然，成功的路上除了要做到持之以恒，还需要凝心聚力，不断积累。荀子又用蚓和蟹比对，强调专心致志的重要性："蚓无爪牙之利，筋骨之强，上食埃土，下饮黄泉，用心一也。蟹六跪而二螯，非蛇鳝之穴无可寄托者，用心躁也。"意思是蚯蚓没有锐利的爪子和牙齿，强健的筋骨，却能向上吃到泥土，向下喝到地下的泉水，这是由于它用心专一。螃蟹有六条腿，两个蟹钳，但是没有蛇、鳝的洞穴它就无处藏身，这是因为它用心浮躁。大多数监管对象对监管机构文化或改造理念缺乏认同，特别是一些监管对象看不到希望，于是悲观绝望，思想颓废，对于劳动改造和思想教育从内心深处极为排斥；一些"多进宫"的监管对象，恶习更深，接受改造的心理认同也更低，监管难度更大；一些监管对象从小没有得到正确引导，缺乏吃苦耐劳品质，惰性严重，急功近利，容易受到身边负面现象的影响，要么抱怨自己命苦，要么抱怨社会不公平。因此，在日常的矫正教育中，要教育监管对象耐得住寂寞，遇到困难要克服不良和消极情绪，树立积极向上的进取精神，沉心静气，走好弃恶从善、改邪归正的每一步。

3. 要教育监管对象勇于实践，厚积薄发

荀子说："吾尝终日而思矣，不如须臾之所学也；吾尝跂而望矣，不如登高之博见也。"(《劝学》)意思是我曾经整天地思索，不如片刻学习所得多。我曾经踮起脚跟瞭望，不如登高所见之广。很多监管对象进入监管机构后，在高墙内电网下惶惶不可终日，认为自己这辈子完了，没有希望了，无心改造，心不在焉。因此，要引导监管对象相信"越努力越幸运"，每一个成果的取得都是不懈努力的结果，教育他们从现在做起，安心改造，付诸劳动实践，接受思想洗礼，矫正错误的思维方式和行为准备，积蓄能量，争取早日回归社会。在不断引导监管对象明荣辱、辨是非的基础上，使监管对象从帮助身边人开始，培养他们的宽容品格和积德行善的观念，并久久为功，形成行为和思维定式，增强其自我改造意识及社会责任感，使其用实际行动改错归正。

任务考核

"听说家乡土特产销路不好，我想开网店，把家乡广柑卖到全国。"四川省锦江监狱服

刑人员秦某拿着已经反复修改多遍的"创业计划书"说。还有一个月,这名32岁的小伙子就将离开高墙,踏上回归之路,这让已经服刑三年多的他紧张又充满期待。

四川监狱系统对即将刑满释放的服刑人员进行的抽样调查显示,服刑人员在服刑期间最关注的问题是回归社会后能否自食其力、能否适应社会发展的需要、能否快速融入社会生活。有45.71%的服刑人员对重新回到社会感到迷茫,42.35%的服刑人员希望出狱前能学到一技之长,58%的服刑人员希望出狱后能自主创业。

为了让服刑人员回到社会后重展"自强之翅",秦某所在的四川省锦江监狱从2011年开始探索实行"监校合一"的出监教育模式。九年来,大量即将刑满的服刑人员在这所"特殊学校"通过学习烹饪、种植养殖、汽车美容、电子商务、蜀绣等上手快、就业前景好的技能培训项目,掌握了一技之长。

"三年前我刚入狱时,家乡县城才刚兴起网购热,我很怕高墙的生活让自己和社会脱轨。"秦某回忆,在家人的鼓励下,他选择了电子商务培训项目,了解市场动态。培训课程结束后,他又开始进行创业培训,分析自己和竞争对手的优劣势、制订市场营销计划、完成"创业计划书"。

为了进一步帮助服刑人员创业,四川省锦江监狱还主动协调社会企业建立扶助基金。四川乐山福华集团设立的"福华更生扶助基金",通过向符合条件的刑释人员提供资金支持,已先后重点扶助近百名刑释人员实现创业梦想。

在四川省锦江监狱服刑期间,郑某选择了种植养殖培训项目。2016年,离开四川省锦江监狱后,他在监狱民警和"福华更生扶助基金"的帮助下开办了养殖场,并招聘了5名刑释人员和他共同创业。

"在监狱里我们学到的不仅是技术,还有'学会做事,要先学会做人'的道理。"郑某说,目前他养殖场的刑释人员年龄最大的已年过六旬,年轻的二十出头,大家工作之余经常会提着鸡蛋去县上的养老院看望孤寡老人。

来源:《探访高墙内的"特殊学校":让服刑人员重展"自强之翅"》,中国经济网,2019-07-18,内容有删改。

问题:

请根据以上案例,谈谈你对针对监管对象开展"穷当益坚"教育必要性和可行性的认识。

任务十四

云麓课堂

用"慎独"思想矫正
监管对象的心性修为

学习目的

1. 领会"慎独"思想的实质及精神内涵。
2. 了解"不欺暗室""反求诸己""三省吾身"的出处及含义。
3. 能够运用"慎独"思想矫正监管对象的心性修为。

知识要点

　　"慎独"是中国古代创造出来的自我修身方法，也是中华优秀传统文化主张的修行的最高境界，强调在独自活动无人监督的情况下，仍能按照一定的道德规范行动，而不做任何违背道德观念、做人原则的事。作为中华民族传统美德，"慎独"对于中华民族的文化心理、思维方式、价值态度等具有重要指导意义。

　　"慎独"之"慎"，在先秦文献中常见，本义是"谨"。许慎《说文解字》认为："慎，谨也，从心真声。""慎"又有"诚"之义，中国第一部词典《尔雅》就记载："慎，诚也。"清代学者郝懿行在为《尔雅》所作的注本《尔雅义疏》中，引用唐代学者杨倞的观点，进一步解释了"慎"："不敢慢即慎矣。"意思是慎就是不敢怠慢。"慎独"之"独"则与"群"相对，意为孤处，清代文字训诂学家段玉裁将其解释为"独而不群"（《说文解字注》）。慎独多与君子相联系，是传统思想道德修养的基本内容。"慎独"一词见于"此谓诚于中，形于外，故君子必慎其独也"。意思是说，人的心中诚心正意，必然要在行动上表露出来。如果不能诚心正意，而是要弄心计，就会在行动上留下痕迹。在《礼记·中庸》中也出现了"慎独"一词："君子戒慎乎其所不睹，恐惧乎其所不闻。莫见乎隐，莫显乎微。故君子慎其独也。"意思是说，君子在无人看见的地方也要小心谨慎，在无人听得到的地方也心存敬畏。隐蔽时也会被人发现，细微处也会昭显，因此君子在独处时要慎重。所以，独处的时候

内心修养是极为重要的。慎独是对"诚于中，形于外"的坚守，是对自我内心崇高道德律令的敬畏。东汉人郑玄曾注解说"慎独者，慎其闲居之所为"，指的是慎独是在不管有人还是无人时，都如履薄冰、如临深渊，始终不放纵自己的欲望、不逾矩。对此，三国时期的曹植也有类似说法，他写的《卞太后诔》，其中言及"只畏神明，敬惟慎独"，意思是冥冥之中有神明监管着，一人独处的时候尤其应该有敬畏之心。春秋时期道家经典《文子·精诚》也论及"慎独"："圣人不惭于景，君子慎其独也。舍近期远，塞矣。"意思是圣人修养不会受到景象的干扰而做出自我羞辱的事情，尤其在独处的时候应更加谨慎。如果不在独处的时候注重内心修养，而想要得道，那是不可能的事。由此看来，慎独是儒道两家共同倡导的。

晚清名臣曾国藩总结自己一生的处世经验，将慎独、主敬、求仁、习劳统称为"日课四条"："一曰慎独则心安；二曰主敬则身强；三曰求仁则人悦；四曰习劳则神钦。"(《君子慎独论》)强调作为君子道德修养的重要方法，慎独是根本，也是日常生活规范的行为准则；强调能够慎独则自我反省不会感到内疚，可以无愧于天地鬼神，肯定不会行为不合乎心意而导致不安。曾国藩认为，慎独可以将欲念遏制在萌芽中，通过个体自觉加以自我克制，就能做到心安无事。也就是说，人若没有一件内心感到羞愧的事，心里就会泰然，常常感到愉快、平和，这是人生自强的首要之道、寻乐的最好方法、守身的首要之务。

刘少奇同志曾说，一个人要"在独立工作，无人监督，有做各种坏事的可能的时候，他能够'慎独'，不做任何坏事"(《论共产党员的修养》)。今天，人们一般将"慎独"理解为人们在个人独自居处的时候，也能自觉做到严于律己，要真诚地面对自己的内心，谨慎地对待自己的所思所行，讲究个人道德的修养，看重个人品行的操守，它是个人风范的最高境界。

一、不欺暗室

(一)不欺暗室是"慎独"思想的具体表现

不欺暗室，是指在没有人看见的地方，也不做见不得人的事。它出自西汉刘向在《列女传·卫灵夫人》中讲的一个故事：春秋时期卫国大臣蘧伯玉非常贤德，人们十分敬重他。一次，卫灵公与夫人南子在宫中夜坐，先听到辚辚的车声，可车声到宫门时却消失了，过了一会儿，辚辚的车声又响起来。卫灵公就问南子说："你知道刚才过去的人是谁吗?"南子说："应该是蘧伯玉。"卫灵公问："你怎么知道是他呢?"南子说："君子是非常注意自己的生活细节的，车走到宫门口时没了声音，那是车的主人让车夫下车，用手扶着车辕慢行，为的是怕车声打扰国君。忠臣和孝子不会在大庭广众之下信誓旦旦，也不会因在黑暗之中没有人能看到而改变自己的操守。蘧伯玉是我们卫国品行端正的大夫，仁而有智，对国家恪尽职守。他不会因为现在是黑夜，没人会看见就忘记礼节，所以我觉得是他。"卫灵公派人去看，果然是蘧伯玉。南子说蘧伯玉"不以暗昧废礼"，后来演化为成语"不欺暗室"，或者"暗室不欺"，用来赞扬那些慎独自律、光明磊落之人。

东汉的杨震也是慎独的典型代表。杨震公正廉洁，不谋私利，他任荆州刺史时发现王密才华出众，便向朝廷举荐王密为昌邑县令。后来他调任东莱太守，途经王密任县令的昌邑(今山东巨野南)时，王密亲赴郊外迎接恩师。晚上，王密前去拜会杨震，两人聊得非常高兴，不知不觉已是深夜。王密准备起身告辞，突然他从怀中捧出黄金，放在桌上，说道："恩师难得光临，我准备了一点小礼，以报栽培之恩。"杨震说："以前正因为我了解你的真才实学，所以才举你为孝廉，希望你做一个廉洁奉公的好官。可你这样做，岂不是违背我的初衷和对你的厚望。你对我最好的回报是为国效力，而不是送给我个人什么东西。"可是王密还坚持说："三更半夜，不会有人知道的，请收下吧!"杨震立刻变得非常严肃，声色俱厉地说："你这是什么话，天知，地知，我知，你知! 你怎么可以说，没有人知道呢? 没有别人在，难道你我的良心就不在了吗?"王密顿时满脸通红，赶紧像贼一样溜走了，消失在沉沉的夜幕中。

一个人在别人能看到自己的时候，言行有度，举止有礼，这是容易做到的；但在别人看不到自己的时候，还能保持操守，不改举止，那就不容易做到了。我们称后者为君子。真正的君子是不欺暗室之人，他们无论在什么时候、什么地点，始终都能做到言行如一，这是值得人尊敬的。因此，"慎独"是一种情操，是一种修养，是一种自律，更是一种坦荡。

(二)教育监管对象要"谦敬持己身，忠恕待他人"，自重自警

在这个生活节奏日益加快、物欲横流的世界里，很多人忽视了修身修心的重要性，一味追求个人快速成长，很容易迷失人生方向。我们需要时常停下脚步，思考得失，反省自警。浮世之中，总有不少人为追求物质享受、社会地位和显赫名声等身外之物奋力奔走，心力交瘁、疲惫不堪。有的甚至罔顾法律道德底线，心存侥幸，寻找人生的"捷径"，走"钻空""取巧"之路；有的参与犯罪，在金钱、美色的利诱下一步步滑入社会深渊，沦为法律的囚徒。他们怨天尤人、欲逃其中而不可得，皆因忽略了自己的内心，不明白万事以修心为先的道理。

1. 要引导监管对象敬以持己，恕以接物

"敬以持己，恕以接物"是清代梁章钜的《楹联三话》中的一副修身养性联。"敬以持己"指对己要严以修身，"恕以接物"指对人要以心度物。中华优秀传统文化认为一个人为人处世应该"仰不愧于天，俯不怍于人"(《孟子·尽心上》)，仰起头来看看觉得自己对天无愧，低下头去想想觉得自己不愧于别人，意思是为人正派，无愧于天，无愧于人。"大丈夫行事，当磊磊落落，如日月皎然。"(《晋书·石勒载记》)意思是大丈夫做事，应当光明磊落，如同天上的太阳月亮一般耀眼闪亮。一切善恶主要依赖于心，要做到光明磊落，首先要管好自己的内心。曾国藩《诫子书》云："慎独而心安。自修之道，莫难于养心；养

心之难，又在慎独。能慎独，则内省不疚，可以对天地质鬼神。"在曾国藩看来，养心难就难在慎独。当我们四下无人时，是最容易放纵自己行为的时候。可是，这些行为真的无人知晓吗？一些不光彩的行为真的就神不知鬼不觉吗？当然不是。俗话说：不做亏心事，不怕半夜鬼敲门。一个人只要行得正、坐得端，不管处于什么样的环境、什么样的地位，都是值得认可的。因此，要教育监管对象为人处世"持己以正"，坚守自己做人的原则，不被外在的东西诱惑和左右，持守底线、良知和信念，做到君子坦荡荡，不当面一套、背后一套，光明磊落，无愧于天地，无愧于心。

2. 要教育监管对象心存敬畏，怀德自重

敬畏，是人类对待事物的一种态度。所谓敬畏之心，说白了就是一个人做人做事要有底线。有了敬畏之心，才会有行事准则，方能行有所依、行有所止、行有所获。自重，是我们人生的重要准则。所谓怀德自重，是一个人独自相处的时候，保持清净的定力，做到不生妄念、不行苟且、不逾规矩。只有知敬畏，才能存戒惧、守底线，才能知方圆、讲规矩，保持清醒、冷静，拒绝各种诱惑，用法纪和道德约束自己，坦坦荡荡做人，干干净净做事。只有做到怀德自重，才能做到对家人、对朋友、对他人、对社会宽容。绝大多数监管对象遵循着"金钱至上、利益至上"的观念，没有了敬畏之心，这些人从心中有戒变成胆大妄为，从心存敬畏变成肆无忌惮。缺失了自重思想，这些人就没有了廉耻之心，就不会尊重自己的人格，就不会珍惜自己的名誉，就不会保持自持的态度，行事就无所顾忌，不会考虑造成什么后果，触红线、越底线，伤身败德、自毁形象是常有的事。要教育引导监管对象自尊、自重、自警，"千里之堤，毁于蚁穴"，在大事上一定要泾渭分明，小节上时刻从严把握，哪些事能做、哪些事不能做，脑子里要有明确的界限，违纪犯法的事再小也不能做，否则一旦铸成大错，就追悔莫及。要始终做到表里如一、防微杜渐，注重从点滴小事做起，紧把关口，严守底线，积极教育矫正，从而确立正确的行为方式，树立正确的人生观、世界观和价值观，以免在以后的行为中再犯相同的错误。

3. 要教育监管对象杜绝侥幸心理，知错改错

就犯罪类型而言，除了冲动型犯罪，其他监管对象在实施犯罪前，基本都有较为周密的准备，在此过程中，他们也许会思前想后，但往往是"也许不会被抓"的侥幸心理，让他们走上犯罪道路。容易犯错误是人类与生俱来的弱点。一些职务犯罪的监管对象知法犯法，对权力观、人生观、价值观缺乏正确认识，一味贪图享受，贪敛钱财，这一类犯罪都是经过深思熟虑后实施的。他们之所以选择去犯罪，都是因为侥幸心理在作祟，怀着"也许没事"的侥幸心理，在受贿贪腐的泥潭中越陷越深，最终不能自拔。有过错，本来是一件丢人的事情；但敢于承认错误，承担责任，却是大丈夫所为，其人格力量令人敬佩。孔子说："丘也幸。苟有过，人必知之。"（《论语·述而》）意思是说我真是幸运，

如果有错，人家一定会知道。一般的人犯了错误，总希望别人不知道，一旦被人知道了，就很沮丧，认为太丢脸了。在这种心态下，下次他还会有更多过错，只不过，他隐瞒得更深了。中国有句古话"要想人不知，除非己莫为"，可见，隐瞒不是对付过错的办法。瞒得了初一，瞒不了十五，事情始终是要露馅的。所以，我们在做任何事之前，都应该尽可能想得周到、全面一些，如果真的发生不幸或者损失，就要及时总结所犯的错误，而不是企图掩盖它。因此，要告诫监管对象珍惜改过自新的机会，强化身份意识，积极配合教育管理，"勿以恶小而为之"，务必遵纪守法，真诚悔罪，加强自我约束，谨小慎微，彻底矫正畸形心理和行为恶习，避免再次犯罪，争取早日回归社会。

二、三省吾身

（一）三省吾身是"慎独"的基本方法

"三省吾身"语出《论语·学而》："曾子曰：吾日三省吾身：为人谋而不忠乎？与朋友交而不信乎？传不习乎？"曾子说：我每天多次反省自己：替别人做事有没有尽心竭力？和朋友交往有没有诚信？老师传授的知识有没有按时温习？曾参在孔子门下以注重修身著称，他就如何铸就完美的人格，给我们指明了道路：无论是做人、做事，还是做学问，每天都要进行反省。具体说来，就是每日反思三件事：第一，反思一下自己替别人工作，有没有竭尽全力。若是整天就想着自己应如何偷懒，应付了事，就是不忠。第二，与朋友相处时，自己答应别人的事情有没有做到。做人最重要的就是守信，人无信而不立，倘若答应别人的事情没有做到，就是言而无信。第三，长者所传授的做人做事的方法，自己有没有进行实践和印证。做人做事不能只在纸上谈兵，应当付诸实践，只有通过自身的感悟，才能不断地完善自己的人格。当然，这里的"三"还表示"多次"的意思。

"吾日三省吾身"这句话所体现出来的自律精神，是每一个有志之人都要学习的。一般情况下，若是让你找出别人身上的错误和缺点，你可能很快就能指出来，但若让你找出自己的缺点还会那么容易吗？退一步说，即使知道了自己的缺点在哪里，又有多少人会舍弃自己的面子，而愿意进行自我反省呢？比方说，在战国末年，六国相继被秦国所灭，其原因基本如出一辙。引用苏洵的话便是"六国破灭，非兵不利，战不善，弊在赂秦"。倘若在韩国被灭时，其他五国及时反省，联合起来抵抗强秦，未必会丢了祖宗社稷。

自我反省是一种很好的修养手段，通过这种方法，人们可以找到自身的不足之处，并及时地加以改正，提升自身的思想修为和道德境界，在反思中不断地完善人格、修成美德、提升智慧。但自我反省又是困难的。日常生活中，我们在遇到问题时，容易委过于人，认为是别人故意为难，却始终忽视了自身的原因。事实上，一个善于自我反省的人，往往能够发现自己的优点和缺点，并能够扬长避短，发挥自己的最大潜能。因此，对于人们来说，自我反省就是一种从认识到实践，然后再从实践中吸取经验教训，进而

提高认识和修正行为的过程。若是一个人不善于自我反省，就不会有真正的提高，就会一次又一次地在同一个地方跌倒。

（二）教育监管对象见贤思齐、修身正心

生活本身就是一种修行，能否修得正果，关键在于人们是否认识到了自省的重要性。在生活当中，有很多人会"随遇而安"，对于自己的行为是对还是错，根本就不关心。对于自省的觉悟很小，根本就没有意识到自省是一个人修德建业的根本方法，也是少犯错误和不犯错误的关键。倘若一个人能够做到"三省吾身"，为自己设定一套自我反省的"程序"，道德和才能就会得到质的提升，这样一来，还有什么事情能够难得倒他呢？监管对象的人身自由虽然受到限制，但其思想本质上没有改变，对管教人员的思想教育又缺乏认同，对于管教人员日常的训话教育仅仅只是被动接受，难以内化，一旦出了问题通常把原因归咎于外界的客观事物，一味强调客观理由，不愿意承担错误带来的后果，甚至有时候认为是命运之神在捉弄自己，这必然难以做到反躬自省，矫正教育实效不佳。

1. 要教育监管对象树立正确的是非观

是非观是一个人得以安身立命的基石。一个人的是非观决定着他有什么样的境界，只有明辨是非，区分善恶，辨析真假，才能决定自己应该做什么，不应该做什么，才能抵制诱惑，扬善抑恶，做一个正直善良、遵纪守法的人。孔子说："见贤思齐焉，见不贤而内自省也。"（《论语·里仁》）"见贤思齐"是看到有贤德、有才华的人就要向他学习并努力赶上；"见不贤而内自省"是看见没有德行的人，自己就要反省是否有和他一样的错误。"近朱者赤，近墨者黑"，很多东西是潜移默化的，不知不觉间可能就会对你产生影响。多与优秀的人相处，对自己人生观、价值观的树立和提升必然是大有裨益的。反之，则危害无穷。孟子的母亲因为怕孟子受到邻居的不良影响，连搬了三次家，直到迁于学宫之旁，这才定居下来，最终成就了一代"亚圣"。虚心向别人学习的精神十分可贵，但更可贵的是，不仅要以善者为师，而且遇到不善者更要以他的短处作为自己的镜子。追求真善美，是一个人发掘内心道德主体性的表现，相对而言是比较容易做到的。善于从他人的不善之处，反躬自省，从而改掉自己的缺点，则是很困难的。我们要学会并善于从正反两方面着眼，这样才是真的善于学习。我们要引导监管对象明确是非，首先就要教育他们直面自己的罪过。因此管教人员要循循善诱，引导他们打开心扉，解开心结，增强他们的罪责感，促进其知罪、认罪、悔罪、赎罪，安心接受改造。其次要教育他们当看到别人身上不足的地方时，就应该有所警觉，并引以为戒，不要犯下同样的错误，只有这样，才能不断地提升自己、完善自己，从而提高教育矫正质量。

2. 要帮助监管对象学会反思

"修身在正其心者""意诚而后心正，心正而后身修"（《礼记·大学》），说的是修养自身的途径就在于端正自己的心态，意念真诚后心志才能端正；心志端正后才能修养身心。可见，心正是意诚之后的进修阶梯。意诚是意念真诚，不自欺欺人。但是，仅仅有意诚还不行，因为，意诚可能被喜怒哀乐惧等情感支配役使，使你成为感情的奴隶而失去控制。所以，在"意诚"之后，还必须要"心正"，也就是要用理智来驾驭感情，进行调节，以保持中正平和的心态，集中精神修养品性。有的监管对象身份意识淡化，有的监管对象对自身违法犯罪毫无罪恶感、悔恨感，他们不把违法犯罪的原因归于自己的主观原因，而是归于家庭、归于社会，对于自身所犯罪孽给家庭、社会带来的不幸无动于衷，人格冷漠；特别是一些"多进宫"者对国家法律、监规所纪缺乏敬畏感，对自己的身份已习以为常，毫无羞耻感；有的监管对象主动认罪悔罪意识严重缺失，把日常劳动变成了一种投机的行为，做什么事都围绕着"分"转，只要能加分的事就做，不加分的事就躲。因此，要教育监管对象深刻认识"十目所视，十手所指，其严乎"（《礼记·大学》）的含义，只有按照"吾日三省"的思想道德标准，从认知层面、情感层面、实践层面引导他们从内心深处认识到自身行为的罪恶，给社会、家庭、他人带来的伤害，内心才能产生痛苦、才能心生"忏悔"之情，才能明白违法犯罪必然要接受限制自由、强制行为、劳动改造等惩罚。只有让监管对象经常自己反思罪过与不足，才能使其思想和行为不断趋于符合社会道德规范要求。

3. 要引导监管对象消除内心的贪欲

绝大多数监管对象信奉"人为财死，鸟为食亡"。在犯罪动机调查中，监管对象为名、为钱、为利奔走不停，践踏底线，不知回头自省，最终踏入监狱大门的比例非常之高，非常普遍。而老子的警告振聋发聩："祸莫大于不知足，咎莫大于欲得。"（《道德经》）意思是指没有比不知足更为严重的祸患，没有比贪得无厌更为深重的灾难。曾子也教育我们："富润屋，德润身，心广体胖，故君子必诚其意。"（《礼记·大学》）意思是说财富可以修饰房屋，道德可以修饰身心，心胸宽广可以使身心舒坦，所以君子一定要做到意念诚实。一个有道德修养的人，不仅内心舒坦自在，从外表形象上也是能有所体现的，那就是表情安宁平和，四体健康润泽，行动起来也自然舒展从容。可见只有消除了内心贪欲，才能始终如一，保持恬淡虚静，才能真正做到内心安宁。所以，要教育监管对象常怀一颗知足常乐的心，经常反躬自问，自重、自省、自警、自励，不断增强在是非面前的辨别能力、诱惑面前的自控能力、警示面前的醒悟能力，不断提高慎独的自觉性，消除贪欲，只有这样才能抵得住诱惑、耐得住寂寞、经得起考验而行稳致远。

三、反求诸己

（一）反求诸己是"慎独"思想的有效践行

"反求诸己"出自《孟子·离娄上》"行有不得，反求诸己"，意思是如果行为达不到预

期的效果，就应该反省，从自己身上找原因。孟子举例论证说："爱人不亲，反其仁；治人不治，反其智；礼人不答，反其敬。行有不得者皆反求诸己，其身正而天下归之。"意思是说我爱别人而别人不亲近我，应反问自己的仁爱之心够不够；我管理别人而未能管理好，应反问自己的知识能力够不够；我礼貌地对待人而得不到回应，要反问自己态度够不够恭敬。《诗经·大雅》云："永言配命，自求多福。"意思指要经常思虑自己的行为是否合乎天理，以求美好的幸福生活。孔子也认为"君子求诸己，小人求诸人"（《论语·卫灵公》），意思是指具有君子品行的人，遇到遭遇挫折时应该先自我检讨，从自身找原因，而那些小人，出现麻烦总是想方设法推卸责任，撇清自己，从不会去反思自己，从自身找原因。蘧伯玉是春秋时期卫国君子的代表，但始终谦虚谨慎，经常对自己进行反思和鞭策。《庄子·则阳篇》记载："蘧伯玉行年六十而六十化。"意思是说他年已六十还能与日俱新，随着时代的变化而变化。可见，贤人总是对自己的道德与行为有明确的要求，而且一直认真地按照这些要求去做。

儒家强调做任何事都要从自身做起，从身边事做起，当行为没有达到预期效果时，首先要从自身找原因。我们知道，事物的发展是内外因共同作用的结果。内因和外因在事物发展中具有不同的作用，内因是事物发展的根本原因，外因是事物发展的外部条件，外因通过内因起作用。因此，遇到任何问题或困难，一定要从内因出发，从自身找原因，而不是怨天尤人、自怨自艾、妄自菲薄。曾国藩早年七次秀才考试都名落孙山，第八次才成功通过县试。在此期间，他并没有怨天尤人，而是经常反思不足，自省修身，克己谨慎，改正不足。后来他要求自己每日用正楷写一篇日记，读经典史传十页，记茶余偶谈两则，哪怕乘船赶路都要坚持，"终身不间断也"，这正是他自省修身的重要表现。这样才成就了我国封建统治时期的一个大儒、封侯拜相的曾国藩。

（二）教育监管对象直面问题、积极改造

小人无错，君子常过。自省，是植根于内心的教养。成功的人，常思己过。随时检查自己的心性思想，随时检查自己行为的人，才是修行之人。客观地说，违法犯罪的原因都是复杂的，是多方面的，但最根本的原因还是自己的问题。也就是说，挖掘违法犯罪的根源应该在自己的身上找，不能怨天尤人，给自己寻找借口。因此，对监管对象进行教育矫正，归根结底是重塑他们的世界观、人生观、价值观。在这方面，古人的"反求诸己"给了我们富有积极意义的深刻启迪。监管对象作为一个特殊的群体，大多文化程度偏低，对于中华优秀传统文化的思想精髓没有领悟到位，缺乏中华优秀传统文化的教育与熏陶，缺失传统道德文化修养，颠倒是非、混淆善恶，迷失正确的人生方向。我们应该正确运用"反求诸己"的观点改变他们的为人处世的态度，提高他们的器量和自省意识，从而使他们形成一个用爱自己的爱去爱别人，用批评别人的方法去批评自己，用自己的忠恕原则去感召人、感化人、塑造人的健康理念。

1. 要引导监管对象正视过错

《中庸》云："射有似乎君子，失诸正鹄，反求诸其身。"意思是君子立身处世就像射箭一样，射不中，不要怪靶子不正，只能怪自己箭术不行。真正好的弓箭手，他不是去寻求这些客观的原因，而是反省自己在技艺上有哪些不够精湛的地方，有哪些可待提高的地方。修身也是如此。一个人犯错不可怕，可怕的是知道自己犯错后却不知悔改。知错并不可耻，可耻的是明明知错却不知悔改。《左传·宣公二年》记载：春秋时期，晋灵公十分残暴，滥杀无辜，大臣赵盾和士季进宫劝谏，晋灵公态度冷淡，不情愿地认错。士季说："人谁无过，过而能改，善莫大焉。"晋灵公根本听不进，于是派人暗杀赵盾。人们奋起反抗，最终将穷凶极恶的晋灵公杀死。这个故事启发我们遇到问题或犯错误的时候要直面问题与矛盾，不回避，不枉过饰非。绝大多数监管对象缺乏传统道德教育与熏陶，缺乏个体自我认识，既认识不清自己与社会、他人的关系，不能换位思考，又过于自信，还缺失自我控制能力，对自身不良行为或违反社会公序良俗的行为缺乏内在的阻止力量，任由不良行为发展，缺少矫正自我的积极行为。但"人非圣贤，孰能无过？过而能改，善莫大焉"，我们在矫正教育中，要有意识地引导他们正视过错，自我反思，从萎靡不振、自甘堕落、破罐破摔中走出来，立足自身找原因、找差距、找不足，以明确改造目标。

2. 要鼓励监管对象行动在先

孔子十分注重行，他教导弟子为人为政都要正确处理"言"与"行"的关系。"子贡问君子。子曰：先行其言而后从之。"（《论语·为政》）子贡问孔子：如何才能成为君子？孔子回答说：行动在先，说话在后。可见，在孔子看来，行重于言。因此，君子要先行后言。孔子又说要"敏于事而慎于言"（《论语·学而》），意思是要勤勉做事，谨慎说话。"反求诸己"是建立在"行有不得"基础上的。我们每一个人自出生，都是处在以血缘、财富、职业、社会地位、政治地位、审美趣味等划分的不同阶层中。如果我们仔细观察犯罪的人群不难发现，很多处于社会底层的罪犯，由于社会舆论、评价标准、价值判断、生活方式等诸多因素，一味抱怨、仇富，却从未付诸努力想要改变现状，以致愈演愈烈，最后走向极端。所以，要教育监管对象接受身陷囹圄的事实，懂得"塞翁失马，焉知非福"的道理，活在当下，坦然接受挫折和失败，安心接受教育矫正，做思想和行动的先行者，去寻求方法与动力，以实际行动纠正错误。

3. 要引导监管对象善假于物

在荀子看来，君子的天性资质与一般人没有什么区别，区别在于君子善于借助外物。他在《劝学》中举例说："吾尝跂而望矣，不如登高之博见也。登高而招，臂非加长也，而见者远；顺风而呼，声非加疾也，而闻者彰。假舆马者，非利足也，而致千里；假舟楫者，非能水也，而绝江河。君子生非异也，善假于物也。"意思是提起脚后跟眺望，却不

如登上高处看得范围广；登上高处招手，手臂并没有加长，但人们在远处也能看见；顺着风向呼喊，声音并没有增大，但听的人都听得清楚；借助车马的人，不是脚走得快，却能到达千里之外；借助船只的人，不是善于游泳，却能横渡江河。一代谋相诸葛亮深谙天文地理，在草船借箭中，料定当天必有大雾，巧妙赚得百万箭矢。赤壁之战，他又算定必刮东风，使得曹操败走华容。与其说他料事如神、神机妙算，不如说他善于假借外物赢得诸战大胜。在数量上，一加一等于二，但在人际交往中，一加一却大于二。现如今，社会分工越来越细，一个人要想成功，必须借助外力的杠杆，化零为整，形成合力。因此，要教育监管对象善于借助外物为己所用。首先要积极配合管教人员教育，化被动受训为主动吸收，通过加强学习改变自己的思想认知；其次要善于学习狱友的长处，"尺有所短，寸有所长"，通过相处学习来矫正自己的为人处世方式；最后要借助亲情帮教、狱友帮教、管教人员帮教、社会帮教等外界帮教，借鉴他人的经验，学习新的知识，掌握新的方法，改变自己的思维方式和处世态度。

任务考核

1. 在清朝雍正年间，有位叫叶存仁的官吏，先后在浙江、安徽、河南等地做官。他当官三十多年，却两袖清风，从未收取过任何贿赂。有一次，在他离任升迁时，僚属们在深夜用一叶扁舟为他送来了馈赠礼品。他们以为叶存仁平日不收礼品，是怕他人知道出麻烦，而夜深人静、神鬼不知时他一定会收下。谁知，叶存仁见此情景，便赋诗一首："月白清风夜半时，扁舟相送故迟迟。感君情重还君赠，不畏人知畏己知。"随后将礼物退了回去。

> **问题：**
> 请你谈谈对"不畏人知畏己知"这句话的认识，并谈谈如何运用这句话对监管对象开展专项教育。

2. "我曾经也是一名光荣的人民警察，也曾对着警徽庄严宣誓，然而，随着时间的推移，我没有抵得住诱惑，与社会闲杂人员打得火热，逐渐将自己的誓词、抱负和职责抛到脑后，不断降低自己做人的底线，触碰党纪国法的红线，最终走上了犯罪的道路……这样的角色转换，让我痛心疾首，追悔莫及，希望大家能够以我为戒……"

日前，安徽九成监狱对130余名近3年新入职的民警开展了廉政警示教育，一名职务犯罪的罪犯用现身说法，让新民警了解了一名警察的成长经历和犯罪过程，初步认识了职务犯罪人员蜕变腐化的心路历程和服刑改造的所思所想，给新民警带来了思想的涤荡和心灵的震撼。

之后观看了反腐警示教育宣传片《守住第一次》，用大量的典型案例引导广大新民警坚定理想信念，强化纪律和规矩意识，筑牢拒腐防变思想防线，走好从警路。

来源：《安徽九成监狱开展廉政警示教育主题活动》，央广网，2019-12-04，内容有删改。

问题：

请你根据以上案例，谈谈作为一名管教人员践行"慎独"的必要性和可行性。

任务十五

用"明心见性"思想
矫正监管对象的心性修为

学习目的

1. 了解"安之若素""蝉蜕龙变""止于至善"的出处及含义。
2. 领会"明心见性"思想的实质及精神内涵。
3. 能够运用"明心见性"思想矫正监管对象的心性修为。

知识要点

　　明心见性，本义指清除世俗杂念，大彻大悟，尽显人的本性。后来泛指领悟人生，了解人生的真谛，让自己更加强大，更富有智慧。人生的境界，说到底，是心灵的境界。若心乱神迷，无论我们走多远，皆难以捕捉人生的本相，难以领略有韵致的风景。放得下，才能更好地拿得起。人生不管是苦恼还是快乐，是舒心还是纠结，都是源于自我心境，大可不必苦苦纠缠，黯然神伤。只要找到正确的方向，人生就不会迷茫。不要心怀不满、怨气冲天，也不必耿耿于怀。与其烦躁地抱怨生活命运不公，还不如坚持自己的本心，不随波逐流，不妄自菲薄，慢慢地去看清、看透、看穿、看淡。

　　领悟人生、了解人生真谛的前提是正确认识自我。正确认识自我是一件挺困难的事情，因为人的自我意识有一个发展和完善的过程。春秋时代，西施因生病而蹙紧眉头，却更显得美丽动人、楚楚可怜了。然东施见此，连忙去效仿，不想却被贻笑大方。西施的美尽显在她的举手投足之间、谈吐之间，天生的美与气质并存，而东施却以丑闻名大江南北。若东施正确地认识自己，不去模仿西施搔首弄姿，而是发扬自己的长处，那也不会落到被人耻笑的地步。可见，第一，一个人有缺点并不可怕，可怕的是不敢去认识真实的自己，所以你需要有面对自己的勇气，接受自己的不足，承认自己的平凡，这样你才能很好地看到自己的缺点。第二，客观地评价自己的优点。一个人在小有成就的时候就容易迷失自己，忘记自己原来追求的是什么。第三，结合社会环境认识自己。一个人的身份和责任离不开他所处的环境，只有明确自己当前的处境和任务，你才不会迷茫，才可能树立正确的目标。

自我观察有助于了解自己的个性特征和行为表现；他人的评价则能帮助形成对自己更客观完整、清晰的认知；在集体中表现也能帮助自己发现自身优劣，从而更好地认识自己。

一、安之若素

（一）安之若素是明心见性的前提

安之若素，出自清代范寅的《越谚·附论·论堕贫》："贪逸欲而逃勤苦，丧廉耻而习谄谀，甘居人下，安之若素。"意思是贪图安逸，逃避劳作，不愿勤奋，不肯吃苦，没有任何礼义廉耻之心，反而习惯于谄媚奉承，甘愿位于别人手下，心安理得。"安之若素"在现代用来比喻面对困境，毫不介意，心情平静，微笑以对，心中怀抱希望，坚定不移地走下去。

安之若素，就是坦然地面对生命中的得与失，诸般不美皆可温柔相待。不审视自己的内心，永远看不清楚内心世界到底长的是禾苗还是杂草。如果内心杂草野蛮生长，就会使你变得更匆忙，更劳累，而且不一定有好的收成。一代才女词人李清照，少女时期的大部分作品表现出悠闲风雅的生活情趣。她18岁嫁与青年才俊赵明诚，两人意趣相投，琴瑟和鸣，赌书泼茶，相敬如宾，堪称文坛佳话。30年后的一场突如其来的政治风波，使李清照历经丧夫之痛、目睹国破家亡，又经历了再嫁匪人、离异系狱的灾难，漂泊辗转各地，陷入走投无路的绝境。但是李清照的意志并未消沉，从不抱怨命运，从不诉说委屈，从不自暴自弃，而是坦然接受、忍辱负重地独自度过24年。她心存美好，安于生活，对生命中不期而遇的困难与挫折不抱怨、不沮丧，从个人的痛苦中解脱出来，把眼光投到对国家大事的关注上，对诗词创作的热情反而更趋高涨，最终得以在群花争艳的宋代词苑中独树一帜、自名一家。

坦然面对每一次失败，把心放开，才能免于糟糕情绪的折磨，沉着冷静，包容接受现实，接纳现实，安稳前行；勇敢直面自己的缺陷，不掩饰不完美的生命，抚平伤痛并继续前行，与生命的各种面貌保持亲密，深刻而无畏地接纳迎面而来的一切。

（二）要教育监管对象反思自我、放下心结、主动改造

有人说：我很烦恼，总是对过去的事耿耿于怀、不肯放下，自己很痛苦，但是又放不下，时常想起，严重影响了当下的生活，不知怎么办？殊不知"种瓜得瓜，种豆得豆"，人生的很多烦恼都是自找的，自己和自己过不去，谁又能帮你解脱呢？世上本没有什么救世主，别人只能告诉你走向解脱的方法，能拯救自己的唯有你自己。有的监管对象放眼当下，纠结过往不能释怀。特别是激情犯罪的罪犯，心怀焦虑、内疚，自责不安，认

为自己是无可原谅、不可救药的，沉湎过去无法自拔。有的监管对象缺乏亲情呵护，很少得到来自于家庭亲情的温暖关怀，改造动力不足，自暴自弃。还有的监管对象自身性格固执，听不进意见，也不知变通，对于管教人员的教育也很难接受。

1. 要教育监管对象深刻剖析违法犯罪的动机

违法犯罪动机，指推动违法犯罪人实施违法犯罪行为的内心起因。"北大学生弑母案"的吴谢宇，成绩优异，是"天之骄子"。中国人民公安大学教授李玫瑾曾在讲座中说，绝大多数犯罪与学历无关。就是这样一个完美的孩子，却对其母亲实施了高智商犯罪，最终以故意杀人罪、诈骗罪、买卖身份证件罪，数罪并罚，一审被判死刑。一个犯罪事件的价值不能只用审判结束"恶人有恶报"来衡量，其中所隐藏的社会意义，即"为什么会发生这样的事"以及"今后如何尽量规避这样的事"才是我们应该去探寻的，尤其是对罪犯本人具有深刻的直接意义。

大部分监管对象在失去自由前，向往吃喝玩乐、纸醉金迷的生活，追求金钱、名利、美色，好逸恶劳、投机取巧、胡作非为，甚至谋财害命。在教育监管对象时，管教人员要引导他们深刻自我剖析自己走上违法犯罪道路的主观因素，其间要注意引导他们的方式方法，辅以情感教育，消除他们的对抗心理，引导其主动开口说，敞开心扉，让他们主动分析违法犯罪动机，以便有针对性地采取下一步教育改造措施。

2. 要教育监管对象放下执念

"执念"是指对某一事物坚持不放，不能超脱。当人执着的时候就会有怨念，唯有放下执着才会自在。当人看破了生死时，也就无所谓生死；看破了无常，一切皆为平常；看破了名利，其实不过是虚幻假象。人生在世，不如意事十之八九。新矛盾、新问题、新事物层出不穷，失败和痛苦会让人们难以认清自己，难以对事情采取正确的态度和积极的行动，放下这些执念，自在就在心间。所以，我们应该用积极的心态去接受变化，放下执念。当问题来了时，不妨坦然一点，勇敢一点，无惧困难，调整心态，保持应该有的节奏，有条不紊地应对。

断舍离能解决上述一部分问题。所谓"断舍离"并不是单纯地打扫、收拾房间，而是以"物与我的关系"来决定物品的去留，"我"是断舍离的主体，对于自己可有可无、无足轻重的事物就要果断舍弃。监管对象也要正视事物与"我"的关系，尽管过去在权力与地位面前失控，或在挫折与考验面前扭曲，或在金钱与诱惑面前迷失，没有守住自我的防线，放纵欲望、践踏法纪，最终蜕变成人所不齿者。但过去的已经过去，往事不可追忆，不必执着。因此要引导监管对象放下执念，活在当下。不要和自己较劲，因为最终伤害的、折磨的是自己；不要和往事过不去，因为它已经逝去。改变不了就放下，多忏悔。世上虽没有后悔药，但可以通过"认罪悔罪"来帮助自己消业增福，减轻业障痛苦。一个人总是活在过去，是没有未来的；走不出自己的执念，到哪里都是穷途。要教育监管对象：人生是一个不断做减法的过程，对过去欲罢不能、难以割舍，就会心智迷离，烦恼丛生，越活越累，所以要放下诸多执念，当断则断，当舍则舍。

3. 要引导监管对象改变自我

人的痛苦其实来源于内心。人的欲望无穷，求之不得，就会心生烦恼，等到拥有后又会心生厌倦，如此往复。要改变这种状况，在放下执念之后，要主动投身实践，彻底改变自我，最终获得心灵的解放。

从教育实践来看，监管对象是可以改造的。对于监管对象来说，失去自由、与家人分离、与社会脱节、认知坍塌等等，每一种都是无法逃避的现实痛苦。在教育实践中，管教人员可以通过有效载体帮助监管对象改变自我，使其主动接受、参与改造。管教人员要持续深入开展情与理、道德与责任等方面的帮教活动，让监管对象放下戒备对抗，放下包袱。2021 年 7 月，河南郑州等地突遭强暴雨侵袭，人民群众的生命财产安全遭受到威胁。为缓解罪犯思亲情绪，保证监管安全，南昌监狱第一时间摸排在押的河南籍罪犯，予以重点关注，采取一系列措施，开展谈心谈话教育，详细了解掌握他们的思想状态，不断阐释党和国家始终把人民安居乐业、安危冷暖放在心上，用责任与行动去守护人民群众生命财产安全的精神，对比之下，促使他们认识到自己的无知和罪过，产生强烈的国家和民族认同感，并引导他们放下思想负担，帮助他们缓解紧张情绪，自觉遵规守纪，以积极的心态投身改造，用实际行动回报家人、回报社会，以优异成绩书写人生新答卷。

二、蝉蜕龙变

(一)蝉蜕龙变是明心见性的必然结果

蝉蜕龙变，比喻解脱而进入更高境界，出自西晋文学家夏侯湛的《〈东方朔画赞〉序》："蝉蜕龙变，弃俗登仙。"

要达到蝉蜕龙变的境界，必然经过一段昏暗狭窄的路程，独自走过迷茫、恐惧、悲观、愤怒、甚至绝望，历经磨难而逐渐成熟，活得通透自在。

宋代禅宗大师行思提出参禅有三重境界：参禅之初，看山是山，看水是水；参禅有悟时，看山不是山，看水不是水；参禅彻悟时，看山仍是山，看水仍是水。这三重境界放在人生来说，是一个道理："看山是山，看水是水"，指的是人们在涉世之初，对一切事物都用童真纯净的眼光来看待，所看到的往往只是表面，万事万物在自己的眼里就是其本身，山就是山，水就是水。"看山不是山，看水不是水"，指的是红尘之中有太多的诱惑，在虚伪的面具后隐藏着太多的潜规则，人随着年岁增长，涉世渐深，看到的并不一定是真实的，一切如雾里看花，很容易在现实里迷失了方向，随之而来的是迷惑、彷

徨、痛苦与挣扎，有的人就此沉沦在迷失的世界里而不能自拔，有的人开始用心去体会这个世界，对一切都多了一份理性与现实的思考，山不是单纯意义上的山，水不是单纯意义上的水。"看山仍是山，看水仍是水"，指的是经历过人生的大起大落，悲欢离合，看淡了人世的纷繁复杂，回归了自然本真。这是一种洞察世事后的返璞归真，但不是每个人都能达到这一境界。人生的经历积累到一定程度，不断反省，对世事、对自己的追求有了一个清晰的认识，知道自己追求的是什么，要放弃的是什么，这时，看山还是山，看水还是水，只是这山这水，看在眼里，已是另一种内涵了。

每个人都会经历失败和挫折，没有谁的人生是完美的，我们追求完美是为了实现理想，但是理想并不是必然能实现的，不要将自己逼入死胡同。人生应该自由自在，让自己活得通透，让自己的人生充满阳光。

(二)要教育监管对象放下包袱、树立规矩意识、自我过渡

身处顺境的时候，要看淡名利、物欲，居安思危；身处逆境的时候，要平和自适，宠辱不惊，以退为进，顺应自然，及时调整心态，从痛苦、消沉中解脱出来。碰到不如意不要哀怨气馁，不要沉迷于悲伤绝望中不能自拔，不必抱怨经历太曲折，"曲径通幽"未尝不是一种别样的风景。生命只有走出来的精彩，没有等待出来的辉煌。让欲望淡些，所有的拥有终将逝去；让心态宽些，一个人爬得再高终要下来。

1. 要引导监管对象学会释怀，懂得取舍

痛苦，源自无止的欲念、无尽的攀比、无休的争斗。那些曾经的得失、胜败、悲欢，总让人铭记在心。但尺有所短寸有所长，不管做什么事除了主观的努力外，要想做成还是需要一些其他客观条件的。古人说的"没有金刚钻，不揽瓷器活""谋事在人，成事在天""天时地利人和"强调的都是客观因素，所以做任何事情都不能只顾自己闷头朝前走，也要看看周围的客观因素，不能做下去的时候没必要跟自己过不去，死磕下去，搞得自己身心疲惫，到头来投入了大量的精力和时间不说，还是一无所获。因此要懂得及时止损，懂得取舍。有句话说"选择大于努力"，如果觉得一件事自己做得很痛苦，努力过了、改变了方式方法也收效甚微，那就不如放弃。不少监管对象性格偏执，嫉妒心强，心理落差较大，不能正确认识自我，对周围的人或事物敏感，易记恨，对自认为受到的轻视、不公平待遇、伤害等牢记于心，心理严重失衡，缺乏调适，有强烈的敌意和报复心，平时自怨自艾，怨天尤人，耿耿于怀，一旦遭遇重大事变，对未来生活就极容易产生绝望情绪。因此要教育监管对象主动适应环境，善于发现生活的细节美，摆正心态，学会调节、控制情绪，相信"山重水复疑无路，柳暗花明又一村"，天无绝人之路，如果任由负面情绪爆发，轻则破坏人际关系，重则伤己伤人甚至重新犯罪。监管对象只有放下包袱，过好当下，保持空杯心态，学会倾诉，积极乐观接受改造，才能争取早日跟家人团聚。

2. 要教育监管对象随心所欲而不逾矩

随心所欲而不逾矩，语出"七十而从心所欲，不逾矩"（《论语·为政》）。"随心所欲"，是指能够保持并遵循自己炽热温暖、坚毅不屈、纯洁高尚的内心，做自己想做的事；"不逾矩"，是指不能越出规矩。人生从来没有绝对的自由，只有相对的自由，所以"随心所欲"与"不逾矩"是统一的。人类是群体动物，生活中到处都有规则，例如规矩、法律、伦理、道德、礼仪习俗等等。一个人可以随心所欲做自己喜欢的事情，但前提条件是不违背公序良俗，不违反法律法规。如果个人需要的满足与社会规则是冲突的，那么就会麻烦不断，人的内心就会充满冲突痛苦，人就会出现心理疾病。有的监管对象从小父母疏于管教，其法治意识淡薄，心胸狭窄，自控能力较差，特别是一些暴力型犯罪者容易情绪化，动辄打杀，他们用一时的随心所欲，失掉了漫长的人身自由。因此，管教人员要教育监管对象牢固树立规矩意识，重视品德修养，学会用法律武装头脑，用社会道德规范言行，不断提高思想道德水平，安心改造，为所当为，学习技能，将来做一个无公害的、对社会有用的人。

3. 要教育监管对象悲喜自渡，相信自己

悲喜自渡的意思是自己悲伤欢乐的缘由只有自己能懂，别人虽然能看出自己表面的伤心或者快乐，但是无法真正地从内心感受。每个人生活在世上，都想与众不同，但能够创造出奇迹的，唯有自己。悲观的人看到的都是困境，乐观的人看到的都是风景。所以，自身强大是我们面对困境的唯一出路，而自身的强大首先是意志的强大。苏轼说："古之立大事者，不惟有超世之才，亦必有坚韧不拔之志。"（《晁错论》）意思是说自古以来凡是做大事业的人，不仅有出类拔萃的才能，而且也一定有坚韧不拔的意志。生命中所有的磨难，唯有自己不断战胜后，才能最终迎来期盼的福报。《六祖坛经》里说："圣人求心不求佛，愚人求佛不求心。"意思是圣人明白学佛的真谛，凡事向内求，所以修心；而愚人以为佛才是主宰一切的根源，凡事向外求，所以求佛。人总会在某一个阶段出现迷茫情绪，或者站在人生的十字路口，不知何去何从，感到无助、空虚、疲惫和无聊，感受不到真正的自我的存在，这个时候，求人就不如求己。有的监管对象面对生活中的小挫折，不能自我调适、疏导、化解，不能主动化解负面情绪，最终酿成了悲剧；有的监管对象自尊心极强，如受批评、受非议时感到委屈不能自我消化，或在人际关系紧张时做不到克制宽容；还有的监管对象"手电筒只照别人不照自己"，喜欢死抠别人的态度和毛病。管教人员要引导监管对象学会自我调适、自我过渡，不要把自己的人生寄托在别人的理解和认同上。人生苦乐自渡，别人确实难悟，当你已经想好自己要走的路时，就无须畏惧别人的眼光和言语，因为只有你自己知道，你应该走怎样的路，你要活成什么样的模样。

三、止于至善

(一)止于至善是明心见性的最高境界

止于至善，语出《礼记·大学》："大学之道，在明明德，在亲民，在止于至善。"意思是大学的宗旨在于弘扬光明正大的品德，学习和应用于生活，使人达到最完善的境界。止于至善是一种以卓越为核心要义的对至高境界的追求，上升到人性的层面来说就是大真、大爱、大诚、大智的体现，是最完美的境界。当你选择这样一种生活时，你就要义无反顾地走下去，无论你面临怎样的阻碍，都能够凭借百折不回的意志力，用尽全部的决心和精力，克服所有的困难完成最后的目标。止于至善不是一朝一夕、一蹴而就可以完成的事情，既是一个过程，更是一个结果。但正是因为实现它的艰辛，我们才会感受到崇高理想人格的伟大。

显然，一种事物的结束就是另一种事物的开始。"止于至善"其实就是"始于至善"，其目的非常明确——在取得长足进步之后，为下一步的努力制订计划，旨在圆满完成任务并争取最大的收获。因而"止于至善"要求人们注重培养高尚品德，坚定理想，从微小之处做起，不断追求至善和卓越人格。

(二)要教育监管对象完善自我，心怀大爱

因和果都是自己造成的，与其把希望寄托在虚无缥缈的神灵身上，不如靠自己。习惯和命运是前因后果的关系。你的命运与你的习惯密切相关，无论是好是坏，都来自于你的日常经营。那些对生活感到糟糕的人往往思维混乱，容易心烦意乱，半途而废，总是在抱怨人生，感受不到自己的幸福。优秀的人，总是把小事放在心上，一件一件去做好，从不懈怠。习惯把每一件事做好的人，越自律越优秀。监管对象大都缺乏远大目标志向和远大理想，没有求真务实的作风，精神萎靡不振，进取意识不强，得过且过；思想境界不高，大都是极端利己主义者，重个人利益轻集体利益，重享乐怕吃苦，一切行为都是从自身利益出发，没有考虑他人利益或感受，过分关注自身利益，缺乏家国意识、理想信念和责任担当。还有些监管对象自律意识较差，意志不坚定，不能克服犹豫、懒惰等情绪，遇到难题就退缩。

1. 引导监管对象持续学习，提升自我

持续学习的重要性显而易见。荀子说："学不可以已。"(《劝学》)意思是指学习不可停止。诸葛亮也说："才须学也。非学无以广才，非志无以成学。"(《诫子书》)意思是说才干来自学习，不学习就无法增长才干，没有志向就无法使学习有所成就。一个人倘若安于现状、得过且过、浑噩度日，那么，必将故步自封，落后于他人。老子告诫说："民之从事，常于

几成而败之。慎终如始，则无败事。"（《道德经》）意思是讲人们做事情，往往在快要成功的时候就失败了。只有慎始慎终，才不会败事。很多监管对象本来就学习基础差、文化水平低，又认为反正已经进监管机构了，学不学习更无所谓。因此首先要帮助监管对象认识到任何事物都不是一蹴而就的，都需要不断探索才能发现真理，达到前所未有的新境界。其次要教育监管对象保持持续学习，要活到老、学到老，通过学习不断打破自己固有认知，消除认知障碍，厘清观念，开阔思路，获得动力源泉。再次要将政治理论、法律常识、品德修养等学习内容深入渗透到监管对象的日常改造生活中，使之学以致用、学以促改。读书学习越多，个人成长越好，就会有更多解决问题和认识世界的途径，积累知识至少可以让监管对象在处理监管生活中的小矛盾时心胸更加宽广，也能更早明白冲动的代价。

2. 要教育监管对象坦诚相待，与人为善

孔子说："君子坦荡荡，小人长戚戚。"（《论语·述而》）意思是君子心胸开阔，能够包容别人，小人爱斤斤计较，患得患失。《礼记·大学》有言："意诚而后心正，心正而后身修。"意思是意念真诚后心志才能端正，心志端正后才能修养身心。当今社会分工精细化，仅靠一个人的力量是难以获得成功的，但是众人团结起来就能众志成城、攻坚克难。大千世界，人们需要的是与人"和"而不是与人"斗"。所谓"一个篱笆三个桩，一个好汉三个帮"。有的监管对象心情浮躁、性格暴躁，易激怒、行为莽撞、挫败耐受力差，容易产生冲动的情绪，受刺激就容易做出不理智的事；有的监管对象自我认识不清，在遇到问题时，总是进行错误的归因，把自己的问题推给社会和他人，把责任推给别人；有的监管对象心胸狭隘，不能容忍他人超过自己，不能与人为善；还有的监管对象总为自己设很多假想敌，认为赢了身边的这个人，便赢了整个世界，以致不择手段，甚至极尽卑劣之能事。因此，要引导监管对象培养良好的人际交往的意识和能力，以和为贵，相互帮助支持，尊重、理解和包容他人，善待亲人和朋友，体验、享受人与人之间相互依存共同生活的乐趣。

3. 要教育监管对象爱家庭、爱社会、爱国家

儒家"修身齐家治国平天下"之道是自尧舜以来古圣先贤智慧的凝练与总结，它在历代中国人心中深深扎根。从战国屈原的"长太息以掩涕兮，哀民生之多艰"，到西汉霍去病的"匈奴未灭，何以家为"，到三国诸葛亮的"鞠躬尽瘁，死而后已"，到北宋张载的"为天地立心，为生民立命，为往圣继绝学，为万世开太平"，到明末清初顾炎武的"天下兴亡，匹夫有责"，到民国鲁迅的"我以我血荐轩辕"，再到周恩来的"为中华之崛起而读书"，无数的志士仁人都有崇高的价值信念和高尚的理想追求，他们胸怀天下，大公无私，心系苍生，绵延不绝。大多数监管对象是极端利己主义者，任性妄为，有的毫无家庭责任感，很少体恤自己的父母，也尽不到为人父母的责任，对孩子不闻不问；有的坑蒙拐骗，毫无诚信意识；有的自私自利，没有家国概念，沉迷于个人主义、虚无主义、欲望泛滥、贪腐成性的泥淖不能自

拔。因此，要通过亲情帮教，教育监管对象孝敬父母、关爱妻儿。通过诚信教育，引导他们树立诚信意识，坦诚做人。通过爱国主义教育，激发他们对家国的认同，教育其爱国、爱家、爱社会，让家国情怀成为其积极向上、奋斗不止的精神源泉。

任务考核

一个卖瓷碗的老人挑着扁担在路上走着，突然一个瓷碗掉到地上摔碎了，但是老人头也不回地继续向前走。路人看到觉得很奇怪，便问："为什么你的碗摔碎了你却不看一下呢?"老人答道："我再怎么回头看，碗还是碎的。"

> **问题:**
> 请你谈谈如何运用上述案例对监管对象开展矫正教育工作。

项目小结

对监管对象心性修为的养成教育，是一项系统工程。管教人员在把握监管对象思维方式、心理特征的基础上，用中华优秀传统文化中的"慎独""知行合一""明心见性"等精神品质介入教育改造，是纠正监管对象认知偏差、行为偏差的行之有效的办法之一，能强化其自我改造的内生动力，重建行为模式，进一步提高监管机构矫正教育的质量。

拓展思考

1. 《礼记·中庸》：道也者，不可须臾离也；可离，非道也。是故君子戒慎乎其所不睹，恐惧乎其所不闻。莫见乎隐，莫显乎微。故君子慎其独也。"谈谈你对此段话的理解。

2. 戒毒人员万某，女，1997年9月出生，江西鹰潭人，小学文化，因吸毒被家人报警送去强戒。万某初入所时，一方面因不理解家人向公安机关举报她吸毒而对他们怀恨在心，企图以撞墙这样自伤自残的方式达到出所的目的；另一方面对军事化的管理有较强的抵触情绪，对规章制度抱有逆反心理，接受管理时当面一套、背后一套。由于年纪轻，万某遇事易冲动，口无遮拦，经常与他人发生争执。针对万某的现实表现，大队为其制订了以传统文化教育方式为主导的教育矫治方案，促其实现质的转变。

一是开启人生讲堂。万某由于平时娇生惯养，入所之初极不适应戒毒所里的军事化管理，觉得事事都在约束自己，再联想到父母报警将其送去强戒，便产生了自伤自残的念头。民警发现后立即制止，并对其开展谈话教育。在谈话中，民警得知她之前在外面大手大脚惯了，想到接下来要在这里待上两年，变得十分迷茫和不适应，更重要的是觉得父母报警是因为不要自己只要弟弟，因而觉得心灰意冷。鉴于万某特殊的成长环境及性格特点，民警先从其感兴趣的话题谈起，通过尊重与共情，努力获得她的认同及信任。随后，民警通过开设"三德歌""跪羊图"等入所教育课程，讲述父母的不易，同时结合她父母在外打工赚钱养家糊口的事例，告知她要懂得勤俭节约、知恩图报。由于恶习较深，初中未毕业就混迹于社会的万某，在民警面前口头答应得很好，事后却不断地发生各种小违纪行为。对此，民警从"小"抓起，秉着"有错必纠"的原则及时对其开展谈话教育，巧用有关历史典故引导她树立正确的世界观、人生观和价值观。

二是拓展辅助教育。特殊的家庭和成长经历对万某的性格有着非常深刻的影响，使得其心理特征表现为对自我的不确定性，需要以突出、异类、反抗管束等来获得自我认同和他人的认可，这也是导致她走上吸毒这条道路的根本原因。有一次打亲情电话时，万某骗说是打给自己亲属的而实则是打给她男友的，被民警发现后还百般狡辩。针对万某小违纪不断的现象，民警用"君子无所争""小不忍，则乱大谋""三思而后行""敏于事而慎于言""礼之用，和为贵""吾日三省吾身"等名言警句对万某加以引导，用潜移默化、润物无声的耐心和细致一点点地祛除她心灵上的尘垢。同时民警让她积极参加"戏曲广播操"等康复训练活动，在锻炼身体、增强体质中学习传统文化。此外，民警每天安排她读一篇典故，学习古人的诚实守信、乐于助人的优良品德。

三是学会感恩报答。民警在与万某进行交谈的过程中得知：万某一直觉得父母重男轻女，尤其是有了弟弟以后，父母的生活重心都在弟弟身上。多年来她一直在外漂泊，缺少亲情的呵护，缺乏管教，身上染有严重的江湖习气。在谈话中，民警发现万某总是反复强调几件父母溺爱弟弟的事情，于是有针对性地与万某分析行为与情绪、认知的关系，纠正其不合理信念，强化"合理观念"，并引导其对人对事尤其是对父母及自己的表现进行合理的分析和评价，让她认识到是她的不合理观念造成了自己的情绪问题，并指出父母都有其苦楚，对她现在这种状况，做父母的内心是煎熬和痛苦的。为此，民警让她用写信的方式把自己平日说不出口的心里话记录下来并寄给家人，唤醒她对家庭生活的向往。万某的父母在回信中表达了对她的期望。看到父母的来信，万某流下了激动的泪水。于是民警趁热打铁，邀请其家属来所观摩汇报表演。当万某看到父母沧

桑的面容时，忍不住放声大哭，表示愧对父母的养育之恩，明白了父母的良苦用心。接下来的一年时间里，万某安心戒治，表现良好，2017 年获得"年度五好学员"奖励。

四是懂得与人为善。由于万某年纪较小，与人相处能力较差，遇人遇事容易冲动，比较情绪化。民警根据这一特点，安排两个戒毒人员与她组成"互助小组"，在生活上关心她，在思想上开导她。在组员的帮助下，万某意识到了自己的错误，也更加理解父母对自己的爱。她主动找到民警表示感谢，并说会努力养成"对自己负责、对他人负责、对社会负责"的良好品格。此后，万某常常主动帮助其他戒毒人员，而戒毒人员杨某就是她帮助过的一名戒毒人员。杨某刚入所时对这里的矫治生活非常抵触，对民警的教育也很排斥，万某看到这个情况后，主动靠近她，以自身为例对她进行开导，将自己的心得体会与她交流分享，并经常带她参加一些文娱活动，使得杨某不论是在养成、学习还是思想观念上都有很大的进步。

现在万某平时没事就会找民警汇报思想，话话家常，对今后的人生有了更多的规划和期待。她说会永远记住这深刻的两年戒毒生活，为自己的成长之路培育出美丽的花朵。

来源：《以传统文化教育方式为主导的教育矫治案例》，江西省戒毒管理局官网，2022-06-02，内容有删改。

问题：

请根据以上案例，谈谈你对运用中华优秀传统文化矫正监管对象心性修为的必要性和可行性的认识。

实训项目四

监管对象心性修为专项矫正方案设计

一、实训目标

使学生能了解中华优秀传统文化矫正教育中的闪光点，引导和帮助监管对象矫正心性修为。

二、实训要求

(一)明确训练目的。

(二)明确训练的具体内容。

(三)熟悉训练素材。

(四)按步骤、方法和要求进行训练。

三、实训准备

(一)前期准备。联系实训教师，制订实训方案，提前准备学生需要的资料。

(二)训练素材：

张某，男，1977年出生，小学文化，捕前无业，累犯。2004年曾因盗窃罪被判处有期徒刑一年六个月。出狱后，张某与被害人(系其妻)因离婚子女抚养费问题发生争吵，用电话机听筒线猛勒对方颈部，致其窒息死亡，被判处死刑缓期二年执行。2006年2月进入监狱服刑。张某在原服刑单位多次因违反监规纪律、对抗民警管教受到记过、禁闭等处分。2015年8月调入庐江监狱服刑改造。

1. 成长经历

张某婴孩时被亲生父母遗弃，由养父母抚养长大。养父母对其十分宠爱，他与养父母及姐姐感情很深。张某小学毕业后即辍学务农，成年后开车拉货挣钱养家，因车祸导致背部畸形，有企图服用安眠药自杀行为。后参与盗窃犯罪，第一次犯罪后在浙江省某监狱服刑。刑释不久妻子即提出离婚，这对张某打击很大，同妻子的激烈争吵导致了其在情绪失控中激情犯罪。在看守所期间有割腕自杀行为。

2. 现实改造表现

(1)在原监狱的改造表现消极。张某在原监狱服刑初期，能认罪悔罪，遵守监规纪律。后因其父亲车祸去世，张某丧失狱外经济来源，亲情电话也逐渐减少。2014年，因借用其他服刑人员手机向家人索要汇款被原服刑监狱查处，受到记过处分。2015年4月18日，因私藏锋利刀刃等违禁品受到禁闭处分，丧失改造积极性，从此破罐子破摔。

(2)调监后问题不断。调入庐江监狱服刑后，张某不思悔改，以背部疼痛为由拒绝参

加劳动，行为规范意识差，生活卫生方面常拖小组后腿，其他服刑人员对其十分反感。2016年5月张某因插队与他人发生争执，继而殴打他人，受到禁闭处分。禁闭期满转集训后，以监狱伙食等生活条件差为借口，散布消极抗改言论，如监区管理严、扣分重、改造没有希望，不如死了算了等等，再次受到警告处分。综合张某两次自杀未遂、多次违规违纪表现，其被认定为监狱级危险犯。

3．心理行为表现

张某情绪稳定性差，敏感自卑，时常焦虑不安，缺乏安全感，暴力倾向强。常用虐杀生灵、攻击他人的方式释放内心的恐惧，化解无力感和绝望感，曾私自脱离互监组，将狱内一只流浪猫活活剥皮虐杀致死。恶习深，改造难度大。

4．服刑改造问题原因剖析

（1）亲情犯罪罪责感强。张某杀妻犯罪后，对养父母及子女极其愧疚，认为自己的犯罪导致一对儿女无父无母，罪责感重，曾企图自杀解脱。服刑期间常流露轻生念头，觉得自己活着对家人是个负担，改造信心严重不足。

（2）幼时有被遗弃记忆，恐惧亲情丧失。张某父亲健在时，每月均带其子女探监会见，并定期汇款，后张某父亲因车祸去世，张某与母亲、子女的联系中断，服刑期间伙同他人私藏手机等违禁品是因为想打电话给儿子。

（3）改造功利性强，减刑无望后自暴自弃。张某系累犯，对监狱生活较为熟悉，改造态度不端正，功利心理重，既自私自利好逸恶劳，又好面子讲虚荣。张某受到禁闭处分后，原有的近5个奖励被取消，失去呈报减刑资格，改造积极性消失殆尽。

（4）无法适应服刑环境的改变。张某调监后曾希望认定为病残犯以逃避劳动，希望破灭后对监狱的严格管理极为不满，多次对抗民警教育。

5．改造难易分析，探寻可利用的矫正资源

（1）改造难点。法律意识淡薄，将抗改作为服刑人员间炫耀的资本，视江湖义气高于法律权威；亲情支离破碎，父亲车祸去世、姐姐癌症住院、母亲瘫痪在床、儿女常年没有会见；好逸恶劳思想严重；心胸狭隘和暴力性强，"虐猫杀猫"事件说明张某难以控制自己的情绪，只会用暴力手段解决问题。

（2）改造优势。重承诺讲义气，答应的事情会尽全力去完成，义字当先；久病成良医，熟悉监纪监规条款；重视家庭亲情，挂念母亲、思念姐姐、想念子女，家庭依赖性强；头脑聪敏灵活，做事有条理，能举一反三。

请以上述案例为题材，分析张某在心性修为方面的不足，并有针对性地设计一个专项矫正方案。

四、实训方法和步骤

（一）学生阅读训练素材。

（二）分组讨论案例，集体分析道德品质教育矫治的切入点。

（三）教学小组分工合作，设计教育矫治方案，突出针对性。

（四）各小组通过网络教学平台上传自己的方案。通过组间投票和教师遴选相结合的方式，选取有代表性的小组展示讲解自己的教育矫治方案，阐明方案的目的、原因、措施与要点。

（五）其他小组进行提问和质疑，展示小组进行解答。

（六）根据质疑和展示结果，小组进一步修改完善矫治方案，上传至教学平台，并进行组间互评。

五、实训评估

（一）学生总结实训情况，写出实训心得体会。

（二）指导教师进行讲评，并评定训练成绩。

项目五

中华优秀传统文化矫正
教育的基本策略与具体方法

项目导入

中华优秀传统文化具有道德教育、审美教育等多重教育功能，本身具有多样性、层次性。开展中华优秀传统文化矫正教育，首先要把监管对象置身于中华民族几千年的文化历史进程中，使他们在时代的背景下、在原始的情境中感知民族精神、领略民族文化。其次要根据监管对象的实际情况，深入挖掘中华优秀传统文化的教育内涵，充分发挥中华优秀传统文化的教育功能，达到改造人的目的。再次要注重监管对象学习方式的多样性，通过诵读、感悟、讨论、交流等多种形式激发他们的学习动力，提高他们的主动参与度。

中华优秀传统文化源于生活，解决生活中的实际问题，理论和知识点并不生涩难懂，但由于教育对象的学历和文化层次不高，因此开展中华优秀传统文化矫正教育工作要特别注重教育教学的策略和方法。

中华优秀传统文化矫正教育是一项系统工程，也是一个久久为功的事业。中华优秀传统文化矫正教育的形式不能局限于传统的封闭课堂，要把握课堂教育与实践教育相结合、全方位实施与结构性设计相结合、针对性与系统性相结合、方法手段创新与教育内容的翻新相结合等基本策略，采取情境教学法、朗读背诵法、网络教学法、问题探究法、主题活动法等教学方法。在现实中，讨论法最适合中华优秀传统文化矫正教育的课堂教学。

学习目标

1. 认知目标：认识到中华优秀传统文化矫正教育的主要目的在于培育监管对象的内在文化气质和精神，使之坚定改造动机，争取早日回归社会，成为合格守法公民。基于监管对象学历和文化层次不高等实际情况，了解中华优秀传统文化矫正教育的基本策略，掌握中华优秀传统文化矫正教育的具体方法。

2. 技能目标：掌握中华优秀传统文化矫正教育的五个阶梯学段体系，能在不同阶段施以不同主题，针对不同类型施以不同内容，能熟练运用课堂讨论法开展中华优秀传统文化矫正教育工作。

3. 情感目标：树立文化自信和创新意识，增强传承和弘扬中华优秀传统文化的自觉性和使命感。

重点提示

本项目的重点是掌握中华优秀传统文化矫正教育的基本策略和主要方法，难点是能在监管的不同阶段施以不同主题，针对监管对象的不同类型施以不同内容，能熟练运用课堂讨论法开展中华优秀传统文化矫正教育，在引导监管对象主动参与中华优秀传统文化学习活动的过程中生成问题预设，提升学习能力，并将中华优秀传统文化理论知识内化为基本素质。

云麓课堂

任务十六

中华优秀传统文化
矫正教育的基本策略

学习目的

1. 了解中华优秀传统文化矫正教育的基本策略。
2. 掌握中华优秀传统文化矫正教育的五个阶梯学段体系。

知识要点

　　深入挖掘中华优秀传统文化中蕴含的丰富思想政治教育资源，进一步丰富教学内容，创新教学方法和手段，提升矫正教育效果，是中华优秀传统文化在监管机构教育活动中的运用路径之一。在我们举行的调查问卷中，78%的监管对象提出了教育的创新需求，也给中华优秀传统文化矫正教育发出了迫在眉睫改革的信号。但在当前的中华优秀传统文化矫正教育具体实施中，出现了一些误区，如思想价值导向有误，教学内容狭隘且艰深晦涩，教学方法违背规律，教学实践与现有内容体系冲突等。事实上，中华优秀传统文化矫正教育的主要目的在于培育监管对象的内在文化气质和精神，使之坚定改造动机，争取早日回归社会，成为合格守法公民，因此在实践中重在有效彰显其文化属性，而不拘泥于外在的形式或者教条式的内容。中华优秀传统文化矫正教育是一项系统工程，也是一个久久为功的事业。对监管对象开展中华优秀传统文化教育，需要注意以下策略。

一、课堂教育与实践教育相结合

课堂教育与实践教育是一对孪生兄弟，没有实践教育的课堂教育不是成功的教育，

171

因为不经过消化的教育肯定没法入心入脑，也就谈不上有实用价值。

在课堂教育方面，宏观上要以弘扬爱国主义精神为核心，以家国情怀教育、社会关爱教育和人格修养教育为重点，着力提高监管对象的道德品质，培育人格养成，提升政治素养和核心思想理念。中华民族在修齐治平、尊时守位、知常达变、建功立业过程中培育和形成的基本思想理念，包括革故鼎新、与时俱进的思想，脚踏实地、实事求是的思想，惠民利民、安民富民的思想，道法自然、天人合一的思想等，特别是讲仁爱、重民本、守诚信、崇正义、尚和合、求大同等核心思想理念，都为我们教育和改造监管对象提供了具体内容和有益启迪。微观上则应以中华传统美德和中华人文精神为侧重点。中华优秀传统文化中的求同存异、和而不同的处世方法，文以载道、以文化人的教化思想，形神兼备、情景交融的美学追求，俭约自守、中和泰和的生活理念等人文精神，都是中国人民思想观念、风俗习惯、生活方式、情感样式的集中表达，滋养了独特丰富的文学艺术、科学技术、人文学术，这些都对监管对象具有深刻的教育影响。

在实践教育方面，则应侧重围绕思政教育、法治意识、社会主义核心价值观、时事政策四个部分展开：思政教育方面开展以天下兴亡、匹夫有责为重点的家国情怀教育，培养监管对象做有自信、懂自尊、能自强的中国人；法治意识教育方面是以正心笃志、崇德弘毅为重点的人格修养教育，着力引导监管对象明辨是非、遵纪守法、坚韧豁达、奋发向上，自觉弘扬中华民族优秀道德思想，形成良好的道德品质和行为习惯，培养做知荣辱、守诚信、敢创新的中国人。中国特色社会主义核心价值观教育，围绕以仁爱共济、立己达人为重点的社会关爱教育，着力引导监管对象正确处理个人与他人、个人与社会、个人与自然的关系，学会心存善念、理解他人、尊老爱幼、扶残济困、关心社会、尊重自然，培育集体主义精神和生态文明意识，形成乐于奉献、热心公益慈善的良好风尚，培养监管对象做高素养、讲文明、有爱心的中国人。时事政策教育则围绕把中华优秀传统文化思想理念体现在社会规范中开展，与社会市民公约、乡规民约、学生守则、行业规章、团体章程相结合。围绕社会上的孝敬文化、慈善文化、诚信文化、家书文化等热点问题，进行诵读和书写中华经典等交流活动，增强国家认同、民族认同、文化认同。有了这样的一个框架思路，并按照这个思路制定教学规划，以不同单元的主题引领、活动支撑方式展开，特别是在实用价值上加以创新。我们可以模仿央视《经典咏流传》《信中国》等模式在活动中加以推广，选取某个片段进行改造，并添加在课堂化教学之中，这样将取得不错的效果，监管对象会感到新鲜并且非常喜欢这种方式。

二、全方位实施与结构性设计相结合

全方位实施是指中华优秀传统文化教育应该渗透于监管对象矫正教育的各个环节。尽管中华优秀传统文化是一个内容丰富的文化体系，但是在监管对象矫正教育中，若要求中华优秀传统文化教育内容面面俱到，既不必要，也无可能，实际上也不符合时代发展的背景。设立五个阶段的阶梯学段体系，在内容选择上要注重结构性，在不同学段设计不同的侧重点，做到有的放矢，有序推进中华优秀传统文化教育。

第一学段：以培育监管对象对中华优秀传统文化的亲切感为重点，培养监管对象热爱中华优秀传统文化的感情。比如初步感受汉字的形体美；诵读浅近的古诗，获得初步的情感体验，感受语言的优美；了解一些爱国志士的故事，知道中华民族重要传统节日，了解家乡的生活习俗，明白自己是中华民族的一员；初步了解传统礼仪，学会待人接物的基本礼节；初步感受经典的民间艺术。要引导监管对象孝敬父母、互助友爱、礼貌待人，养成勤俭节约、吃苦耐劳、言行一致的生活习惯和行为规范。

第二学段：以提高监管对象对中华优秀传统文化的感受力为重点，开展认知教育，了解中华优秀传统文化的丰富多彩。比如熟练书写正楷字，理解汉字的文化含义，体会汉字优美的结构艺术；诵读古代诗文经典篇目，理解作品大意，体会其意境和情感；了解中华民族历代仁人志士为国家富强、民族团结作出的牺牲和贡献；知道重要传统节日的文化内涵和家乡生活习俗变迁；感受各民族艺术的丰富表现形式和特点，尝试运用喜爱的艺术形式表达情感。要引导监管对象学会理解他人，懂得感恩，逐步提高辨别是非、善恶、美丑的能力，开始树立人生理想和远大志向，热爱祖国河山、悠久历史和宝贵文化。

第三学段：以增强对中华优秀传统文化的理解力为重点，提高对中华优秀传统文化的认同度，引导监管对象认识我国统一的多民族国家文化传统和基本国情。临摹名家书法，体会书法的美感与意境；知道中国历史的重要史实和发展的基本线索，理解国家统一和民族团结的重要性，认识中华文明的历史价值和现实意义；参加传统礼仪和节庆活动，了解传统习俗的文化内涵。要引导监管对象尊重传统文化习俗，珍视中华优秀文明成果，培养作为中华民族一员的归属感和自豪感。

第四学段：以增强监管对象对中华优秀传统文化的理性认识为重点，引导监管对象感悟中华优秀传统文化的精神内涵，增强对中华优秀传统文化的自信心。比如阅读篇幅较长的中华优秀传统文化经典作品，提高古典文学和传统艺术鉴赏能力；认识中华文明形成的悠久历史进程，感悟中华文明在世界历史中的重要地位；认识人民群众创造历史的决定作用和杰出人物的贡献，吸取前人经验和智慧，培养豁达乐观的人生态度和抵抗困难挫折的能力；感悟传统美德与时俱进的品质，自觉以中华传统美德律己修身；了解传统艺术的丰富表现形式和特点，感受不同时代、地域、民族特色的艺术风格，接触和体验祖国各地的风土人情、民俗风尚，了解中华民族丰富的文化遗产。要引导监管对象深入理解中华民族最深沉的精神追求，更加全面客观地认识当代中国，看待外部世界，认识国家前途命运与个人价值实现的统一关系，自觉维护国家的尊严、安全和利益。

第五学段：以提高监管对象对中华优秀传统文化的自主学习和探究能力为重点，培养文化创新意识，增强监管对象传承弘扬中华优秀传统文化的责任感和使命感。深入学习中国古代思想文化的重要典籍，理解中华优秀传统文化的精髓，强化文化主体意识和

文化创新意识；深刻认识中华优秀传统文化是中国特色社会主义植根的沃土，辩证看待中华优秀传统文化的当代价值，正确把握中华优秀传统文化与马克思主义中国化、社会主义核心价值观的关系。要引导监管对象完善人格修养，关心国家命运，自觉把个人理想和国家梦想、个人价值与国家发展结合起来，坚定为实现中华民族伟大复兴的中国梦不懈奋斗的理想信念。

这五个学段的设置实用价值在于能够使监管对象成系统、有步骤、有目标地进行步步为营的实践。

三、针对性与系统性相结合

针对性主要是围绕传统节日深入开展中国传统节日主题活动，丰富春节、元宵、清明、端午、七夕、中秋、重阳等传统节日文化内涵，形成新的节日习俗。加强对传统历法、节气、生肖和饮食、医药等的研究阐释、活态利用，使其有益的文化价值深度嵌入改造生活。

系统性教育是指要根据中华优秀传统文化的丰富体系，整体规划、分层设计、有机衔接、系统推进中华优秀传统文化教育。如围绕中华优秀传统文化实施中华节庆礼仪服装服饰教育，让监管对象知晓具有中华民族独特文化魅力的系列服装服饰特质；开展文化旅游学习教育，充分利用历史文化资源视频，让监管对象感知中华文化；培育符合监管对象需求的传统体育，同时进行传统体育、传统游戏的健身实践活动。此外，建设不断适应时代需要的中华优秀传统文化网络教育平台、推动中华优秀传统文化网络传播、制作适合新兴媒体传播的中华优秀传统文化精品佳作等都是系统性教育的组成部分。要重点打造一批有广泛影响的中华优秀传统文化特色微视频、广播剧、专栏大讲堂等，让监管对象进行形式活泼、内容丰富的在线学习是重要传播手段之一。完善中华优秀传统文化教育的评价和督导机制也是不可或缺的机制设置，要研究制定中华优秀传统文化矫正教育的评价标准，将中华优秀传统文化教育纳入政治改造、文化改造的督导范围，定期开展评估和督导工作。

四、方法手段创新与教育内容翻新相结合

开展中华优秀传统文化矫正教育，既要注重营造庄重的仪式感，让监管对象理解中华优秀传统文化的仪式魅力，同时也要注意与监管改造相结合，注重文化的生活性，在潜移默化中推进监管对象对中华优秀传统文化的内在认同。注重仪式感的目的是增强影响力，使仪式成为监管机构文化特色。注重生活性的目的在于强调中华优秀传统文化教育融入监管改造，通过长期熏陶实现育人效果。

最近各地监管机构对中华优秀传统文化教育在手段方法上进行了一些具有实用价值

的探索。在内容上切准需求、精准滴灌；方法上营造对话式的教学氛围；评价上借鉴电脑游戏的故事引入方法，设计一个有故事、有通关、可以晋级的趣味评价机制，可以取得不错的效果。使每个监管对象在评价中不仅有自我激励，还能收获其他监管对象的激励，学习氛围在评价的激励和规范中就会有持续性的改善。中华优秀传统文化矫正教育的形式可以多元化，比如：可以将传统文化音乐，以及鸟啼、海浪、雨滴等功能音乐结合，对监管对象展开音乐心理治疗，进行情感共振与神经调节，以产生心理效应与强烈共鸣效果。可以在实用价值上提质增效，在各监管机构成立特色乐队，举办传统文化音乐会、歌会活动；可以开展跳房子等传统游戏活动，使监管对象在游戏中体味中华优秀传统文化与星空文化的魅力；可以开展书法抄戏文活动，让监管对象以书法的形式抄写京剧戏文，领略传统戏曲的魅力等等。

（一）不同阶段施以不同主题

在监管对象进入监管机构之初，主要是要平复其躁动失落恐惧等心理、实现其角色转型。告知监管对象违法犯罪的本质是破坏了受法律保护的社会关系，这种社会关系是人与人的关系、人与社会的正当关系。这就是儒家所称的"礼法"，它是各种群体和谐相处的生存规则。合乎"礼"是社会的理想境界，而作为"礼"的内化的"仁"则是心灵的理想境界。改造中期，历时较长，需要完成对监管对象文化知识、劳动技能、道德修养和法治观念的全面巩固与提升。中华优秀传统文化教育是培养耐力、提升境界的润滑剂，除中华优秀传统文化经典启蒙著作外，可以穿插组织对《说文解字》、明清小说等的学习。在监管对象离开监管机构之前，中华优秀传统文化教育退居次要位置，监管对象延续良好学习习惯则可，为投入社会做好精神准备。当然，传统文化既有精华又有糟粕，既有真理又有谬误，在选取具体题材时，要注意加以鉴别和筛选。比如，孔子提出的"君君臣臣父父子子"虽含有等级制度的思想，但更多的是强调在维持秩序前提下每个人做好自己的本职。然而，法家剔除了其伦理中的情感因素，《韩非子·忠孝》将其演变为"臣事君，子事父，妻事夫"的"三纲"，只强调单向的绝对的服从，将人伦关系形式化、教条化，加速了人际关系荒漠化。又如古人把"忠君爱国"并提，事实上，忠于"昏君""暴君"和"亡国之君"，与"爱国"之间很难画上等号。还有，儒家轻视实用性，以为是"奇技淫巧"而加以排斥，危害了中国的科学技术发展。魏晋风度虽有逃离乱世保全生命的积极意义，也有"在其位不谋其政"的清谈误国的消极意义。

（二）不同类型施以不同内容

中华优秀传统文化教育要与监管对象的犯罪类型、文化程度、地域特点等结合起来，施以相应的内容。中国古代儒家认为，不仅要认识"知"，尤其应当实践"行"，只有把"知"和"行"统一起来，才能称得上"善"。学习儒家"先义后取""君子爱财，取之有道"的义利观，就要以儒学理想观、立志观等提高监管对象道德内控力，提倡"克己复礼"，即

"非礼勿视，非礼勿听，非礼勿言，非礼勿动"，教育监管对象克服非分欲望，牢记道德、法律规范，增强道德意志力。儒学在中国具有坚实的群众基础，对所有监管对象都比较适用，关键是监狱管教人员教育教学团队要耐心传授、方法得当。因为，只有因材施教，才能达到预想的效果。没有针对性的教育，无异于"正确的废话"。比如"与人为善"等理念，对于暴力型、诈骗犯罪监管对象就具有针对性；静坐、修心和见性（行善）等修炼方法对于其他监管对象，也有教育意义。再如，组织监管对象阅读《西游记》，我们可以引导他们体会：小说中的孙悟空、猪八戒、沙和尚和白龙马等是犯过罪的神仙，唐僧是管教民警，负责看管和引导教育他们，这些人组成虚幻的流动监狱；被打死的妖怪是死刑犯，被收降的妖怪也是监管对象；孙悟空、猪八戒在服刑期间还有过脱逃史；沙和尚在入监前担任卷帘大将犯的罪是过失犯罪，后来在流沙河里作为水怪犯的罪是故意犯罪，但他在投入改造后基本上能够认罪服法；佛法和紧箍咒是法律法规，九九八十一难就是改造的过程，修得正果就是改造的目的，要去往的西天就是监外的自由世界等等。这样的教育方法必定能激发监管对象学习中华优秀传统文化的兴趣。

因此，对于传统文化，一定要引导监管对象有选择地吸收。比如，《水浒传》可以读成反抗史，也可以读成土匪史。古话讲"少不读《水浒》"，原因是《水浒》里面真正称得上英雄的仅有林冲、武松、扈三娘等几个被社会逼上梁山的人；即使英雄林冲，也有缺乏自我救赎的性格缺陷；而李逵除了孝顺外，更多的是暴徒形象。因此，对年轻的、暴力犯罪的监管对象，要提醒其注意《水浒传》的消极面。

（三）多措并举合力推动

1. 管教人员与外聘专家结合

每个监管机构至少要培养一两名中华优秀传统文化教育能手，其他管教人员至少要熟悉中华优秀传统文化。外聘专家要大致了解监狱和监管对象，唯有如此，才能有的放矢地开展教育工作。

2. 中华优秀传统文化教育要与法制教育、心理咨询和节假日活动紧密结合

国学、宗教、法律等社会规则解决"收"的问题，即自我修养、坚守信仰、自我克制——从被动到自觉；心理学、信息化则解决适度"放"的问题，即适度放松、诉说心声、释放情绪、追求开放，也是为未来适应社会作好储备。两者兼顾，才能做到"收放自如"。

3. 中华优秀传统文化教育形式多样化与因人施教相结合

中华优秀传统文化教育可以采用专家授课、观看录像、管教人员讲解、网络教学、学员提问、教师解答等多种形式，力求取得一定效果。因材施教的方法，应该是我们"个别化教育"方法的鼻祖。

任务考核

为有效缓解罪犯节日期间思家念亲情绪，引导罪犯求新向上，溧阳监狱精心谋划，组织开展罪犯思想政治、家庭情感和传统文化教育，有效促进罪犯积极平稳改造。

一是以思想政治教育为主线，厚植家国情怀。统筹利用室内外场地和多媒体大厅教学设施，举行中秋升国旗、诵读改造誓词等活动，在教育改造融媒体平台集中上传26部爱国主义影片，组织罪犯分批集中观看，进一步营造爱国主义学习氛围。聚焦"感党恩、忆亲恩、促改造"中秋教育主题，组织各监区教改民警从中秋"团圆"话题入手，开展近期"四川泸定地震"抢险救援队先进事迹专项教育，引导罪犯反省自身，感恩祖国。结合建党101周年，大力推进"四史"思想政治教育，开展民警集中主题授课32场，制作专题板报3期，引导罪犯将自身幸福与国家富强结合起来，进一步强化"五认同""五树立"。

二是以家庭情感教育为依托，提振改造动力。坚持学以致用，结合罪犯中式面点师职业技能培训课程，以"中秋节"为契机，组织罪犯制作、寄送中秋月饼，向父母送上节日问候，汇报改造成果。积极响应省厅局"法润江苏·2022春风行动"部署，结合初高中、大学新生开学等重要节点，在常态拨打亲情电话、寄送亲情家书基础上，通过"云信""云视频"与孩子联系，送上真诚祝福，让罪犯在护航子女成长职责中，强化认罪悔罪意识。本月以来，组织罪犯拨打亲情电话1700余人次，寄送亲情家书900余封、"云信"216件、"云视频"41个，有效缓解罪犯思乡念亲情绪。

三是以传统文化教育为载体，促进思想稳定。充分发掘中华优秀传统文化内涵，结合"正、善、知、信、止"的改造文化主题，开展猜灯谜、诗词朗诵、中秋习俗主题活动16场次，多角度呈现中国传统文化，增强罪犯文化自信。结合罪犯节日期间思亲念家情绪变化等实际，开展秋季"红色歌会""诗词对句"等户外文体活动27场次，组织民警心理咨询师开展团体心理辅导8场次，引导罪犯端正认知，有效克服"悲秋"心理，促进罪犯思想稳定、平稳改造。

来源：《溧阳监狱三项教育深化罪犯中秋教育改造工作》，江苏政府法治网，2022-09-12，内容有删改。

> **问题：**
> 请根据以上案例，谈谈你对运用中华优秀传统文化矫正监管对象心性修为基本策略的认识。

云麓课堂

任务十七

中华优秀传统文化
矫正教育的具体方法

学习目的

1. 掌握中华优秀传统文化教育的具体方法。
2. 熟悉中华优秀传统文化课堂教学的组织过程。

知识要点

中华优秀传统文化博大精深、丰富多彩，内容庞杂、形式多样。在中华优秀传统文化矫正教育中，管教人员要根据监管对象的实际情况，积极探索与中华优秀传统文化矫正教育相适应的教学方法，帮助他们从理论层面认识中华优秀传统文化，分清传统文化中陈腐落后的惰性成分，提高其对中华优秀传统文化的吸收能力。好的教法可以激发监管对象的学习兴趣，促进教学效率的提高。

一、中华优秀传统文化矫正教育常用的教法

中华优秀传统文化矫正教育的形式不能局限于传统的封闭课堂，应探索一种以课堂教学为基本形式，体验式教学、网络教学、主题活动教学并行发展，各种活动同时开展的河流网状教育模式。在教法的选择上，可采取以下方法：

(一)情境教学法

中华优秀传统文化与监管机构生活毕竟有一定距离，在实施过程中，要积极创设古典的、人文的学习情境，如以诗词大会、书画展、演讲、小话剧和情景剧等方式，让监管对象在亲身体验中感受中华优秀传统文化的博大精深和魅力。

（二）朗读背诵法

诵读是学习中华优秀传统文化的核心和关键，在中华优秀传统文化教育过程中，要加强对监管对象的朗读技巧、背诵方法的指导，让他们在对《三字经》《弟子规》《增广贤文》等文化经典的诵读中加深理解、强化记忆、丰富积累、开阔视野、提高能力。

（三）网络教学法

充分利用网络资源，借助电教手段有声有色、形象生动的特点，为监管对象提供具体形象的直观材料，以激发其学习的兴趣，吸引其注意力，使之更好地理解、巩固中华优秀传统文化知识，促进观察力的发展和思维积极化。

（四）问题探究法

通过问题的设置，充分发挥监管对象的主观能动作用，以疑导学、以疑促学，同时加强管教人员与监管对象之间、监管对象与监管对象之间的探讨和交流，鼓励和帮助他们加深对中华优秀传统文化的理解和掌握。

（五）主题活动法

通过开展亲情帮教活动、辩论赛、知识竞赛活动、表演活动等和谐互动的双边交流主题活动，让监管对象学中有乐、学有所获，在轻松愉快中加深对中华优秀传统文化的认知和理解。

二、中华优秀传统文化矫正教育课堂教学的教法

课堂是监管机构开展中华优秀传统文化教育的主阵地。针对监管机构的特点，中华优秀传统文化课堂教学一般主要采用大课教学和小课教学相结合的方式：大课教学主要是借助监管机构电视台，每周固定时间，组织监管对象集中收看中华优秀传统文化系列知识讲座；小课教学主要是以监区（大队）或分监区（中队）为单位，开展针对性的中华优秀传统文化教育。

（一）课堂讨论法最适合监管机构中华优秀传统文化课堂教学

课堂讨论法是指在监管机构课堂集体中，管教人员与监管对象之间、监管对象与监管对象之间围绕一个或几个问题互相交流信息，从而发挥群体的积极的学习功能；管教人员在引导监管对象主动地参与学习活动的过程中生成问题预设，提升学习能力，并引导监管对象在获得知识、解决问题的过程中训练发散思维、培养合作精神、学会创新的方法。

一是课堂讨论法全体性的特点适合监管机构中华优秀传统文化课堂教学。在课堂讨论中，在管教人员的主导下，每一个监管对象充分、独立、自主地学习和思考，并根据他们的接受能力选择不同的讨论方式，每个对象都有提出、回答、解决问题的机会和权利，从而协助他们解决在主题讨论中所产生的知识冲突，最终统一意见，从而实现教育目标。因此，课堂讨论法的效果不是看讨论的次数多少，而是看每个个体智力投入的程度；不是看讨论时的时间长短，而是看每个个体能力是否得到发展。

二是课堂讨论法主导性的特点适合监管机构中华优秀传统文化课堂教学。在课堂讨论中，管教人员不应有意对讨论主题设置"标准答案"，最要做的事情，是积极引导监管对象围绕议题中心进行发言，并促进他们之间的相互作用，积极发挥组织者、调节者的作用。其间，管教人员的主导体现在以简短的话语，包括以微笑、点头的体态语言，给他们的发言以鼓励，也可以体现在他们在发言中途"卡壳"时，用只语片言搭桥、链接，使交流臻于"山重水复疑无路，柳暗花明又一村"的境界，还可以点睛升华，概括提要，补充提示。

三是课堂讨论法互动性的特点适合监管机构中华优秀传统文化课堂教学。由于监管对象地位平等，课堂讨论是在无拘无束的环境下进行的，因此有利于将理论知识内化为基本素质；同时讨论的快感给他们提供了学习原动力，激发其进一步反思、求知的欲望。互动要求管教人员走出传统的讲授的模式，建立平等民主的师生关系，营造和谐、宽松的学习气氛。

（二）课堂讨论法在监管机构中华优秀传统文化课堂教学中的组织过程

课堂讨论法在监管机构中华优秀传统文化课堂教学中的运用过程为：

进程	管教人员	监管对象
第一阶段	讲授理论	学习理论
第二阶段	提出主题	感知主题
第三阶段	设疑引导	探究比较
第四阶段	总结评价，回归理论	温故知新，提高能力

第一阶段是传统的教学过程，也是有效进行课堂讨论法教学的前提。在这一阶段中，管教人员讲授具体的中华优秀传统文化知识点，既要追求精细，又要追求准确。

第二阶段是有效进行课堂讨论法教学的基础。在这一阶段中，管教人员选择、提出讨论主题是最重要的一环。首先要注意与教学进度相一致；其次要选择既是教学的重点，又是监管对象学习中容易出现模糊不清、似是而非的难点，或者选择既是教学重点又是监管对象普遍关注的热点。不管怎样，讨论主题的选择和提出，必须是围绕当场教学内容进行并为之服务的。

第三阶段是有效进行课堂讨论法教学的关键。在监管对象进入主题讨论情境后，管教人员应立即设疑问难，引导其剖析解疑。在设疑过程中，管教人员可以由表及里、由浅入深，采用剥笋壳的方式逐步提出问题；也可以将所有的问题全盘抛出，采用"跳起来摘桃子"的方式让监管对象有更大的展现空间。但是，提出问题后，管教人员要随时注意控制课堂的情况，适时开展个别指导，或以不同形式组织监管对象开展交流讨论。

第四阶段是有效进行课堂讨论法教学的保障。不管采取哪一种形式的课堂讨论法，管教人员都应尽可能地引导分析，紧紧围绕重点延伸和扩张，使监管对象在总结评价过程中得到认知结构的调整、完善和能力的提高。一是要总结监管对象在前几个阶段的表现，不管是积极表达观点的还是有独特见解的，哪怕是典型错误思维的都应得到管教人员合理的点评；二是要评价讨论主题本身所蕴含的原理，以及运用原理过程中应注意的问题，使监管对象完成"理论—实践—理论"的认识过程，提高其分析、解决问题的能力。

（三）监管机构中华优秀传统文化课堂教学中运用课堂讨论法的具体形式

（1）小组分析式

将全班分为若干个小组进行分析，由小组长掌握监管对象的讨论情况，向管教人员汇报，再由管教人员作出评价。这种小组规模小、发言充分，监管对象能更多地参与分析。这种形式适合于难度较大但讨论后意见又比较集中的主题。例如：

【案例1】一个商人在一团漆黑的路上小心翼翼地走着，心里懊悔自己出门时为什么不带上照明的工具，忽然前面出现了一点灯光，他渐渐地靠近灯光时，才发现提灯的是一个双目失明的盲人。

商人很奇怪地问那个盲人说："你本人双目失明，灯笼对于你来说一点用处也没有，你为什么还打灯笼呢？不怕浪费灯油吗？"

盲人听了他的话，慢条斯理地答道："我打灯笼不是为给自己照路，而是因为在黑暗中行走别人往往看不见我，我便很容易被撞到，而我提着灯笼走路，灯光虽然不能帮助我看清前面的路，却能让别人看见我，这样，我就不会被别人撞到了。"

【案例2】在春秋战国时期，梁国和楚国在自己国家的边境上种瓜。梁国人很勤劳，他们日夜培养着瓜，每一天都要为之除草、浇水，所以梁国人所种的瓜长势一天比一天好。然而，在楚国却截然相反。楚国人很懒，他们不愿意为瓜勤劳工作。所以，楚国的瓜越长越差。

楚国人望见梁国人所种的瓜时，很是嫉妒，便在一天夜里把梁国的瓜大都弄烂了。第二天，梁国人望见后很是生气，便找县官宋就说理。宋就说：不要那么小气，你们每一天夜里都为楚国的瓜除草、浇水，你看楚国会怎样。于是，梁国人便照做了。楚国人得知后，很是后悔。最终，这件事传到了楚国君主那

里。楚国君主很是感动，便与梁国建立了关系。

【讨论主题】当你要求别人对自己好的时候，你做了什么？为什么同一个星球上的人是一家人？

（2）全班讨论式

这种形式参与人数多，信息量大，能集思广益，讨论容易深入，便于管教人员直接了解监管对象的情况，师生间相互启发、教学相长。这种分析形式适合于难度较小但讨论后意见比较分散的主题。例如：

【案例】近日，北京大学考试研究院院长秦春华在《中国青年报》上发表文章《"四大名著"适合孩子阅读吗？》。据秦春华文章观点所言，四大名著的确是经典，"但都是成年人的经典，并不是孩子的经典。不是所有年龄阶段的人都应该阅读同样的经典。"如《水浒传》里满是打家劫舍，落草为寇，占山为王；《三国演义》中充斥阴谋诡计，权术心机，尔虞我诈；《西游记》根本上讲述的是佛法和人生，远非孩子所能理解；《红楼梦》"色、空、幻、灭"的主题可能会影响孩子对未来生活预期。同时按有关专家的说法，四大名著投射了民众的基本欲望，如《水浒传》的造反情结，《三国演义》的忠义和忠君情结，《西游记》的超人情结，《红楼梦》的恋母情结。在这个意义上，除《西游记》可适度放低年龄，其他三部都很"少儿不宜"。

【讨论主题1】你认为四大名著适合孩子阅读吗？

【讨论主题2】你在四大名著里看到了什么？

（3）先小组讨论后全班交流式

各小组围绕一个主题进行分析，再由小组长在全班汇报本组的见解，达到相互交流、取长补短的目的。这种形式由于准备更充分，观点更成熟，论点更清楚，气氛既热烈又紧张，最受监管对象的欢迎。这种分析形式适合于难度较大并且讨论后意见并不一定集中的主题。例如：

【案例1】一个持枪歹徒在街上被警察包围，他抓住一个孕妇做人质，就在警察的包围圈越缩越小时，这个歹徒听到被他挟持的孕妇一声痛苦的呻吟，发现这个孕妇要早产了，就在他不自觉地松开孕妇的一刹那，他被击毙了。

【案例2】《庄子》里讲了一个寓言：南海的帝王名叫儵，北海的帝王名叫忽，中央的帝王名叫混沌，儵和忽时常在混沌的境内相遇，混沌对他们很好。儵和忽商量回报混沌对他们的好处，说："人们都有七窍，用来看、听、饮食、呼吸，唯独他没有，我们试着给他凿出来。"于是每天凿出一窍，到了第七天混沌就死了。

　　【讨论主题】你如何看待歹徒松开孕妇和给混沌凿七窍的行为？你认为定性善恶是根据行为动机还是行为结果？

　　总之，运用课堂讨论法开展中华优秀传统文化教学来提升监管对象矫正教育质量，关键点有四个：一是授课管教人员对中华优秀传统文化要有较大的知识储备和深刻理解；二是中华优秀传统文化知识浩如烟海，管教人员要善于抓住与监管对象密切相关的知识点来开展教学；三是管教人员要设计具有探索性的讨论主题；四是管教人员要善于控制课堂、引导课堂、提升课堂。

任务考核

　　2019年春节期间，四川司法行政戒毒系统各强制隔离戒毒所通过举办"新春游园会""礼仪标兵示范""趣味体育活动""中国风才艺比赛"等多项丰富多彩的活动，引导戒毒人员继承和发扬中华优秀传统文化，树立自尊、自强、自信、自立的精神，为成功解除毒瘾、重塑新生坚定信念。为了给戒毒人员营造浓厚的新年氛围，四川省新华强制隔离戒毒所特将国家级非物质文化遗产自贡灯会布置到戒毒所回归指导区，同时举行了千人齐做传统养生操、团体健美操大赛，12支戒毒人员代表队参加了比赛，并由戒毒人员组成的传统舞狮队在民警的带领下前往各管理区表演舞狮节目，场面喜庆非凡。

　　四川省成都强制隔离戒毒所开展了"中国风"才艺比赛，由戒毒学员组成的8个参赛队通过对《将进酒》《孝经》《沁园春·雪》等经典名篇的诵读，对康复运动操的激情演绎，表达了对中华优秀传统文化的追求和对美好生活的热爱。

　　四川省资阳强制隔离戒毒所组织开展了传统文化讲座、"立德树人"国学经典诵读活动、张贴新年愿望活动、"新春话戒治"征文活动、趣味运动会等，充分展示了戒毒人员戒治成效，坚定戒毒信心，营造了红红火火的中国年氛围。

　　四川省资阳强制隔离戒毒所对全年戒治表现良好的戒毒人员颁发了"新生奖"，肯定他们全年的戒治成效，希望他们继续起到良好的模范带头作用。各大队民警组织戒毒人员对宿舍进行大扫除，张贴窗花，挂灯笼彩旗，大队和大队之间，戒毒人员和民警之间写春联，互赠春联，营造出了浓厚的年味。

　　四川省女子强制隔离戒毒所内满载春节习俗、一队一品、思亲团圆等元素的《我的年，我的梦》主题活动有序开展。从春节氛围营造到活动设计、从年轻人到老年人、从品茶品福到康复游园共六大系列21个项目活动，着实让戒毒人员做了一次精神文化SPA。"王警官，你瞧！这个灯笼组装好了，真好看啊！等下我们一起把灯笼都挂起来。"这是戒毒人员张某在四川省女子强制隔离戒毒所度过的第一个春节，在大队组织拨打亲情电话时，她对母亲说，想和家人一起贴福字、挂灯笼，怀念曾经过年的感觉。虽然只是简单

几句话，却被监听电话的民警记在了心中，为了缓解戒毒人员思乡之情，维护场所安全稳定，大队民警准备了绘制年画、贴窗花、组装灯笼、拉花等种类繁多的新春装饰品，一张张窗花，一幅幅年画，在此刻有了不一样的意义，既是大队民警对戒毒人员的新春祝福，也是戒毒人员对自己的鼓励。

来源：《四川戒毒弘扬传统文化让戒毒人员感受"火红中国年"》，法制与新闻网，2019-02-11，内容有删改。

问题：
请你根据上述案例，谈谈如何增强中华优秀传统文化矫正教育的亲和力和吸引力。

项目小结

　　中华优秀传统文化矫正教育的主要目的在于培育监管对象的内在文化气质和精神，使之坚定改造动机，争取早日回归社会成为合格守法公民，因此在实践中要重在有效彰显其文化属性，而不拘泥于外在的形式或者教条式的内容。本项目重点阐述了中华优秀传统文化矫正教育的基本策略和主要方法，明确了要根据监管对象的实际情况，将中华优秀传统文化教育的课堂教育与实践教育相结合、全方位实施与结构性设计相结合、针对性与系统性相结合、方法手段创新与教育内容的翻新相结合，积极探索与中华优秀传统文化教育相适应的教学方法，帮助他们从理论层面认识中华优秀传统文化，分清传统文化中陈腐落后的惰性成分，提高其对优秀传统文化的吸收能力。

　　中华优秀传统文化矫正教育要具有重要现实意义，一是要能做到雅俗共赏、喜闻乐见，发挥教育潜移默化的功能。只有具有宽广的文化视野、新颖的思想观点和生动精辟的讲解，才能令监管对象场上震撼、场下思考继而引起其言行、心态方面的些微改变。二是要将中华优秀传统文化的大道理与监管对象对自身行为的反思结合起来，通过开展体验式、情景式、浸入式、践行性的中华优秀传统文化教育，让监管对象不仅学得深、悟得透，而且用得上、行得久，做到"入心入脑"、知行合一，使其懂义利、明是非、敬法度、尚道德、讲诚信。

拓展思考

　　教育部印发的《完善中华优秀传统文化教育指导纲要》(教社科〔2014〕3号)中明确提出了加强中华优秀传统文化教育要坚持中华优秀传统文化教育与培育和践行社会主义核心价值观相结合，坚持中华优秀传统文化教育与时代精神教育和革命传统教育相结合，坚持弘扬中华优秀传统文化与学习借鉴国外优秀文化成果相结合，坚持课堂教育与实践教育相结合，坚持学校教育、家庭教育、社会教育相结合，坚持针对性与系统性相结合等基本原则；明确提出了开展中华优秀传统文化教育应包括开展以天下兴亡、匹夫有责为重点的家国情怀教育，开展以仁爱共济、立己达人为重点的社会关爱教育，开展以正心笃志、崇德弘毅为重点的人格修养教育等主要内容。

问题：

　　这些规定是针对各级各类学校传统文化教育而言的。你认为这些规定对监管机构开展中华优秀传统文化矫正教育有什么指导意义？

实训项目五
运用课堂讨论法对监管对象开展中华优秀传统文化教育

一、实训目标

使学生掌握中华优秀传统文化矫正教育的基本原则，并熟练运用课堂讨论法对监管对象开展中华优秀传统文化教育。

二、实训要求

(一)明确训练目的。

(二)明确训练的具体内容。

(三)熟悉训练素材。

(四)按步骤、方法和要求进行训练。

三、实训准备

(一)前期准备。联系实训教室，提前准备相关资料。

(二)训练素材：

一个富翁背着许多金银财宝去寻找快乐。他越过千山万水，始终未能寻找到快乐。一个农夫告诉他："快乐也很简单，放下就是快乐。"富翁顿时开悟：自己背着这么重的珠宝，老怕别人抢，总怕别人暗害，整日忧心忡忡，当然不快乐！于是富翁用钱财接济穷人，慈悲为怀。人生的快乐在于懂得选择与放弃。如果总是抓住一些无谓的东西，只会是负担。只要你心无挂碍，心胸豁达，有一颗理解和宽容的心，什么都看得开、放得下，何愁没有快乐的春莺在啼鸣，何愁没有快乐的泉溪在歌唱，何愁没有快乐的鲜花在绽放。

请以上述案例为题材，对监管对象开展一次时长为 30 分钟的中华优秀传统文化课堂教学。

四、实训方法和步骤

(一)学生阅读训练素材。

(二)教学小组围绕训练素材，设计课堂教育的具体方案，并征求全体学生意见。

(三)教学小组进行集体备课，特别注重问题预设。

(四)教学小组按照课堂讨论四阶段法进行授课。其他学生模拟监管对象进行学习，自由发言谈论自己的想法和见解，教学小组予以解答。

(五)学生撰写心得体会。

五、实训评估

（一）学生总结实训情况，写出实训心得体会。

（二）指导教师进行讲评，并评定训练成绩。

参考文献

一、图书

[1] 张利. 中国传统文化与矫正[M]. 北京：法律出版社，2021.

[2] 刘斌. 罪犯教育[M]. 北京：中国政法大学出版社，2020.

[3] 徐强. 中华优秀传统文化选讲[M]. 北京：科学出版社，2020.

[4] 郭晶英. 罪犯教育读本[M]. 北京：中国政法大学出版社，2019.

[5] 王立军. 预防犯罪与矫正罪犯：基于中华传统文化的传承与发展[M]. 北京：法律出版社，2019.

[6] 何徕. 罪犯教育艺术[M]. 厦门：厦门大学出版社，2018.

[7] 习近平总书记系列重要讲话读本[M]. 北京：学习出版社，2016.

[8] 罪犯教育学[M]. 北京：北京大学出版社，2016.

[9] 白焕然. 传统文化与罪犯改造[M]. 北京：新华出版社，2003.

[10] 赵洪恩，李宝席. 中国传统文化通论[M]. 北京：人民出版社，2003.

二、论文

[1] 田勇. 中华优秀传统法律文化在罪犯改造中的价值阐发及应用探索[J]. 犯罪与改造研究. 2022（12）：44-51.

[2] 高文. 探寻有效的改造罪犯方法——《降低重新犯罪危险的新范式——项目矫正》解读[J]. 犯罪与改造研究. 2022（06）：77-80.

[3] 张庆斌. 论新时代改造罪犯体系的重构[J]. 中国监狱学刊. 2022（01）：68-72.

[4] 李杰. 运用中华优秀传统文化教育改造外国籍罪犯的实践探索[J]. 中国监狱学刊. 2021，36（06）：39-45.

[5] 孙丽娟. 重新犯罪罪犯的深度心理分析及矫治对策[J]. 中国监狱学刊. 2021（06）：5-10.

[6] 张倩. 如何唤发亲情对罪犯改造的积极影响[J]. 中国监狱学刊. 2021（06）：155.

[7] 刘晓东，伊德强，朱本瑜. 优秀传统音乐对罪犯改造的正向价值探析[J]. 中国监狱学刊. 2021（02）：101-105.

［8］刘静巍、刘文臣. 新时代矫正领域引入中华优秀传统文化的创新应用［J］. 中国监狱学刊. 2020，35（03）：103-108.

三、学位论文

［1］吕一鸣. 罪犯教育改造社会化理论与路径［D］. 上海：华东政法大学，2020.

［2］肖静. 以罪犯再社会化为目标的监狱管理机制创新研究［D］. 兰州：兰州大学，2019.

［3］张军. 从罪犯年龄构成的变化看监狱管理措施的完善 ——以 A 监狱为例［D］. 南京：东南大学，2019.

［4］钱益飞. 中华传统美德教育在服刑人员改造的应用研究 ——以南昌监狱为例［D］. 南昌：南昌大学，2018.

［5］董大全. 罪犯思想教育社会化研究［D］. 南京：南京理工大学，2017.